두 개의 헌법과 일본인

전전·전후의 헌법관

두 개의 헌법과 일본인

FUTATSU NO KENPO TO NIHONJIN ― SENZEN, SENGO NO KENPO-KAN

by KAWAGUCHI Akihiro

Copyright © 2017 KAWAGUCHI Akihiro

All rights reserved.

Originally published in Japan by YOSHIKAWA KOBUNKAN CO., LTD., Tokyo.

Korean translation rights arranged

with YOSHIKAWA KOBUNKAN CO., LTD., Japan

through THE SAKAI AGENCY.

한림대학교 일본학연구소 | 한림일본학신총서 7

두 개의 헌법과 일본인

전전 · 전후의 헌법관

가와구치 아키히로(川口曉弘) 지음 · 송석원 옮김

小花

차례

▍ **일러두기**

본문 하단의 주는 모두 옮긴이 주이다.

| 프롤로그 | 일본인에게 헌법이란 무엇인가

사전상의 정의는 불충분

헌법이란 무엇일까. 이 물음에 대한 답은 사전이나 헌법학 교과서를 펼치면 손에 잡힌다. 국가의 통치체제와 국민의 인권 보장을 정한 가장 중요한 법이라는 것이다. 그럼 일본인에게 헌법은 무엇일까? 이 물음에 헌법을 통치 도구로 본다는 따위의 무미건조한 정의로 답하는 것은 불충분한 설명이 되지 않을까?

이 책은 일본인은 헌법에 뭔가 특별한 감정을 품고 있다고 생각하는 사람들을 위해서 썼다. 일본인은 헌법을 어떻게 생각해 왔고 다루어 왔는지를 근대 일본의 헌법관을 더듬음으로써 일본인에게 헌법은 무엇인가라는 물음에 답하고자 한다.

근대 일본에는 두 개의 헌법밖에 없다. 대일본제국헌법과 일본국헌법이다. 이 두 헌법을 둘러싸고 전개된 세 개의 헌법관 즉 헌법 옹호, 헌법 개정, 해석개헌이 어떻게 정치문화를 만들어 냈는지를 설명하는 것이 이 책의 내용이다.

개정하지 않는다 — 두 개의 헌법

먼저 하나의 객관적 사실을 확인해 두자. 일본인은 한번 만든 헌법을 개정하지 않고 장기간에 걸쳐 계속 사용하는 경향이 있다는 사실이다.

대일본제국헌법은 1889년 2월 11일의 기원절(紀元節)을 선택해서 발포되고 헌법 상유(上諭)[1]에 따라 1890년 11월 29일 제국의회 개회와 동시에 시행되었으며 1947년 5월 3일 일본국헌법 시행에 의해 폐지되었다. 발포 이래 58년, 시행 기간으로는 57년 동안 한 번도, 한 글자도 개정되지 않았다. 앞으로는 대일본제국헌법을 메이지헌법이라고 약칭한다.

일본국헌법은 1946년 11월 3일 공포되었다. 11월 3일은 메이지천황 생일이다. 1947년 5월 3일 시행은 공포 6개월 후 시행한다고 정한 헌법 제100조에 따른 것이다. 2017년 5월 3일 현재도 현행 헌법이다. 공포 이래 햇수로 71년, 시행 기간은 70년에 이르는데, 한 번도 한 글자도 개정되지 않았다. 발의된 적도 없다.

일본에서의 헌법의 장기 계속 사용은 타국과는 다른 드문 특색이다.

일본과는 달리 빈번하게 헌법을 개정하는 나라가 스위스이다. 다른 나라라면 법률로 규정할 내용까지 헌법에 포함시키고 통상의 법률과 같은 절차로 개정할 수 있는 등의 조건이 겹쳐 횟수를 셀 수 없을 정도로 헌법 개정을 하고 있다.

---

1 군주의 말씀을 가리킨다.

미국 헌법은 1788년에 성립한 최초의 근대 헌법이다. 현재도 사용되고 있다. 그러나 1791년의 헌법 수정을 시작으로 1992년까지 10수회에 걸쳐 다수의 조문을 개정하고 있다. 독일에서는 전후 59회의 헌법 개정이 있었다. 프랑스에서는 1946년 헌법, 1958년 헌법을 제정하고, 1958년 헌법을 24회 개정했다. 현재는 1958년 헌법에 1789년의 인권선언과 1946년 헌법 전문, 2004년의 환경헌장을 조합한 것을 헌법으로 간주하고 있다.

모든 나라에 대해 언급할 수는 없지만, 대체로 각국은 필요에 따라 헌법을 개정하고 있다. 그에 비해 일본에서는 하나의 헌법을 개정하지 않고 계속 사용하고 있는 유례없는 특색을 보이고 있다. 비교연구로서 흥미로운 것은 물론이지만, 이 사실은 일본인의 헌법관을 생각하는 데에 중요한 전제가 된다. 지금부터 논하는 헌법관의 역사는 당장은 호헌의 승리로 끝날 것이 예상되기 때문이다.

개정해서는 안 된다 — 호헌론

근대 일본 헌법관의 특징은 호헌론이 강하다는 것이다. 전후 사회에서 일본국헌법을 옹호하는 목소리가 현재에 이르기까지 강하다는 것은 모두 알고 있는 그대로이다. 또한 의외일지도 모르지만, 전전 일본에서도 호헌론은 강했다. 전전도 전후도 헌법은 국가의 가치관을 표현하고 있었기 때문이다.

헌법에 가치관을 포함시키는 것은 일본에 한정된 것은 아니다. 정치학자 셸던 월린(Sheldon S. Wolin)은 미국 헌법을 염두에 두면서 헌법은 국가의 가치관과 밀접하게 관련된 가장 중요한 정치적 내용이라고 지적하고 있다.

사실 일본국헌법이 채용한 국민주권과 민주주의는 인류 보편의 원리이다. 헌법이 일본 국민에게 보장하는 기본적 인권은 인류의 오랜 세월에 걸친 노력의 성과이다. 평화주의는 인간 상호의 관계를 지배하는 숭고한 이상이다. 이 문구들은 일본국헌법에서의 인용이다. 메이지헌법도 위대한 메이지대제가 국체(國體)에 기초하여 스스로 정한 흠정헌법이며, 불마(不磨)의 대전이라고 불렸다. 메이지천황은 메이지신궁에 모셔져 신격화된 존재이다. 국체는 일본의 불변하는 본질이다. 불마의 대전이란 닳아서 소멸되는 일이 없는 대법전이라는 의미이다. 즉 일본국헌법도 메이지헌법도 다수의 가치를 갖춘 헌법이다. 헌법이 제시하는 가치가 숭고할수록 호헌론은 신앙과 동등한 강도를 갖추게 된다.

메이지헌법의 호헌론으로는 일본주의 헌법학자 이노우에 다카마로(井上孚麿)가 1943년에 저술한 『헌법 각순의 일로(憲法恪循の一路)』를 소개한다. 일본주의는 쇼와 전전기의 우익사상이다.

제국헌법은…… 거짓이나 꾸밈없이 순수(純一無雜)한 흠정헌법으로 성립했다. 이 법리는…… 조금의 분경(紛更)도 허용되지 않는 것이다. 헌법 내용은 천황의 마음이며, 헌법의 조장(條章)은 천황의 말씀이며, 헌법의 권위는 절대 존엄인 천황의 위세이다. 신하(臣子)의 도리로 조금이라도 헌법을 비방하거나 개정, 정지, 폐기 등을 운운하는 따위의 일은 있어서는 안 될 일이다.

헌법은 메이지천황의 말이기 때문에 신민이 개정을 논의하는 것은 있을 수 없다고 이노우에는 말하고 있다.

일본국헌법의 호헌론으로는 일본사회당 지도자 이시바시 마사시(石橋政嗣)가 1980년에 저술한 『비무장중립론(非武裝中立論)』에서 인용한다.

우리는 헌법 제9조가 있기 때문에 비무장을 관철하려는 것만은 아니다. 이것이야말로 전쟁을 방지하고 인류를 파멸에서 구출하는 유일한 길이라고 확신하기 때문이기도 하다. ……일본 국민은 세계를 향해 모든 나라에 앞장서서 이것을 실현하기 위해 전력을 다할 것을 맹세했다. 이것이 어찌 잘못일 것인가. 누가 뭐라 해도 이제 와서 철퇴할 수는 없다.

이시바시가 말하는 것은 안전보장정책이 아니라 헌법이 내세우는 비무장평화에의 확신이며, 맹세이며, 결의이다. 헌법이 제시한 가치에 대한 신앙 고백이다.

호헌론이 강하다는 점에 현혹되어 책 제목을 『근대 일본의 호헌론』으로 하는 것은 경솔한 일이다. 호헌론이 강한 것은 헌법을 오랫동안 계속해서 사용한 필요조건일 뿐이다. 역시 충분조건의 확인이 필요하다. 즉 개헌론이 약한 것에 대해 확인할 필요가 있다.

개정할 수 없다 — 개헌론과 경성헌법

헌법을 개정하지 않는 것은 단순히 헌법 개정이 어려웠기 때문이지 헌법관의 문제와는 관계가 없다는 의견이 있다. 이 의견이 맞는다면, 이 책은 쓸데없이 길기만 하고 쓸모없는 것(長物)이 될 뿐이니 검토해 보자.

헌법 개정 요건을 다른 법률보다 엄격하게 한 헌법을 경성헌법(硬性憲法)이라고 한다. 반대어는 연성헌법(軟性憲法)으로 다른 법률과 같은 절차로 개정할 수 있는 헌법을 가리킨다. 메이지헌법과 일본국헌법은 모두 경성헌법이다. 각 조문을 살펴보기로 하자. 메이지헌법 제73조는 다음과 같다.

장래 이 헌법의 조항을 개정할 필요가 있을 때는 칙명(勅命)을 받아 의안을 제국의회의 의논에 부쳐야 한다. 이 경우에 양 의원은 각각 그 총원 3분의 2 이상이 출석하지 않으면 의사(議事)를 열 수 없다. 출석의원 3분의 2 이상의 다수를 얻지 못하면 개정 의결을 이룰 수 없다.

일본국헌법의 헌법 개정 조항인 제96조는 다음과 같다.

이 헌법의 개정은 각 의원 총 의원의 3분의 2 이상의 찬성으로 국회가 이를 발의하고 국민에게 제안하여 그 승인을 거쳐야만 한다. 이 승인에는 특별한 국민투표 또는 국회가 정한 선거 때에 행하는 투표에서 과반수 찬성을 필요로 한다. 헌법 개정에 대해 전 항의 승인을 거친 때는 천황은 국민의 이름으로 이 헌법과 일체를 이루는 것으로서 즉각 이를 공포한다.

모두 전 의원의 3분의 2 이상의 출석과 찬성을 요구하고 있다. 통상의 법률은 정족수의 다수결로 결정한다. 정족수란 의회를 열 수 있는 최저인 수로 중의원과 참의원의 본회의 정족수는 각각 총의원의 3분의 1이다. 거기에서의 과반수는 전 의원의 6분의 1 이상이다. 즉 일반 법률은 꽤 적은 찬성으로 만드는 것이 가능하다. 이에 대해 전 의원의 3분의 2 이상의 출석과 찬성이라는 조건이 꽤 엄격하다는 것을 알 수 있다. 그러나 미국과 프랑스의 사례를 참조하면, 경성헌법에 의한 개정의 어려움은 헌법 개정이 될 수 없던 이유는 되지 않는다.

앞에서 소개한 것처럼 미국에서는 몇 차례나 헌법 개정을 하고 있다. 그러나 미국 헌법은 일본의 경우보다도 엄격한 조건을 부과한 경성헌법이다. 상하 양원 3분의 2에 더해서 전 50주의 4분의 3의 주 의회가 승인해야만 한다. 이러한 곤란에도 불구하고 미국에서는 헌법 개정을 해왔다.

프랑스에서는 경성헌법을 혁명에 의해 파기하고 새 헌법을 만들어 내는 별도의 방법이 취해졌다. 그 결과 프랑스혁명 이후 100년이 채 안 된 사이에 13개의 헌법과 15개 이상의 정치체제를 경험했다고 정치학자 모리스 뒤베르제(Maurice Duverger)는 지적하고 있다.

뒤베르제의 설명은 프랑스와 일본의 차이를 두드러지게 한다. 일본은 경성헌법이기 때문에 두 개의 헌법밖에 갖지 못했던 데에 비해, 프랑스에서는 경성헌법인 까닭에 수많은 헌법을 갖게 되었다고 말하고 있기 때문이다.

미국은 경성헌법을 개정할 의지가 있었다. 프랑스는 경성헌법을 파기할 의지가 있었다. 일본은 그 어떠한 의지도 없었던 것 같다. 즉 문제 삼아야 할 것은 경성헌법이냐 아니냐가 아니라, 경성헌법을 넘어설 수 없는 일본의 개헌론의 취약함이 아닐까.

해석변경으로 메운다 — 해석개헌

근대 일본 헌법관의 역사를 강한 호헌론과 약한 개헌론이 대립하는 사상사로 묘사한다면, 이 책은 잘못된 결론에 도달할 것이다. 헌법이 경시된 사실을 무시하는 것이 되기 때문이다.

전전 일본에서 호헌론이 가장 강렬하게 주장된 것은 제2차 세계대전 중이었다. 그러나 전중파(戰中派)의 독자라면 메이지헌법이 보장하는 신민의 권리가 전시체제 아래 알맹이가 빠졌던 일을 기억할 것이다. 전후 일본에서는 호헌파가 거의 일관해서 비무장중립을 호소하고 있다. 그러나 호헌파는 자위대 창설과 확충, 개별적 자위권에서 집단적 자위권으로의 확대,

미·일동맹의 기능 강화에 의해 제9조가 엉망이 되어 있음을 실감하고 있을 것이다.

즉 언론의 세계에서의 호헌론의 강함과 현실 세계에서의 헌법의 경중이 일치하지 않는다. 세상에는 헌법에 따라 정치를 해야 한다고 생각하는 사람들 이외에 현실에 맞추어 헌법을 유연하게 운용해야 한다고 생각하는 사람들도 있다. 더욱이 현실 정치를 운영하고 있는 것은 후자의 사람인 듯하다. 이 책에서는 이러한 생각을 해석개헌이라고 부르고, 해석개헌을 옳다고 하는 사람들을 해석개헌파로 부르기로 한다.

해석개헌파는 헌법보다는 정치를, 이념보다는 현실을 중시한다. 그들에게 헌법은 보다 나은 정치를 위한 수단이자 국정 운영의 도구이지 목적도 가치도 아니다. 많은 노력을 들여 경성헌법의 개정에 도전하기보다 조문 해석의 변경으로 소기의 목적을 달성하면 그만이라고 생각한다. 그 결과 헌법을 소홀(疏略)히 다루고 있는 듯이 보인다.

헌법 개정이 실현되지 않는 또 하나의 이유로 해석개헌파에 의한 정권 운영을 들 수 있다. 당면한 이익을 간단히 얻을 수 있는 해석개헌과 장기간에 걸쳐 많은 노력을 요하는 헌법 개정의 두 가지 선택지를 저울에 달았을 때, 다수의 정치인이 비용 대비 효과가 높은 해석개헌을 선택했다. 그 결과 호헌론과 의도하지 않은 공동전선이 성립되어 개헌파의 의지를 꺾어왔다.

근대 일본의 정치문화

의견(意見)의 세계에서는 호헌론이 개헌론을 압도하고, 현실 정치는 호헌과 개헌의 양 진영에서 비난받으면서도 해석개헌파가 담당하는, 세 개의 헌법관이 만들어 내는 정치문화는 근대 일본 고유의 그것이다.

준법을 설명하는 원리원칙론은 어느 시대나 존재했지만, 호헌론이 너무 강한 것은 근대 일본의 특징이다. 막부(幕府)의 기본법인 고세이바이시키모쿠(御成敗式目)[2]나 무가제법도(武家諸法度)는 빈번하게 보완(補足) 수정이 더해졌다. 이러한 무가법의 역사에 비해 개헌론이 지나치게 약한 것이 근대 일본의 특징이다. 율령제의 형해화와 공가법(公家法), 무가법(武家法)으로의 이행은 현실 정치 요구에 유연하게 적응한 결과 일어난 일이다. 법체계를 상황에 맞추어 유연하게 변경하는 것이 일본 법제사의 일반적인 양상(常態)이었다. 해석개헌이 비난받는 것은 근대 일본에 고유한 현상이라고 볼 수 있다.

왜 이러한 정치문화가 발생했는가를 과거로 거슬러 올라가 그 이유를 밝히는 것은 그대로 일본인에게 헌법이란 무엇인가라는 물음에 답하는 작업이 된다.

---

2 가마쿠라(鎌倉) 시대(1185~1333) 이래 도리(道理)라 불린 무가사회에서의 관습이나 도덕을 토대로 제정된 무사정권을 위한 법령(式目)을 말한다.

제1부

불마(不磨)의 대전

제1장 대일본제국헌법

메이지헌법의 결함

대일본제국헌법에는 구조상의 결함이 있었다. 조문대로 운용할 수 없다는 점, 처음부터 해석개헌이 불가피했다는 점, 호헌론이 강해지면 기능 부전을 일으킨다는 점 등 세 가지이다.

이 결함은 메이지국가가 천황친정(親政)을 지배의 정통성으로 내세운 것에서 시작된다. 천황친정은 천황이 스스로 정치를 행한다는 의미이다. 헌법학이나 정치학의 용어로 바꾸면 주권자로서의 천황이 직접 권력을 행사해서 국가를 통치한다는 것이다. 그러나 이 경우, 천황의 실정(失政)은 메이지국가 자체의 실패로 이어진다.

그 때문에 실제로는 천황을 대신한 다른 누군가가 정치를 대행하지 않으면 안 되었다. 여기에서 해석개헌으로서의 천황초정(超政)이 필요해진다. 천황초정이란 정치를 타자에게 맡김으로써 천황이 정치의 세계에서 초월한 존재가 되는 것이다. 이 생각을 파고들어 가면 현재의 상징천황제가 된다.

천황초정은 공개적으로는 할 수 없다. 천황친정에 반하기 때문이다. 메이지헌법은 다테마에(建前 : 명분)와 혼네(本音 : 본심),[3] 이념과 실태, 이상과 현실이 괴리(乖離)된 헌법이다. 더욱이 명분, 이념, 이상으로 올바른 것으로 위치 지워진 천황친정과 본심, 실태, 현실이었어도 부정한 것으로 위치 지워진 천황초정을 양립시키지 않으면 안 되었다.

천황친정과 천황초정의 평형 관계를 유지하는 데에 보다 더 주의해야만 하는 것은 해석개헌에 의해 헌법이 형해화하는 일이 아니라 호헌론의 대두에 의해 해석개헌이 부정되지 않도록 하는 것이다.

이념으로서의 천황친정

왕정복고의 대호령(大号令)에 의해 탄생한 국가를 메이지국가라고 한다. 왕정복고란 진무천황(神武天皇)이 스스로 정치를 행했던 때의 일본으로 되돌아간다는 의미이다. 『고지키(古事記)』나 『니혼쇼키(日本書紀)』에 의하면, 진무천황은 초대 천황이다. 현재의 역사학에서는 전설상의 존재로 여겨지고 있으나, 막부 말기 유신 시기에는 실재한 천황으로 생각했다. 진무 창업의 옛날로 돌아가 천황친정을 회복한다는 왕정복고의 대호령은 이러한 결의와 정통성의 표명이었다.

---

3   혼네는 개인이나 집단이 공유하는 의식에 내재하는 감정이나 욕구를 포함한 가치관에 비추어 마음에 품고 있는 것이다. 한편 혼네 가운데 타자에 알려지는 것이 그다지 좋지 않은 일은 언급하지 않거나, 자신이 바라지 않는 일이라 하더라도 그것을 긍정함으로써 결과적으로 자신이 바라는 결과가 기대되면 일부러 인정하는 것을 다테마에라고 한다.

지배의 정통성은 막스 베버(Max Weber)의 전문용어이다. 베버는 안정된 지배와 복종 관계의 조건은 그것이 무언가의 올바름으로 뒷받침되어 있는 것이라고 생각했다. 그 올바름을 공급하는 것이 지배의 정통성이다.

왕정복고의 대호령은 왕정복고를 단행하여 국위 만회의 기초를 닦으며, 진무 창업에서 배워 사람들과 공의(公議)에 힘쓰고 고락을 함께한다는 메이지천황의 예려(叡慮)를 보였다. 예려는 천황의 의지이다. 문서는 사람들에게 진충보국의 진심으로 봉공(奉公)하도록 요청하며 끝맺는다. 천황이야말로 공(公)이며, 사람들이 복종해야 할 올바른 대상이라는 선언이다.

메이지헌법은 제1조에서 대일본제국은 만세일계의 천황이 통치한다고 선언한다. 왕정복고와 천황친정 이념이 결실한 조문인 것이다. 메이지국가는 천황친정을 지배의 정통성으로 한다는 것을 헌법에도 명기하고 있었다.

메이지국가는 왜 천황친정을 지배의 정통성으로 했을까. 도쿠가와 막부를 부정하기 위해서다. 에도(江戸) 시대에 도쿠가와 막부는 공의(公儀)라고 불렸다. 공이라는 것을 의미하는 보통명사가 그대로 조직의 명칭이었다. 공에는 올바름이 부착되어 있다. 그 증거로 공정(公正)이라는 숙어가 있다. 공의는 일본을 통치하는 정통 정부였다.

메이지국가는 공의를 능가하는 정통성을 필요로 했다. 공의에 맞서는 것은 악이다. 악의 군사력은 단순한 폭력이다. 만약 무력토막파(武力討幕派)가 새로이 정권을 수립한다 해도 지배를 계속할 수는 없다. 이기면 충신이 아니라 충신이 정의를 체현하고 있기 때문에 이겼다고 사람들이 생각하게 해야 한다. 천황친정은 무력토막파에 정의를 부여하는 말이었다.

현재의 우리는 메이지국가의 절실함이 이해되지 않는다. 그러나 메이지 중반 즈음까지도 메이지국가의 정통성은 침투하지 못한 채였다. 메이지

후반부터 신문기자로 활약한 우부가타 도시로(生方敏郎)는 문부성 교육을 받은 자신과 연장자 사이에 왕정복고의 이해가 달랐다고 회상했다.

우부가타는 메이지국가의 가치관에 입각하여 왕정복고를 본다. 그리고 왕정복고를 이해하지 못하는 모친이나 주변 할머니들을 도쿠가와 시대의 유물로 안타까워한다. 여기에서 주목하고 싶은 것은 연장자들이다. 그들에게 메이지국가는 삿초(薩長) 무사의 혁명정권으로 메이지유신은 명분에 지나지 않는 것이었다.

우부가타는 할머니들의 역사 인식은 도쿠가와 막부에 의한 정치 선전의 악영향이라고 생각한다. 그러나 우부가타는 자신이 메이지국가의 정치 선전에 묶여 있는 것은 자각하지 못하고 있다. 따라서 그는 할머니들이 동시대의 정세를 냉철하게 관찰하고 있었음을 알지 못한다.

이 일화는 공의의 정통성이 완전하게는 불식되어 있지 않았다는 것을 보여 주고 있다. 즉 그만큼 공의의 정통성은 강고했다는 것이다. 도쇼신군(東照神君), 즉 도쿠가와 이에야스는 150년에 걸친 전국(戰國) 시대에 종지부를 찍은 영걸(英傑)이다. 이에야스가 펼친 공의는 250년에 걸쳐 태평성대를 유지해 왔다. 이러한 사실들이 공의의 정통성 연원(淵源)이다.

메이지국가는 도쇼신군을 넘는 신격을 동원해야 했다. 도쇼신군이 개창(開創)한 공의를 뛰어넘는 정통성을 만들어 내야 했다. 천황친정은 이러한 조건을 충족시키는 거의 유일한 해답이었다.

훗날 메이지국가는 천황제국가라고 불릴 정도로 천황 중심의 국가 건설을 추진했다. 교육칙어를 아동 생도에게 암송시킨 것도 그 일환이다. 전국의 초등학교에 메이지천황의 초상화인 어진영(御眞影)을 배포하여 축일에 배례하게 한 것도 그 일환이다. 이러한 것들은 공의의 위광을 불식하기 위한 정치 선전이다.

실태로서의 천황초정

현실의 메이지국가는 천황친정의 이념과는 아주 먼 존재였다. 근대 일본의 정치사는 천황초정의 방법을 모색하는 시도였다고 요약할 수 있다. 번벌(藩閥)정치도 정당(政黨)정치도 쇼와(昭和)의 군부(軍部) 지배조차 천황초정의 변주곡이다.

메이지유신은 오쿠보 도시미치(大久保利通)를 중심으로 하는 무력토막파가 결행한 정치혁명이다. 혁명의 수모자가 혁명정권의 지도자가 되는 것은 자연스러운 경과이다. 신정권은 머지않아 유사(有司)전제라고 비난받았다. 소수의 정치인이 정권을 사물화하고 있다는 의미이다. 1868년의 오쿠보 암살 후에도 사쓰마(薩摩)와 조슈(長州)의 정치인이 정부 요직을 점했다. 이것을 삿초 번벌정부라고 한다.

천황초정은 정치 현실에 의해 생긴 것이다. 그러나 동시에 논리상의 요청이기도 했다. 즉 천황친정을 유지하기 위해서는 천황초정이 아니면 안 된다는 언뜻 보면 모순된 논리가 있었다.

천황친정은 메이지국가의 정통성이다. 국가 존립의 기초이다. 그렇기 때문에 천황친정은 실행될 수 없다. 천황의 실정은 단순한 실패가 아니라 국가 자체의 실패와 같아지기 때문이다.

천황의 실패는 메이지천황의 부친인 고메이천황(孝明天皇)에 실례가 있다. 양이(攘夷) 실현을 바라서 무오칙령(戊午勅令)을 내리는가 하면 빙해지시서(氷解の沙汰書)로 전언을 철회하고, 조슈번의 존왕양이론을 수용했다고 생각하면 1863년 8월 18일의 정변에서 사쓰마번과 아이즈번(会津藩)이 승리하자 반복(反覆)의 윤지(綸旨)를 내서 양이운동을 부정했다. 거듭되는 번의(翻意)로 고메이천황의 권위가 무너지는 것을 번벌정치인은 목격한 바

있다.

실패하지 않도록 천황친정을 행할 수 있을까. 불가능하다. 정치에는 다음과 같은 성질이 있기 때문이다. 정치란 가치를 권위적으로 배분하는 행위이다. 가치란 희소성이 있어서 사람들이 바라는 것이다. 음식도 금품도 가치이다. 직책과 훈장도 가치이다. 권위적 배분이란 주는 것도 빼앗는 것도 상대의 의지와 관계없이 행하는 것을 의미한다.

근대국가의 정치에서 이러한 성질은 한층 현저해진다. 전 국민을 대상으로 하기 때문이다. 아이러니한 일이지만, 그렇기 때문에 근대국가의 정치는 필연적으로 실패한다. 가치를 빼앗긴 국민은 정부에 반감을 갖게 되고 가치의 배분을 얻지 못한 국민은 불만을 갖게 되기 때문이다.

천황친정은 전 국민을 대상으로 한 가치의 권위적 배분을 천황이 직접 행하는 정치이다. 국민의 불만을 사는 것이 정치의 숙명이기 때문에 천황친정의 실패는 피할 수 없다. 국가의 정통성인 천황친정의 실패는 국가 자체의 실패이다. 따라서 메이지국가는 천황친정을 실행할 수가 없다. 메이지국가는 정통성을 지키기 위해 천황초정을 하지 않을 수 없다. 메이지국가는 그 출발점에서 중대한 모순을 안고 있었다.

메이지국가의 종언은 천황친정과 천황초정의 평형이 깨졌을 때 찾아왔다. 1945년 8월 쇼와천황이 내린 성단(聖斷)은 천황친정의 실현이었다. 성단은 쇼와천황의 전쟁 책임 문제를 불러일으켰다. 국민이 천황의 통치에 의문을 갖게 되었을 때 메이지국가는 지배의 정통성을 상실했다.

천황친정과 천황초정의 평형을 깨고 메이지헌법을 파탄으로 내몬 원인(遠因)은 호헌론의 대두이다. 지금부터 메이지헌법의 호헌론인 불마의 대전이라는 생각이 어떻게 만들어졌는지를 살펴보기로 하자.

제2장 근대 일본의 호헌론

닳아 없어지지 않는 대법전

근대 일본의 헌법관에 대해 가장 먼저 말하려는 것은 메이지헌법하의 호헌론인 불마의 대전론이 어떻게 생겼는가 하는 문제이다.

불마는 닳아 없어지지 않는다, 변화하는 일이 없다는 의미이다. 대전은 대법전, 중요한 법률이다. 따라서 불마의 대전은 변화하는 일이 없는 중요한 법률이라는 의미일 뿐이다. 그러나 근대 일본에서는 메이지헌법에만 이 말을 사용한다. 즉 메이지헌법에 대해 일체의 해석변경·부분개정·전문개정을 인정하지 않고 헌법 조문의 충실한 이행과 실현을 요구하는 의미로 사용한다.

이 불마의 대전은 세 가지 요소로 이루어져 있다. 메이지기의 흠정헌법사관, 다이쇼기의 메이지대제론, 쇼와기의 국체헌법학이다. 이 세 가지 생각(意想)이 갖추어졌을 때 메이지헌법은 위대한 메이지대제가 일본의 전통인 국체를 참조하면서 스스로 만들어 국민에게 부여한 흠정헌법이므로 멋 대로 해석변경이나 헌법 개정은 허용되지 않는다는 호헌론, 즉 불마의 대전이라는 사고방식이 생기게 된다.

불마의 대전을 지지하고 확산시켜 가는 것은 메이지·다이쇼기에는 정당정치인이다. 쇼와 전전기에는 우익이 이들을 대체한다. 담당자의 변천에 의해 불마의 대전은 다른 역할을 한다.

정당정치인은 메이지·다이쇼기에 불마의 대전을 이용하여 호헌을 주창하면서 해석개헌, 즉 정당정치의 실현을 노렸다. 쇼와의 우익은 불마의 대전을 문자 그대로 실현하는 것을 요구했다. 헌법대로의 정치를 촉구했다. 그 결과 메이지헌법의 기능 부전을 일으켰다. 그 상세한 내역은 지금부터 논하기로 하고, 여기에서는 우선 불마의 대전에는 전반과 후반에 다른 담당자가 있었다는 점을 기억해 두자.

정당성악설

메이지·다이쇼기에 불마의 대전론을 확산시킨 것은 정당정치인이다. 그들은 입으로는 호헌을 떠들었지만 본심은 달랐다. 그들이 목표한 것은 정당정치의 실현이며, 해석개헌이다. 메이지헌법은 원래 정당을 도외시하고 만들어진 헌법이었기 때문에 의원내각제도 정당정치도 염두에 없었다. 오히려 정당정치 실현을 저지하는 것이었다. 정당정치인은 메이지헌법하에 정당정치를 실현하는 논리로 불마의 대전을 이용했다.

정당정치인은 왜 불마의 대전을 필요로 했는가. 메이지국가에 한정되지 않고, 정치학이나 헌법학의 전통적인 입장에서는 정당은 나쁜 짓(惡事)을 일삼는 집단이며 저속한 것으로 여겨져 왔기 때문이다. 정권을 맡기는 따위는 당치도 않은 일이었다.

정당을 영어로는 party라고 한다. 부분적인 것이라는 의미이다. 당(党)의 바른 글자(正字)는 당(黨)이다. 시라카와 시즈카(白川靜)의 『자통(字通)』에는 취사(炊爨)나 제사(祀所)를 함께하는 제사 공동체라고 되어 있다. 여기에서 '동료'라는 뜻뿐만 아니라 '치우치다'라는 의미도 파생한다. 공정중립의 동의어로 불편부당(不偏不黨)이라는 사자숙어가 있는데, 이것은 편(偏)과 당(黨)이 같은 종류의 말이라는 것을 보여 준다. 그러고 보니 악당(惡黨)은 있어도 선당(善黨)은 들어 본 적이 없다. 정당은 부분적으로 치우쳐 있어서 나쁜 짓을 하는 집단으로 간주되었다는 것을 알 수 있다. 이러한 생각을 정당성악설이라고 칭하자.

근대국가와 헌법은 정당성악설에 근거하고 있다. 따라서 구미 여러 나라의 근대 헌법은 정당이 존재하지 않는 것처럼 만들어져 있다. 이 나라들에서는 확실히 정당정치가 이루어지고 있었지만, 그것은 어디까지나 운용상의 실태가 그러했다는 것뿐으로 헌법상 보장되어 있었던 것은 아니다. 일본국헌법에서도 정당이라는 자구(字句)는 없다.

현재의 국회에서 의원은 회파(會派)를 단위로 행동하고 있다. 실제로는 회파가 정당과 일치하는 바가 많기는 하지만, 법률상 정당의 존재를 인정하고 있지 않기 때문에 정당과는 별개의 집합으로 회파를 만든다. 정당정치를 원칙으로 하고 있어야 할 일본국헌법에서도 정당은 무시되고 있다. 이것은 정당성악설을 취하는 근대 헌법의 기본적인 틀을 일본국헌법도 답습하고 있기 때문이다.

이러한 관점에서 보면, 악명 높은 구로다 기요타카(黑田淸隆)의 초연주의(超然主義) 연설도 다른 관점이 가능해진다. 초연주의란 정당의 의견에 좌우되지 않고 초연한 태도로 정치를 해야 한다는 주장이다. 구로다가 촉구한 것은 더없이 공평하고 더없이 올바른(至公至正), 불편부당한 정치였다. 근대 국가의 방식에 따라 교과서대로의 정당성악설을 확인했을 뿐이다.

정당정치인과 불마의 대전

정당성악설이라는 역풍 속에 정당이 국가 운영의 주체로 인정받는 데에는 정당과 정당정치의 각각에 정통성이 필요했다.

정당(政黨)의 정당화(正當化)는 공당론(公黨論)에 의해 이루어졌다. 정당은 일부 인간의 사리사욕을 실현하기 위한 사당(私黨)이 아니라 천하 만민의 국리민복 증진에 기여하는 공당이다. 공당론은 이러한 논의이다.

정당정치를 정당화하는 논법에는 이상주의 헌정론, 실용주의 헌정론, 불마의 대전론의 세 가지가 있었다. 이 가운데 앞의 두 가지는 지금까지의 일본근대사 연구에서 논의되어 온 것이지만, 마지막의 불마의 대전론은 이 책이 새로 추가한 것이다.

이상주의 헌정론이란 영국의 양대 정당제와 의원내각제를 이상 내지 규범으로 간주하고 그 실현을 목표로 하는 것이다. 현재의 우리에게는 알기 쉬운 논의이지만, 군림하지만 통치하지 않는다는 영국 정치의 원칙이 천황친정의 부정으로 받아들여졌기 때문에 정당화의 논의로서는 역효과를 낳게 되었다. 따라서 이상주의 헌정론만으로 정당정치를 정당화하는 것은 득책이 되지 못했다.

실용주의 헌정론은 선행하는 구미 입헌주의를 수용·모방·추수(追隨)함으로써 일본도 구미 선진국들과 동등한 강국이 되어야 한다는 논의이다. 여기에서는 입헌정치는 의회정치이고, 의회정치는 정당정치라고 대략 정리된다. 사실의 문제로서 구미 여러 나라의 입헌정치는 정당정치였기 때문이다. 다만 이 논의를 채용할 경우, 나치나 소련 등 신흥국의 대두로 간단히 입론(立論)의 근거가 흔들리게 된다. 또한 보다 근본적인 문제로서 의회정치여도 정당정치가 아닌 정치체제가 존재하는 점을 지적할 수 있다. 삼권분립제이다. 실용주의 헌정론의 약점이 노출되지 않았던 것은 시세(時勢)의 문제였다고밖에는 말하기 어렵다.

마지막으로 불마의 대전이다. 메이지헌법은 만기공론으로 결정해야 한다는 5개조 서약문(五箇条の御誓文)을 실현한 것이다. 정당정치인은 의회정치 도입과 실현은 메이지천황의 의지라고 주장했다. 이러한 논법이라면 정당도 정당정치도 통합해서 정당화할 수 있다. 언론 탄압이 많은 근대 일본에서 가장 안전하게 정당정치를 정당화하는 논의였다. 정당에는 정부 이상으로 열심히 불마의 대전을 선전할 이유가 절실했던 것이다.

물론 단점도 갖추어져 있었다. 메이지헌법을 절대시하는 자세가 너무 강해지면 헌법 조문에는 어디에도 쓰이지 않았다는 이유로 정당정치가 부정될 가능성이 생긴다. 이 문제는 쇼와 전중기에 현실 문제가 된다.

또한 입헌주의의 담당자여야 할 정당정치인이 입헌주의에 반하는 존재인 천황제국가에 가담할 리가 없다고 단정하는 것은 경솔한 생각이다. 앞으로 소개할 사례에서 알 수 있는 바와 같이, 정당정치인은 불마의 대전을 정당화의 논법으로 많이 쓰고 있기 때문이다.

대부분의 경우, 각각의 정당화 논법은 적당히 한데 섞여 사용된다. 각 논의의 단점은 다른 논법의 장점으로 보충하면서 전체적으로 정당정치의 올바름을 주장하는 것이다. 정당정치인은 정당정치를 실현하기 위해 불마의 대전을 이용했다. 호헌론인 불마의 대전을 해석개헌이나 다름없는 정당정치 실현을 위해 이용했다.

제3장 흠정헌법사관

전전 일본의 정치 신화

불마의 대전의 구성 요소 중 하나인 흠정헌법사관은 메이지기에 생긴 사고방식이다. 메이지천황이 몸소 헌법을 제정했고, 국민은 기쁘게 헌법을 받아들였다는 역사관이다.

흠정헌법사관에 따른 역사 서술의 한 예로 1943년의 제6기 국정교과서 『초등과 국사(初等科 國史) 하』의 메이지헌법 제정에 관한 서술을 소개하고자 한다.

천황은 황조황종(皇祖皇宗)의 유훈에 기초하여 나라를 통치하는 데 근본이 되는 규정을 정하려고 전부터 생각하셔서 정부에 헌법 제정 준비를 명하셨다. 1882년, 이토 히로부미는 천황의 명을 받들어 헌법조사에 임해 마침내 황실전범(皇室典範)과 제국헌법 기초에 매달려 1888년에 초안을 만들었다. 천황은 추밀원(樞密院)에 초안의 심의를 명하고 회의에 처음부터 끝까지 참석(臨御)하셔서 친히 심의를 총괄했다. 이리하여 1889년에 몸소 황실전범 및 대일본제국헌법을 정하시고 경사스러운 기원절 날에 헌법을 발포하셨다.

이날 천황은 먼저 황조황종에 친히 전헌(典憲) 제정의 뜻(御旨)을 고하신 후 황후와 함께 궁중정전에 납시어 황족, 대신, 외국 사절을 비롯한 문무백관, 부현회의장을 초청하시어 엄숙하게 식을 거행하셨다. 성대한 의식(盛儀)이 끝나자 아오야마 연병장의 관병식에 참석하셨다. 민초는 연도를 가득 메워 치세의 번영을 축복하고 과분한 영광에 떨며 단지 감격의 눈물에 목메어 울 뿐이었다. 봉축 소리는 산을 넘고 들을 건너 방방곡곡에 가득했다.

이 사료에서는 대부분의 주어가 천황이다. 헌법 제정을 천황의 사적(事績)으로 서술하고 있다. 실은 전전 역사 교과서에서는 근대사의 문장 대부분의 주어가 천황이었다. 현재의 교과서에서 주어가 정부인 것과는 대조적이다. 메이지유신도, 청일 · 러일전쟁도, 조약개정도 천황이 행한 것으로 서술하고 있다. 흠정헌법사관은 천황을 주인공으로 앉힌 일본근대사 서술의 일환이다. 이러한 문맥에서 흠정헌법이란 문자 그대로 천황이 몸소 만든 헌법이라는 의미였다. 흠정헌법사관은 메이지헌법이 불마의 대전이 되는 최초의 일보이다.

흠정헌법사관은 현재의 역사학에서는 성립하지 않는 논의이다. 메이지헌법 제정 과정의 실제 지도자는 이토 히로부미이다. 현대 역사학에서의 흠정헌법이란 이토 히로부미가 작성하고 천황 이름으로 발포된 헌법이라는 의미이다. 흠정헌법사관은 역사 인식으로서 객관적인 올바름을 갖추지 못했다.

전전의 일본 국민도 이토 히로부미가 헌법 기초의 주도자이며 흠정헌법사관이 다테마에라는 것을 양해하고 있었다. 즉 올바른 역사 인식이라고 해도 그 올바름은 정치상의 요청에 의한 것임을 이해하고 있었다. 이러한 정치적으로 올바른 역사 인식을, 비판을 담아 허위 의식 혹은 정치 신화라고 표현한다. 흠정헌법사관은 전전 일본의 정치 신화이다. 후술하는 메이지대제론도 국체헌법학도 전전 일본의 정치 신화이다.

사람들은 공적 장소에서는 흠정헌법사관을 진실로 취급했다. 그 결과 흠정헌법사관은 불마의 대전의 구성 요소가 되어 근대 일본의 헌법관에 중요한 영향을 미쳤다. 따라서 정치 신화에 지나지 않는 흠정헌법사관을 검토할 필요가 있다.

번벌정부와 흠정헌법사관

헌법을 제정한 것은 번벌정부이다. 흠정헌법사관을 만든 것도 번벌정부이다. 번벌정부에는 흠정헌법사관이 필요했다. 1887년 제1차 이토 히로부미 내각과 민권파 사이에 대립의 전사(前史)가 있었기 때문이다.

1887년은 이토 히로부미에 의한 헌법초안 기초작업이 비밀리에 이루어진 해이다. 그렇지만 국회 개설 칙유가 1890년의 국회 개설을 약속하고 있었기 때문에 의원 선거 실시, 관련 법령 정비와 그 주지 기간 등의 정치 일정으로부터 역산하면 1887년에 초안을 기초하는 것은 상상할 수 있었다. 여기에서 민권파는 헌법 제정에 참획하는 마지막 호기를 놓칠 수 없다고 하여 3대사건 건백운동과 대동단결운동을 전개했다.

제1차 이토 내각은 보안조례로 응전했다. 민권파의 도쿄 추방과 위반자 투옥이라는 전대미문의 실력행사로 민권파와 이토의 관계는 결렬했다. 상처를 입은 것은 민권파만이 아니었다. 이토 역시 상처를 입었다. 사실 이토

는 보안조례 시행 후 머지
않아 사의를 입 밖에 냈다.
　이러한 정치 정황 속에
서는 이토 히로부미가 기초
한 헌법이 받아들여질 가능
성은 작아졌다. 헌법을 무
사히 발포하여 정착시키는
일은 그렇지 않아도 곤란
한 사업인데, 기초자가 기
피인물이어서는 앞길이 험
난한 것은 불가피했다. 여
기에서 흠정헌법의 필요성
이 생긴다. 헌법은 메이지
천황이 몸소 만든 것이라
는 허구가 필요해진다. 마

■■ 그림 1. 이토 히로부미(일본 국립국회도서관 소장)

치 이토 히로부미의 초안 기초 작업 등이 없었던 것 같은 흠정헌법사관이
필요해진다.

　천황친정이라는 다테마에로부터 메이지헌법이 흠정헌법이 되는 것은
큰 틀에서는 정해져 있었다. 그래도 1887년 민권파 행동에서 확인되는 바
와 같이, 당시 사람들은 명의는 흠정헌법이어도 어떤 형태로든 국민대표
가 관여할 기회가 주어지는 것이 당연하다고 생각하고 있었다. 군주와 의
회의 공동 작업으로 제정한 헌법인 국약헌법(國約憲法)을 바랐다. 1887년의
민권파 탄압은 이러한 국약헌법의 싹을 잘라 버렸을 뿐만 아니라 흠정헌
법을 철저한 흠정헌법이 되게 하는 것이었다.

1889년 2월 11일

헌법 발포 의식은 흠정헌법을 인상 지우기 위한 의장(意匠)을 아로새긴 것이 되었다. 예컨대 기원절 친제(親祭)이다. 2월 11일 진무천황이 나라(奈良)의 가시하라노미야(橿原宮)에서 즉위한 정월 삭일(朔日)을 태양력으로 환산한 것이다. 국가의 기원으로 지정된 날에 헌법 발포를 겹치게 한 것은 메이지천황이었다. 새로운 메이지궁전 내에 마련된 가시코도코로(賢所)⁴에서 메이지천황은 친히 고문(告文)⁵을 낭독하며 제사를 지냈다. 대리참배(代拜)의 전통에 비추어 이례적인 일이었다.

이어서 천황은 헌법 발포식에 참석하여 참렬한 각료, 부현회의장, 외국 사신에 대해 헌법 발포의 칙어를 낭독하고 구로다 기요타카 총리에게 헌법전을 하사했다. 헌법 발포식에서 소리를 낸 것은 천황 한 사람이었다.

천황이 몸소 고문이나 칙어를 낭독해서 여러 신하에게 듣게 한 것은 종래대로의 대독 방식으로는 천황이 몸소 헌법을 만든 것을 인상 지우는 데 불충분했기 때문이다. 낭독한 문면도 이례적인 것이었다. 모조리 천황을 주어로 했기 때문이다.

고문은 "짐, 삼가 공손히 황조황종의 신령(神靈)에게 고하노니"로 시작된다. 예스러운 축문 같은 문장이다. 그러나 첫머리의 '짐'은 이 고문을 기초할 때 새로 만든 조어였다. 천황에게는 상위자에 대한 일인칭이 없었기 때문이다. 불마의 대전의 초출이 된 헌법 발포 칙어도 "짐, 국가의 융성(隆昌)

4　신전(神殿)·황영전(皇霊殿)과 함께 궁중 삼전(三殿)의 하나를 이루는 곳으로 3종의 신기 중 하나인 신경(神鏡, 八咫の鏡)을 모시는 곳이다.
5　신께 올리는 글을 가리킨다.

과 신민의 경복(慶福)을 충심(衷心)의 기쁨과 영광(欣榮)으로 삼으며, 짐이 조종(祖宗)에게 받은 대권에 의해 현재 및 장래의 신민에 대해 이 불마의 대전을 선포하노라"라고 시작하여 천황 일인칭인 짐을 주어로 한 문장이었다. 또한 헌법의 상유(上諭)도 주어는 짐이다. 상유란 법률의 전문이다.

정부는 헌법 발포에 즈음하여 공개한 세 개의 중요 문서 모두에서 천황을 주어로 함으로써 헌법이 천황의 흠정에 의한 것임을 강조했다. 그러나 이토 히로부미의 다음의 발언을 읽으면, 그러한 시도가 도를 넘었음을 알 수 있다.

이번에 발포된 헌법은 말할 필요도 없이 흠정헌법이다. 대저 흠정이란 여러분이 잘 아는 바와 같이 천자가 몸소 정하셨다는 말로, 천자의 특허로 한 나라의 신민에게 증여하셨다는 뜻이다. 따라서 이 헌법은 전적으로 천황 폐하의 어질고 은혜로움(仁惠)에 의해 신민에게 증여된 것이라는 점을 여러분 마음에 새겨 기억할 것을 희망한다[『이토 히로부미전(伊藤博文伝)』].

이 연설을 들은 부·현회의장들은 혼네와 다테마에 사이에 끼어 난처해졌다. 그래도 혼네는 입 밖에 낼 수 없었다. 번벌정부는 헌법 조문에 대한 자유로운 논의는 인정했지만, 흠정헌법의 형식에 대해 비판한 자는 처분할 방침을 취하고 있었기 때문이다. 실제로 이번에 발포된 헌법은 이토 히로부미 등 대신이 멋대로 만든 것이기 때문에 승복할 수 없다고 단언한 신대복고(神代復古) 청원운동[6]은 탄압되었다.

---

6 성립 당초의 유신정부가 내세운 신도(神道) 국교화 정책에서 민중 교화의 역할을 말단에서 담당한 신도가(神道家) 등이 천황제를 절대적으로 지지하면서 그 종교적 세계

정당정치인과 흠정헌법사관

1908년 2월 11일의 『요미우리신문』 사설을 읽으면, 기원절은 3대절로 가장 쓸쓸한 축일이었음을 알 수 있다. 설날이나 메이지천황 생일을 축하하는 11월 3일의 천장절에 비해 기원절은 축일로서의 실태가 빈약했다.

번벌정부는 헌법 발포 기념일로서 기원절을 축하하지 않았다. 초기 의회의 운영에 고생하고 있어 축하 행사를 개최할 여유가 없었기 때문이다. 그뿐 아니라 번벌정부 내에서는 때때로 헌법중지론이 제기될 정도였다.

1890년에 의회 개설부터 청일전쟁 개전까지의 기간을 초기 의회라고 한다. 정부와 자유당 및 개진당으로 이루어진 민당(民黨)이 격렬하게 대립했다. 관민 알력이다. 번벌정부가 제출한 해군 예산을 중의원에서 세력을 떨치고(盤踞) 있는 민당이 모조리 부결하고, 다른 한편에서는 민당이 제출한 지조(地租) 감세 법안을 번벌이 지배하는 귀족원이 부결하여, 결과적으로 쌍방 모두 바라는 바를 전혀 실현하지 못한 채 교착 상태가 계속되었다.

이사이 민당은 의회 권한을 충분히 활용하여 정부와 대결했다. 근대국가는 의회가 인정한 법률과 예산에 의해 운영된다. 근대국가의 일종인 메이지국가 역시 내각이 강력한 권한을 가지고 있지만, 의회가 법률과 예산을 인정하지 않으면 기능하지 못하는 국가였다. 이 원칙을 규정한 것이 메이지헌법이다.

흠정헌법 제정은 일찍이 국약헌법 실현을 목표한 민권파에게는 패배를

관 아래 민중의 평등 실현을 주장한 운동이다. 이 운동의 사상은 신도 국교화 정책의 다테마에와 크게 다르지 않았지만, 만물평등사상을 토대로 5개조 서문을 해석하는 등으로 인해 천황제국가 이데올로기와의 대결은 불가피해져 결국 이단으로 탄압받게 되었다.

의미했다. 그러나 내각에 저항하는 방법을 보증한 것이 다름 아닌 메이지 헌법이었기 때문에 민권파는 헌법을 거꾸로 쥐고 번벌정부를 공격하는 전법으로 방향 전환을 했다. 1891년의 『자유당보(自由党報)』에는 벌써 헌법은 신성하고 어떤 경우에도 위반해서는 안 된다고 논한 문장이 게재되었다.

민권파에게 흠정헌법사관 수용은 패배감을 희석하는 효과가 있었다. 민권파는 근왕(勤王)을 자임하고 있었기 때문에 천황이 만든 헌법을 받드는 것은 수치가 아니었다. 순연(純然)한 흠정헌법일수록 패배감은 없지므로 민권파는 이토가 헌법 기초자라는 점을 적극적으로 부정했다.

민권파는 이토 히로부미가 헌법에 대해 발언할 때마다 헌법 씨(憲法公)의 새로운 뜻풀이(新義解), 헌법 양호(佯護)[7]라며 야유했다. 신의해란 이토가 자신의 사정으로 자신의 저서 『헌법의해(憲法義解)』를 왜곡했다는 것을 가리킨다. 또한 양(佯)은 거짓이라는 의미로 이토의 헌법 옹호는 가짜라고 주장한 것이다.

헌법에서 이토를 지우려 한 것은 민권파만이 아니었다. 도쿠토미 소호(德富蘇峰)는 이토가 헌법 제정의 공을 자랑하면, 이토 정도의 대정치인이라면 공치사 따위는 그만두라며 비판했다. 미야케 세쓰레이(三宅雪嶺)는 이토가 추밀원이었던 건물을 천황에게 하사받은 것을 자랑하면, 그러한 건물은 국민 공유재산으로 해야 한다고 비판했다.

정부 공격의 논리

야마가타 아리토모(山県有朋) 수상 아래 제1의회를 극복한 번벌정부는 마

7　일본어 발음은 옹호와 동일하나 뜻은 거짓 옹호를 의미한다.

쓰카타 마사요시(松方正義) 수상으로 교체되어 임한 제2의회에서 예산이 부결되었다. 같은 사쓰마 출신의 니시토쿠 지로(西德二郎)는 마쓰카타의 궁지(窮境)를 보다 못해 헌법 중지를 제안했다. 흠정헌법이니까 천황의 의지로 중지할 수 있다는 의견이었으나, 마쓰카타 내각은 헌법에 기초하여 중의원을 해산하고 제2회 총선거로 치고 나갔다. 국정에 협력하지 않는 민당을 응징하는 것이 목적이었다. 민당은, 번벌은 여론이나 헌법, 입헌정체의 적이라고 반론하며 정면 대결 자세를 명확히 했다.

제2회 총선거는 민당 후보자에 대한 격렬한 선거 간섭을 동반한 것이었다. 민당은 흠정헌법 강조로 돌진했다. 중의원에서 자유당의 고노 히로나카(河野広中)는 흠정헌법사관에 준하여 정부의 선거 간섭을 공격했다.

해외 각국의 입헌정체는 변란 사이에 일어났다고 한다. 그런데 이와 반대로 우리나라가 화기애애(和氣藹然)하게 입헌정체를 성립한 것은 오로지 우리 성천자(聖天子)의 하사품이라고 믿는 바이다. 그런데 황공하게도 우리 성천자의 지대한 하사품을 헛되게 하고 화기애애한 가운데 성립시킨 입헌정체도 뜻하지 않게 이번 총선거에서 선혈을 흘리는 참상을 보기에 이르렀다는 것은 모두 말로 다할 수 없이 깊은 유감이 아닐 수 없다.

개진당의 시마다 사부로(島田三郎)도 천황과 국민 사이에 평화롭게 주고받은 흠정헌법을 정부가 피로 더럽혔다고 규탄했다. 고노와 시마다는 내각을 탄핵하는 상주안(上奏案)에의 찬성을 요구하여 중의원 의원에게 호소했다.

고노와 시마다의 의견이 자신들의 이익을 위해 헌법과 천황을 이용한 것은 명확하다. 격화민권사건(激化民權事件)이라 불리는 일련의 폭력 사태에 언급하고 있지 않기 때문이다. 이것은 주로 자유당원이 일으킨 것이었다. 고노는 헌법 발포에 이르는 수년간에 폭력의 계절이 있었다는 데 대해서 입을 다물었다. 격화민권사건의 하나인 후쿠시마사건(福島事件) 수모자로 8년간 옥중에 있었음에도 그러했다. 또한 헌법 발포 당일은 모리 아리노리(森有礼) 문부대신이 암살된 날이었다. 결코 평화로운 하루는 아니었는데, 모리 암살도 없었다는 듯이 말이다.

이 문제는 반대파 의원도 지적했다. 당시는 다수의 자유당원이 격화사건을 무용담으로 자랑했기 때문에 고노 발언에 기만(欺瞞)을 느꼈을 것이다. 결국 상주안은 근소한 차로 기각되었다. 의원들은 천황의 정치 이용에 대해 신중한 판단을 한 것이다. 동시에 허위를 포함한 고노 등의 주장에 찬동할 정도로 후안무치하지는 않았다는 점도 보여 주었다.

오쿠마 시게노부의 『국민독본』

부끄러움은 시간의 경과와 함께 옅어진다. 메이지헌법을 국민의 대교과서, 일본의 보물로 격찬(激賞)하고 천황 폐하의 은사(恩賜)인 헌법을 높이 받들어야 한다(尊奉)고 말하는 오쿠마 시게노부(大隈重信)의 문장을 읽을 때 그러한 생각은 강해진다.

오쿠마 시게노부는 입헌개진당의 창설자이다. 이타가키 다이스케(板垣退助)와 함께 정당정치 발전의 일익을 담당한 인물이다. 그 오쿠마가 메이지 말부터 다이쇼 초기에 걸쳐 열심히 몰두한 것이 국민을 대상으로 한 계몽서 『국민독본』의 집필이었다. 문부성의 국정교과서에 대항했다.

『국민독본』에서 오쿠마가 말하는 헌법 제정 역사는 흠정헌법사관이었다. 헌법 제정의 계기는 오쿠마에 의한 즉시 입헌제 이행의 건백(建言)을 둘러싸고 일어난 1881년의 정변이었다. 오쿠마가 패하고 이토의 천하가 되어 이토에 의한 헌법 제정 작업이 시작되었다. 오쿠마는 헌법 제정의 실정을 아는 당사자였다. 그런데도 오쿠마는 국민에게 흠정헌법사관을 설명했다. 더욱이 오쿠마는 메이지천황의 위대함을 『국민 이십훈(国民二十訓)』에서 다음과 같이 강조했다.

> 선제(先帝)의 은혜는 태양과 같고 물길(水道)의 발원지(源泉) 같은 것이다. 그 은혜가 가장 크게 나타난 것이 헌법이다. 메이지천황은 이 헌법이라는 포상(褒賞)을 우리에게 주셨다. 할아버지에게도 할머니에게도 모두에게도 우리에게도 국민 일반에 똑같이 주셨다. 그것을 지키면 집이 번영하고, 나라가 번영하며, 몸도 강해지는 귀중한 것을 주셨다. 여러 가지 감사한 일의 원천은 바로 이 헌법이다. 일본인은 이처럼 감사한 헌법을 가지고 있지만, 이것을 갖지 못한 국민만큼 가엾은 것이 없다.

메이지천황은 전전의 일본 국민에게 신격을 갖춘 메이지대제였다. 이에 대해서는 다음 절에서 상세하게 살펴보고자 한다.

제4장 메이지대제론

허상의 효용

메이지대제론이란 메이지천황을 위대한 군주로서 신격화하는 의미이다. 불마의 대전을 구성하는 제2의 요소이다.

메이지대제론의 실례를 두 가지 소개한다. 입장이 전혀 다른 두 인물이 메이지천황의 위대함을 말하고 있다.

메이지신궁의 궁사(宮司)로 재향군인회 회장을 지낸 이치노헤 효에(一戸兵衛)는 초등학생 전집의 한 권으로 『메이지대제(明治大帝)』를 썼다. 한 권에 1엔 하는 엔본(円本)이 유행할 때 35전이라는 저가로 판매되었다. 이치노헤는 메이지대제의 업적은 진무천황에 의한 건국보다 위대하다고 말한다. 메이지대제 치세에 일본이 세계 5대국의 하나로 성장했기 때문이다. 이치노헤는 그러한 성장을 가능하게 한 것은 헌법정치이며, 일본은 메이지대제가 완성했다고 찬미했다.

또한 사회주의자 아라하타 간손(荒畑寒村)도 전후에 저술한 『간손자전(寒村自伝)』에 메이지천황의 모습을 올려다보았을 때의 충격을 기록하고 있다. 1895년 가을 히로시마 대본영에서 도쿄로 환행(還幸)한 메이지천황을 봉영(奉迎)했을 때의 일이다.

나는 부동자세로 최경례를 하면서 살짝 눈을 위로 떠서 올려다본 순간 전신이 전류에 닿은 듯한 감격에 사로잡혔다. 보라, 지금 눈앞을 지나가는 국화의 문장(紋章) 찬연한 차창에는 황공하게도 기립한 채 봉영하는 소국민의 진심에서 우러나온 정성(赤誠)에 거수의 예를 표하시는 지존의 모습을 지척 사이에서 배알하지 않았겠나. 나는 즉시 다시금 머리를 숙여 단지 흘러넘치는 눈물을 삼킬 뿐이었다. 그리고 귀로에 구두에 쓸려 아픈 다리를 질질 끌면서 몇 번이고 그 감격을 반추했다.

재향군인회 회장, 메이지신궁 궁사 이치노헤 효에가 메이지대제를 예찬하는 것은 당연하지만, 사회주의자인 아라하타가 전후가 되어서도 메이지대제의 위대함을 말하는 것은 흥미로운 현상이다. 그러나 그것은 아라하타의 개성으로 환원할 수 없는 문제이다. 메이지대제론을 수용하는 저변은 좌익과 우익을 모두 포괄하는 넓이를 갖고 있었기 때문이다. 예컨대 국가사회주의자 다카바타케 모토유키(高畠素之)는 메이지신궁에 틀어박혀 『자본론』의 교정 작업을 했다. 다카바타케에게는 메이지대제와 마르크스가 모순 없이 동거하고 있었다.

기타 잇키(北一輝)는 자택 불단에 메이지천황의 동상을 장식하고 그 방을 신불마(神仏間)라고 이름 붙였다. 기타는 이 방에서 법화경을 외워 삼매경에 달해 수차례 영고(靈告)를 받았다. 가장 많은 영고를 내려 준 것이 메이지대제였다. 흥미롭게도 그 내용의 대부분이 국가 개조를 단념하라고 명하는 것이다. "국헌, 국법을 침범하는 자는 짐은 단호히 금한다. 대권의 발동을 기다려라. 너는 한 발도 어긋나서는 안 된다"는 방식이다. 『영고일기(靈告日記)』 편자로 기타 잇키 연구의 제일인자 마쓰모토 겐이치(松本健一)는 이 책을 기타의 저작 중 가장 형편없는 책이라고 평했다. 그러나 일본국가 개조 법안에 헌법정지를 담은 기타에게 불마의 대전을 침범하는 것에 대한 망설임(逡巡)이 이러한 형태로 토로되었다고 읽는다면 이 이상 흥미로운 서적은 없을 것이다. 국가 개조가 궁극적으로는 메이지대제를 넘는 독신(瀆神) 행위라는 것을 잘 알기 때문이다.

메이지대제론의 저변을 확인하는 마지막 사례로 모리카와 아쓰시(森川淳)의 「기독교 추방(キリスト追放)」을 소개한다. 모리카와의 조부는 기독교도로 도코노마(床の間)⁸에 예수의 십자가 형상을, 나게시(長押)에는 어진영을 꾸미고 있었다. 태평양전쟁 개전 후에 도조 히데키(東条英機)를 비판한 조부였지만 메이지대제에 대해 존숭하는 마음만은 사라지지 않았다고 한다. 모리카와는 조부의 심정을 다음과 같이 분석한다.

메이지 초년생인 그의 의식에서 청춘은 '메이지천황 씨'와 함께였을 것이다. 그것은 존숭이라기보다는 함께 손을 맞잡고 젊은 나라를 만들어 왔다……고 하는 친근감을 다분히 포함한 것이기도 했을 터였다『두 개의 쇼와 : 지금 구전하는 전쟁과 교육(二つの昭和 : いま語りつぐ戦争と教育)』].

---

8 일본식 방의 상좌(上座)에 바닥을 한층 높게 만든 곳으로 벽에는 족자를 걸고, 바닥에는 꽃이나 장식물을 꾸며 놓는다.

여기에서는 기독교와 메이지천황이 동거하고 있다. 이것도 한 개인의 특수한 현상이 아니다. 무교회파 기독교 지도자로도 알려진 야나이하라 다다오(矢内原忠雄)는 전전에 공표한 논문에서 메이지천황은 일본 민족의식의 중심으로 숭상되고 있다고 기록했다. 그런데 전후가 되어서도 야나이하라는 메이지천황을 종교적 책임감의 소유자로 평하고 있다. 또한 교육칙어를 실천도덕으로 대체로 빈틈이 없고(周到) 적절하다고 평가하며 칙어 중의 메이지천황에 위엄과 동시에 겸손을 느끼고 있었다. 야나이하라는 전후에도 메이지천황에게 경의를 품고 있었다고 보아도 좋을 것이다. 이상과 같이 메이지대제론은 신교나 사상과는 별개 차원에서 침투하여 공존하고 있었다고 해석할 수 있을 것이다.

국민에게 널리 정착한 메이지대제론은 흠정헌법사관을 강화한다. 메이지천황의 신격화는 메이지헌법의 권위를 높이기 때문이다. 다이쇼기의 헌법론은 흠정헌법사관에 메이지대제론이 더해져서 불마의 대전으로의 도정(道程)을 한 걸음 내걷게 된다. 여기에서는 메이지대제론이 어떻게 정착해 갔는지를 확인해 보자.

메이지천황에게는 세 가지 가치가 있다. 첫째, 무쓰히토(睦仁)라는 이름을 갖는 한 인간으로서의 메이지천황이다. 둘째, 헌법이 규정한 제도로서의 천황이다. 셋째, 전전 일본인에 의해 만들어져 공유되어 온 심상(心象)으로서의 천황이다. 지금까지의 메이지천황 연구는 첫째와 둘째 측면에 주목해 왔다. 허상으로서의 메이지천황상을 배제하고 제도상의 역할이나 한 개인으로서의 모습의 해명을 역사학의 임무로 여겨 왔다. 종래의 연구에 의해 메이지천황의 이해가 깊어진 것은 말할 필요도 없다.

메이지대제론은 허상으로서의 메이지천황상에 새삼스럽게 착목한다. 전전 일본의 올바른 역사 인식, 정치 신화였기 때문이다. 흠정헌법사관과 마찬가지로 전전의 일본인은 마치 사실인 것처럼 메이지대제를 칭찬했다. 헌법을 메이지천황의 하사품으로 존중했다. 메이지대제론이 헌법 존중의 동기가 된 사실을 검토하는 것은 근대 일본의 헌법관을 생각하는 데에 빼놓을 수 없다.

어진영

메이지천황 연구에서 허상의 부분을 배제할 수 없는 이유로 메이지천황의 초상, 즉 어진영 문제가 있다.

어진영은 1888년에 전국 초등학교에 하사되었다. 각 초등학교에서는 봉안전(奉安殿)이라는 시설에 보관해 두었다가 축제일 행사 때 피로(披露)한다. 또한 신문·잡지에서도 사용되었다. 전전 일본인에게 메이지천황은 이 어진영의 모습이다. 그런데 어진영은 문자 그대로의 그것이 아니었다. 다음과 같은 공정으로 작성된 것이기 때문이다.

1888년 1월 14일, 시바(芝)공원 야요이사(弥生社) 행행(行幸) 때 대장성 인쇄국이 고용한 에도아르도 코소네(Edoardo Chiossone)가 얼굴만 단시간에 소묘하고 몸 부분은 대례복(大禮服)을 입은 코소네를 사진 찍어 합성하여 전신상을 그림으로 그렸다. 그 그림을 사진가 마루키 리요(丸木利陽)가 촬영하여 복제한 것이 어진영이다.

어진영은 초상사진이 아니라 초상화이다. 메이지천황이 사진 촬영을 싫어했기 때문이다. 현재 메이지천황 사진은 불과 몇 장밖에 남아 있지 않다. 그 가운데 한 장은 1873년 10월 8일 궁내성 의뢰로 우치다 구이치(内田九一)가 촬영한 것이다. 최초의 어진영으로 지방관청이나 군대에 하부(下付)되었다.

어진영은 1888년 당시의 초상이므로 15년의 나이가 더해진(加齡) 두 장의 초상 사이에 차이가 있는 것은 당연한 일이다. 그러나 모든 초상화에는 미화가 따른다. 어진영에 어느 정도의 미화가 덧붙여졌는지는 지금으로서는 확인할 길이 없지만, 엄밀한 의미에서 메이지천황의 참모습으로 간주할 수는 없다. 적어도 몸 부분은 코소네이므로 여기에 허상이 포함되어 있다고 할 수 있다. 메이지천황 연구에서 허상으로서의 메이지천황상을 무시할 수 없는 것은 이러한 사정이 있기 때문이다.

붕어

메이지천황은 메이지 시대 말기에 이미 특별한 존재였다. 1912년 7월 30일 천황의 붕어는 사람들 마음에 상실과 불안을 초래했다. 예컨대 도쿠토미 로카(德富蘆花)는 메이지천황이 자신의 인생 절반을 가져가 버렸다고 탄식했다.

메이지천황 붕어에 동요한 것은 어른만이 아니었다. 훗날 독일문학 연구자가 되는 데즈카 도미오(手塚富雄)는 습자(習字)의 날짜에 메이지 사십 몇 년이라고 쓰는 것은 자신들의 영원한 규정인 것처럼 생각하고 있었건만 천황의 붕어로 말로 표현할 수 없는 기분과 마주할 수밖에 없었다고 회상했다.

붕어로 생긴 사람들의 감정을 문학작품으로 승화시킨 것이 나쓰메 소세키의 『마음(こころ)』이다. 주인공이 선생님이라고 부르는 인물은 메이지천황 붕어와 노기 마레스케(乃木希典) 자결에 독촉을 받은 듯이 자살(自死)을 선택한다. 이 작품 성립에 붕어에 얽힌 감정 공유는 불가결한 조건이었다.

메이지를 산 일본 국민은 메이지천황에 자기 자신의 인생을 중첩시키고 있었다. 따라서 사람들은 큰 상실감을 갖게 되었다. 사람들은 마음의 공백을 채우기 위해 다양한 것들을 만들어 냈다. 이것은 국가가 메이지천황을 신격화하기 위해 만든 측면도 있지만, 국민도 그것을 필요로 했다는 면을 놓칠 수 없다.

대상(大喪)이 끝나고 사람들의 마음이 안정되자, 머지않아 메이지천황을 추억(追懷)하기 위한 다양한 일이 생긴다. 메이지신궁 조영, 『메이지천황기(明治天皇紀)』 편찬, 성적(聖蹟) 지정이다. 모두 메이지대제론의 정착을 재촉하는 장치로 기능함으로 확인해 보자.

메이지신궁

메이지신궁은 1920년 11월 1일 완성되었다. 신으로서의 메이지천황과 쇼켄(昭憲)황태후를 모셨기 때문에 신궁이라 한다. 어떤 인물이 존숭되는 모습을 신격화라고 형용하는 일이 있다. 이것은 어디까지나 비유이다. 그러나 메이지천황은 메이지신궁에 모셔짐으로써 문자 그대로 신격화를 달성했다.

메이지대제론과의 관계에서 주목할 것은 메이지신궁 외원(外苑)이다. 외원은 야마노테선(山手線)의 안쪽, 주오선(中央線) 시나노마치역(信濃町駅) 남쪽으로 펼쳐진 공간이다. 야마노테선 하라주쿠역(原宿駅)에서 가장 가까운 메이지신궁 내원(内苑)이 순전한 신사(神社)인데 대해 외원은 도쿄 시민의 운동공원으로 만들어졌다.

메이지신궁 외원에는 세이도쿠기념회화관(聖德記念絵画館)이 있다. 그 외관은 현재의 국회의사당과 아주 흡사하다. 그러나 의사당은 1936년 건물이고 회화관은 1926년 건물이므로 의장의 원조는 후자이다. 80매의 일본화와 서양화로 메이지천황의 생애를 되돌아보는 시설이다. 1매당 사방 약 3미터의 거대한 것이기 때문에 80매 장식이 고작이다.

실례를 들면 교토 니조성(二条城) 구로쇼인(黑書院)[9]의 모습이 담긴 무라타 단료(邨田丹陵) 작 〈대정봉환(大政奉還)〉이 유명하다. 그림의 좌측 구석에는 도쿠가와 요시노부(徳川慶喜)가 있으며, 여러 신하에 대해 대정봉환을 표명하는 순간이 그려져 있다. 무라타는 1872년생의 일본화가이다. 대정봉환을 목격할 수는 없었다. 면밀한 취재에 기초했다고는 해도 이 그림은 상상도이다. 시점(視點)은 높아 천정에 가까운 위치로 설정되어 있다. 구석에 있는 요시노부가 작고 앞쪽 인물이 크게 그려져 있다. 광각렌즈로 촬영한 사진처럼 육안으로 본 것보다도 원근감을 과장한 구도이다. 이로써 구로쇼인이 거대한 공간인 듯한 착각이 생긴다. 이것은 거대한 막부가 무너지는 순간을 보다 적극적으로 보이게 하는 효과를 노린 것이라고 생각된다.

그 효과의 정도는 『메이지천황기 부도(明治天皇紀附図)』 81매의 한 장으로 2세 고세다 호류(五世田芳柳)가 그린 〈대정봉환〉과 비교하면 명확하다. 호류가 그린 것은 니조성 오히로마(大広間)[10]에 모인 불과 6명의 인물이다. 사쓰마의 고마쓰 다테와키(小松帯刀), 아키(安芸)의 쓰지 쇼소(辻将曹), 도사(土佐)의 고토 쇼지로(後藤象二郎)와 후쿠오카 다카치카(福岡孝弟)가 요시노부

9　쇼군(将軍)이나 다이묘(大名) 등의 대규모 전당에 설치된 서원 가운데 안쪽을 향한 서원을 가리키며, 검은 옻칠을 한 데에서 이름이 유래하였다. 내부의 칸막이그림으로는 대체로 채색화는 적고 수묵화나 혹은 그림 자체가 없는 경우가 많다. 이와는 대조적으로 시로쇼인(白書院)은 바깥쪽을 향한 서원으로 검은 옻칠을 하지 않은 곳이다. 내부의 칸막이그림은 주로 채색화로 채워지는 경우가 많다.

10　성내(城內)에서 등성(登城)한 다이묘나 하타모토(旗本)가 쇼군 배알의 순서를 기다리던 곳 가운데 하나로, 보통 다이묘 중 격식이 높은 다이묘나 4품 이상의 관위(官位)를 갖는 친번(親藩) 및 도자마다이묘(外様大名) 등이 대기하던 방이다.

에게 대정봉환을 진언하는 모습이다.

호류의 작품은 『메이지천황기』의 삽화인 동시에 회화관에 장식된 벽화의 밑그림 성격도 겸하고 있었다. 고증 그림 제작의 목적에 따랐는지 호류의 작품은 회화로서의 완성도보다 자료로서의 정확성을 중시한 것처럼 보인다. 즉 호류의 〈대정봉환〉은 단료의 〈대정봉환〉에 비해 수수하다.

호류의 밑그림보다 대담하고 극적인 구도가 된 회화는 그 밖에도 많이 있다. 모두를 다루기는 어렵지만 메이지천황의 위대함을 인상 지우는 작위(作爲)에 대해 현대의 우리도 주의해야만 한다. 일본근대사에 관한 자료집이나 도록에서 종종 소개되는 헌법 발포식이나 일본해(동해) 해전 등의 회화는 세이도쿠기념회화관 것이기 때문이다.

『메이지천황기』

『메이지천황기』는 메이지천황 개인의 기록이 아니라 메이지사 전체를 서술한 역사서이다. 현재 요시카와코분칸(吉川弘文館)에서 전 12권, 색인 1권이 공간되어 있다. 인물색인과 사항색인이 충실해서 메이지사 대백과사전 같은 느낌이다.

편찬사업 총책임자는 가네코 겐타로(金子堅太郎)이다. 이토 히로부미의 부하로 이노우에 고와시(井上毅), 이토 미요지(伊東巳代治)와 함께 헌법 기초 작업에 종사한 인물이다. 천황기 편찬 총책임자, 생존 헌법 기초자로서 가네코는 메이지사의 이야기꾼으로 여생을 보낸다. 1853년생인 가네코가 왕정복고의 대호령(1868)에 대해 당사자처럼 말하는 것을 보면 노인의 옛날이야기는 주의해야 한다는 것을 알 수 있다.

가네코는 월간 『킹(キング)』의 부록 『메이지대제』에서 추밀원에서의 헌

법 초안 심의 중에 있었던 일을 피력하고 있다. 아키노미야 미치히토 친왕(昭宮猷仁親王)의 부보(訃報)를 접한 메이지천황은 추밀원 의장 이토 히로부미의 의사 중단 제의를 거절하고 헌법 초안 심의를 계속했다는 삽화이다.

폐하는 황자의 사망(薨去)은 황실의 사삿일(私事)이다. 헌법회의는 국가의 공사로 공사 앞에 사삿일은 없다는 감사한 의향이셨기 때문에 의사(議事)가 마무리될 때까지 옥좌를 떠나지 않으셨음을 삼가 살필 수 있었다.

이와 같은 성천자가 세상 어느 나라에 계실까. 대제는 부자간의 따뜻한 사랑(情愛)에서는 특히 자상하시다고 삼가 듣고 있지만, 그럼에도 불구하고 태연히 회의의 종결을 볼 때까지 입궁(入御)하지 않으셨다는 이 한 가지는 대제가 얼마나 국가의 중요한 정무를 존중하셨는지를 헤아리는 데 절호의 고덕(高德)이라고 생각한다.

나는 지금도 역시 당시의 일들을 회상할 때마다 눈물이 줄줄 흐르는 것을 느낀다. 헌법은 실로 메이지대제가 제정하셨으나 지금에 이르기까지 이러한 귀중한 이야기가 가려져 있는 것도 국민으로서 누구나 알고 있어야 할 것이다. 그리고 점점 깊고 더욱더 고귀한 독려(督勵)를 찬양해야 한다고 생각한다.

가네코 겐타로는 기회가 닿을 때마다 이 일화를 피력했다. 가네코는 그곳에 있었던 인물이기 때문에 독자 청중은 진실로 받아들인다. 그러나 이 삽화는 천황과 우리의 상식 차이로 인한 착각에 의해 감동비화가 된 것이다.

메이지천황은 지금 당장에라도 어린 자식에게 달려가고 싶었을 테지만, 그것을 참고 심의를 계속했다는 것은 우리의 상식에 의한 추리이다. 다른 한편으로 메이지천황은 죽음의 부정함(穢れ)을 피해야만 한다. 장의, 매장,

일년상 제사에도 시종(侍從)을 보내 대신 참배시키고 있다. 메이지천황은 부보를 들고 자리를 떠도 갈 곳이 없었다.

또한 황자의 사망은 오후 2시 30분이었다. 히비야의 양친(養親) 처소에서 아카사카가리고쇼(赤坂仮御所)의 추밀원까지 말을 달려 알리지 않으면 안 된다. 추밀원 회의 종료는 오후 3시였다. 이 시각과 지리상의 사실은 메이지천황이 부보를 듣고 나서 자리에 머문 시간은 30분을 넘지 않았음을 보여 준다.

또한 가네코는 이 일화가 헌법 회의의 장이었다고 말하고 있으나, 실제로는 회계법 심의 중에 일어난 일이었다. 가네코는 메이지천황은 헌법 회의에 한 번도 결석한 적이 없다고 말하고 있으나, 실제로는 감기로 오전 중의 회의를 쉰 적이 있다. 의장인 이토는 천황 결석도 상관없이 회의를 진행했기 때문에 그것을 들은 천황이 황급히 오후부터 출석했다. 이러한 사실들은 『메이지천황기』에 기재된 것이다. 이러한 사실을 알면서도 가네코는 정보를 적절하게 조작하여 천황은 하루도 쉬지 않고 헌법 제정 작업에 정진(精勵)했다고 말한 것이다.

성적

정부는 메이지천황이 행행 등에서 들른 장소를 성스러운 장소로 보존했다. 이것이 성적이다. 마침내 전국에 산재하는 성적을 기록하는 사업으로 발전했다. 성적에는 민간 유지가 만든 것도 있다.

그 일례가 성적 사쿠라가오카(桜ヶ丘)의 옛 다마(多摩)성적기념관이다. 성적 사쿠라가오카는 메이지천황의 사냥터였다. 이곳에 다나카 미쓰아키(田中光顕)가 설립한 것이 다마성적기념관으로, 메이지천황과 유신 지사와 관

런한 물건들을 전시한 사설 박물관이다. 다나카는 도사 출신으로 궁내대신을 지낸 인물이다.

다나카는 유신사료편찬회 부회장을 역임하면서 이바라키현(茨城県) 미토(水戸)를 제2의 고향이라 칭하며 이곳에 조요메이지기념관(常陽明治記念館)을 설립한다. 메이지유신의 원동력은 존왕양이사상이며 미토학(水戸学)[11]은 그 원점이라고 생각했기 때문이다.

다나카는 유신사료편찬회의 자료수집사업을 통해 미토학과 사쿠라다 문밖의 변(桜田門外の変)[12]의 평가를 바꾸어 간다. 메이지기에 이이 나오스케(井伊直弼)는 일본 개국의 은인이었다. 다나카는 사비를 들여 『사쿠라다 의거록(桜田義挙録)』 등의 서적을 출판·배포하며 미토학의 정당함을 세상에 호소했다. 그 결과 이이 나오스케는 막부 말기를 대표하는 악덕 정치인이 되었다.

다나카의 활동은 미토 사람들에게도 받아들여졌다. 메이지유신의 발상지가 된다는 것은 미토번이 받은 좌막파(佐幕派), 조적(朝敵)이라는 오명을 벗는 더할 나위 없는 지역 진흥이 되기 때문이다.

헌정옹호운동

메이지대제론의 선전역은 정당정치인이다. 그 대표는 다이쇼기에 헌정

---

11 에도 시대 미토번에서 형성된 정치사상으로 유학사상을 중심으로 국학·사학·신도를 결합한 것이다. 요시다 쇼인(吉田松陰)을 비롯한 다수의 막부 말기 지사들에게 큰 영향을 미쳐 메이지유신의 원동력이 되었다.

12 1860년 3월 에도성 사쿠라다 문밖에서 미토번 이탈자(脱藩者) 등이 막부 이인자인 대로(大老) 이이 나오스케(井伊直弼)를 암살한 사건을 가리킨다.

의 신으로 불린 이누카이 쓰요시(犬養毅)와 오자키 유키오(尾崎行雄)이다. 이들은 때마다 메이지대제를 언급한다. 헌정옹호운동 때도 그랬다.

먼저 이누카이 쓰요시이다. 1913년 2월 11일의 기원절, 헌법 발포 25년 기념회에서 이누카이는 "헌법 불마의 대전은 선제의 하사품으로 발포 이래 25년이 지나도록 아직 완비하지 못한 것은 선제에 대해 황공하기 그지 없다"고 연설했다.

기념회는 헌법 발포 칙어 낭독, 천황과 황후에의 만세삼창으로 시작되었다. 본래 취지는 제3차 가쓰라 다로(桂太郞) 내각 규탄이었다. 메이지천황 영령에 울며 빌면서 가쓰라의 횡포를 세상에 호소하는 집회가 될 터였다. 그런데 가쓰라 내각이 와해되어 축승기념회가 되었다. 제1차 헌정옹호운동의 승리였다.

이러한 장소에서 이누카이는 헌법을 불마의 대전이라 부르고 메이지천황의 흠정으로 된 것이라고 말했다. 헌정옹호운동은 전전 일본의 몇 안 되는 민주화운동이라고 생각되어 왔다. 여기에서 헌정이란 이상주의의 그것으로 생각되어 왔다. 그런데 당사자인 이누카이 쓰요시는 이상주의의 헌정론뿐만 아니라 불마의 대전도 가미해서 발언했던 것이다.

사실 이누카이가 상정한 입헌정치는 천황 아래에서의 평등정치였다. 따라서 벌족(閥族) 타파를 외쳤다. 벌족이란 조슈벌, 사쓰마벌, 관료벌을 가리킨다. 이누카이에게는 벌족을 일소하고 천황과 국민만의 국가를 만드는 것이 헌정옹호운동이었다.

천황 아래에서의 평등론은 에도 시대 신분제도의 연장선상에 살고 있던 이누카이 쓰요시 입장에서는 급진적인 사회개혁론이다. 예전의 신분제도에서는 셀 수 없을 정도의 신분이 존재하고 이것이 장벽이 되어 천황과 국민을 격리하고 있었다. 그 격차와 장벽을 일소하면 국민은 천황 아래 평등해진다는 것이 이누카이의 구상이다.

　이러한 평등관, 입헌정치관은 이누카이 혼자만의 것이 아니다. 후에 소개하는 것처럼 쇼와의 우익도 같은 주장을 했기 때문이다. 정당정치가 우익의 공격에 반격할 수 없었던 이유 중 하나는 양자가 견해를 같이하고 있었다는 점에 있다.

　오자키 유키오로 옮겨 보자. 오자키도 헌정의 신으로 불린 헌정옹호운동의 지도자이다. 다이쇼의 처음과 끝의 두 차례의 헌정옹호운동 사이에 낀 시기에 오자키는 헌법을 제정하여 인민에게 권리를 하사한 은인으로 메이지천황을 칭찬했다.

　오자키는 1887년 말의 보안조례로 도쿄에서 추방당한 경험이 있다. 메이지헌법이 흠정헌법이 아니라는 것을 알고 있다. 그러나 굳이 흠정헌법 사관을 수용하여 헌법상의 여러 권리를 메이지대제의 은사라고 우겨댄다. 그렇게 하면 신민의 권리는 번벌정치가도 손댈 수 없게 되기 때문이다.

　입헌정치의 필요성도 오자키에게 걸리면『입헌근왕론』이 된다. 입헌정치는 근왕(勤王)이라는 논의이다. 오자키는 천황과 국민의 의지를 일체화하는 것이 건국의 이상이며, 그것을 실현하는 데 가장 유효한 방법이 입헌정치라고 주장한다. 만사는 여론(萬機公論)에 따라 정하라고 선언한 5개조 서약문을 구현한 것이 입헌정치이며 메이지헌법이라는 것이다.

보통선거운동

　보통선거운동에서도 메이지대제론은 효과를 발휘했다. 보통선거란 성인 남자 전원에게 무조건으로 참정권을 부여하는 선거제도이다. 당시는 납세액으로 참정권을 제한하고 있었다. 제한선거이다. 제2차 헌정옹호운동은 보통선거 실현을 요구하는 운동이었다. 이때도 메이지대제의 유훈을 실현하는 길로서 보통선거를 정당화했다.

예컨대 보통선거운동가 미즈노 셋케이(水野石溪)는 『보선운동혈루사(普選運動血淚史)』를 쓰기 시작하면서 5개조 서약문을 인용하여 만기공론의 실현은 메이지대제의 조칙(詔)이며, 보통선거야말로 진정한 만기공론을 실현하는 제도라고 주장했다.

보선운동과 노동운동은 기원절인 2월 11일 실행되었다. 5개조 서약문과 메이지헌법을 실현하는 운동으로서 보선운동을 전개했다. 노동운동도 헌법상의 신민의 권리를 실현하는 운동이었다. 경찰의 탄압을 피하는 효과와 쉽게 여론의 찬성을 얻는 효과를 기대할 수 있는 방책이다. 보통선거운동이나 노동운동은 천황제와 인접해 있었다.

그 증거로 제2차 전국보통선거데이에 보통선거에 반대하는 자를 비국민이라고 하는 결의문이 채택된 사실을 들 수 있다. 쇼와가 되고부터 전쟁에 협력하지 않는 인간을 비국민이라고 했다. 비국민이라는 매도는 천황제 국가의 숨 막힘을 상징하는 말이지만, 호헌운동이 한창일 때 보통선거 반대론자를 향해 사용되었다.

헌정회(憲政會) 소속 사이토 다카오(斎藤隆夫) 의원 발언을 살펴보자. 사이토 다카오는 중일전쟁을 비판하는 반군(反軍) 연설을 한 데에서 전전을 대표하는 자유주의 정치인으로 일컬어진다. 또한 헌법서를 집필한 이론파였다. 그러나 사이토도 메이지대제의 유훈을 내세워 보통선거 반대파에 대해 위압적인 말투로 말한다. 다음은 중의원에서의 발언이다.

보통선거는 입헌정치의 귀결이다. …… 우리 국체의 정화(精華), 제국헌법의 대정신이라는 것은 보통선거 실행과 함께 점차 더 그 광휘를 발양(發揚)할 것이다. …… 만사는 여론으로 정한다는 것은 유신개혁의 대정신임과 동시에 제국헌법을 관통하는 대원칙이다. ……현재(現時)의 정치 조직이라는 것이 과연 메이지대제의 이러한 취지(趣意)에 따른 것인지 아닌지, 반대론자는 물러나서 생각해 보는 것이 좋을 것이다.

마지막으로 헌정회 당수 가토 다카아키(加藤高明)에 의한 메이지대제론의 이용 사례를 살펴보자. 헌정회는 선진적 정책을 내세웠다고 평가되는 정당이다. 제2차 헌정옹호운동 결과, 헌정회가 주체가 되어 호헌 3파 내각을 형성하여 가토가 수상이 된다. 이 내각 아래 보통선거법안이 성립한다.

1925년 1월 의회에서 법안 취지를 설명한 가토는 헌법을 제정한 메이지천황의 의도는 국민을 정치에 참여시켜 국가 발전을 함께 떠받치도록 하는 데 있다고 짐작(推察)했다. 그리고 보통선거제는 헌법정치의 총정리라고 지적했다. 민주화운동을 선도한 헌정회 당수가 메이지대제론에 의거해서 보통선거를 정당화했다.

이와 같이 정당정치인은 헌정옹호운동, 보통선거운동과 함께 메이지대제론을 선전했다. 정당정치인은 어디까지나 설득의 방편으로 메이지대제의 권위를 빌린 것이지만, 주석 없이 그들의 발언이나 문장에 접했을 때, 그들의 저의를 알아차릴지 어떨지는 청중이나 독자에게 맡겨져 있다.

메이지절

메이지천황을 기념하는 장치는 쇼와 때도 만들어진다. 메이지절(明治節)이 그것이다. 메이지천황 탄생일인 11월 3일을 국가 기념일로 한 것이다. 1927년에 신설했다. 메이지절 설정이 1927년을 기다린 이유는 다음과 같다.

천황 탄생일은 천장절(天長節)이라는 국가 축일이다. 메이지시대에는 11월 3일이었다. 다이쇼시대에는 다이쇼천황 탄생일인 8월 31일이 천장절이었다. 메이지천황이 사망한 날인 7월 30일이 메이지천황제가 된다. 쇼와 개원(改元)으로 천장절은 4월 29일, 다이쇼천황제가 12월 25일이 되고, 메이지천황제는 없어진다. 메이지천황을 기념하는 날이 없어져 버린 것이다. 따라서 메이지천황 탄생일을 새로 국가 축일로 설정하려고 생각했다. 쇼와 원년은 불과 6일 만에 쇼와 2년이 되었다. 메이지절 신설이 1927년(쇼와 2년)이었던 사정은 이와 같은 것이었다.

덧붙여 말하자면 2017년 현재 천황 탄생일은 12월 23일, 쇼와천황 탄생일 4월 29일은 쇼와의 날, 메이지천황 탄생일 11월 3일은 문화의 날로 각각 남아 있다. 다이쇼천황과 관련한 기념일은 남아 있지 않다.

1927년 11월 3일 각 신문 조간은 제각각 최초의 메이지절 도래를 고하여 각 지역에서의 행사를 소개했다. 메이지신궁 외원에서 벌어진 운동경기대회는 성황이었다. 신궁 참배자는 낮에 50만 명, 밤에 30만 명을 가리켰다.

대일본웅변회강담사(大日本雄弁会講談社)는 월간지 『킹』 11월호에 『메이지대제』를 부록으로 달았다. 메이지천황 측근 봉사자로 존명 중인 사람 거의 전원의 기고, 청취조사로 만든 책이다. 메이지천황 탄생부터 사망까지의 일화를 망라해서 채록하여 본지(本誌)보다 두꺼운 책자가 되었다. 140만 부를 완매했다. 일본 출판사상 첫 쾌거였다.

과연 천황제국가, 전전 일본의 출판 사정다웠다. 그러나 신문을 넘겨 1년 후인 1928년 11월 3일의 지면을 읽으면 사정과 심증이 달라진다. 사실 각 신문은 1년 후에도 첫 메이지절이라는 표제를 붙이고 있기 때문이다. 작년은 양암(諒闇)이었기 때문에 금년이 최초의 메이지절이 된다고 설명해도 납득이 가지 않는다. 1년 전 같은 신문에서 첫 메이지절을 축하하고 있기 때문이다.

1927년은 양암의 해이다. 1926년 12월 25일에 다이쇼천황이 사망하고 원호가 쇼와 원년으로 변경되어 해가 바뀌자 쇼와 2년(1927년)이다. 부립중학교 학생들은 1년간 제복에 검은 완장을 차고 학교에 다녔다. 궁중에서도 새해 첫날의 사방배(四方拜),[13] 기원절, 4월 29일의 천장절을 약식으로 지냈다. 메이지절도 궁중에서는 축하하지 않았다. 시종차장 가와이 야하치(河井弥八)는 양암이기 때문에 메이지신궁에는 참배하지 않는다는 취지를 일기에 쓰고 있다.

1927년의 메이지절은 달력(曆)상으로는 첫 번째이지만, 행사로 들떠도 되는 날은 아니었다. 그럼에도 불구하고 메이지신궁 외원에서 제4회 메이지신궁 운동경기대회가 열렸다. 대회 평의원 중 한두 명이 중지설을 제기하기도 했지만, 메이지신궁 측이 양암 중이어도 상관없다고 설명했기 때문에 개최하게 되었다. 대회 참가 선수와 관람자 다수는 신궁에도 참배했다. 그 결과가 낮과 밤 합계 80만 명이다. 정월 첫 참배(初詣)가 없었던 1927년의 메이지신궁으로서는 경시할 수 있는 참배자 수가 아니었다. 그들은 얼마간의 새전(賽錢)[14]을 던지기 때문이다.

다른 행사에서는 명백히 영업 행위가 얽혀 있다. 긴자의 마쓰야(松屋) 포목점에서는 도쿄니치니치신문사(東京日日新聞社) 주최로 메이지절 제정 기념 전람회를 개최했는데, 시치고산(七五三)[15] 빔의 판매 촉진을 겸하고 있었

---

13 1월 1일 아침에 일본 궁중에서 행해지는 의식을 가리킨다.
14 신불에 참배하며 올리는 돈을 가리킨다.
15 남자는 3세와 5세, 여자는 3세와 7세가 되는 해의 11월 15일에 빔을 입고 우지가미(氏神 : 마을을 지키는 신) 따위에 참배하며 아이들의 성장을 축하하는 행사를 가리킨다.

다. 간다 묘진시타(神田明神下)의 이세탄(伊勢丹) 포목점에서는 봉축어린이대회가 열렸는데, 겨울옷 대폭 할인 매출의 장이기도 했다. 상인에게 메이지절은 손님을 모으기 위한 구실이었다.

고단샤의 『메이지대제』가 사장 노마 세이지(野間淸治)가 말하듯이 사운을 건 사업이었음은 틀림없다고 해도, 같은 출판사가 발행한 『소년구락부(少年俱樂部)』 메이지절 기념호의 1만 명 당선 대현상(懸賞)과 합해 보면, 판매 전략의 일환이었다는 것은 의심의 여지가 없다. 충군애국에 상혼을 붙이는 편승상법은 다음 해의 즉위대례(卽位大礼)와 관련하여 7대 기념 출판 사업을 전개할 때도 볼 수 있다.

다나카 기이치(田中義一) 수상과 정우회(政友会) 내각도 메이지절에 편승했다. 메이지절을 소제(小祭)에서 대제(大祭)로 변경하여 4대 절로 격상하고, 『메이지대제』에 수상, 내무상, 문부상이 서문을 기고했다. 더욱이 다나카 기이치는 1927년 11월 3일의 수상담화에서 국민과 함께 제1회 메이지절을 축하하는 것은 더할 나위 없는 영광이라고 말했다.

1년의 양암은 너무 길었던 것 같다. 제국신민은 메이지대제의 성덕을 구실로 다이쇼천황의 양암을 일시 중지하고, 『메이지대제』를 구해서 사고 신궁경기대회에 환호했다. 빠짐없이 모두가 1927년의 메이지절을 축하한 제국신민은 1928년의 메이지절을 첫 메이지절로 축하하며 부끄러워하지 않았다. 1928년 11월 10일에 쇼와천황의 즉위대례를 축하한 것도 이러한 신민들이었다. 정당정치인과 마찬가지로 국민도 만만찮았다.

마지막으로 문부성 창가(唱歌) 〈메이지절〉을 소개하고자 한다. 1927년 작으로, 작사 호리사와 지카야스(堀沢周安), 작곡 스기에 히이즈(杉江秀)이다. 가사에 보이는 헌법과 조칙은 메이지헌법과 교육칙어를 가리킨다.

1

아시아의 동쪽 해 뜨는 곳　　　　　성군(聖君)이 나시어
옛 천지를 뒤덮은 안개를　　　　　위광으로 구석구석까지 걷어 내
가르침은 두루두루 길을 밝혀　　　다스리시는 치세 고귀하시네

2

은혜로운 파도는 8주에 넘치고　　천황 위세의 바람은 창해를 넘어
신께서 이루신 업적을 넓혀　　　　백성의 번영해 가는 힘을 늘려
외국 역사에도 뚜렷이　　　　　　남기시는 어명(御名) 황송하여라

3

가을 하늘 모퉁이 국화 향기 높고　오늘의 좋은 날을 모두가 축하하며
정해 주신 헌법을 존중하고　　　　깨우쳐 주신 조칙을 지켜
요요기(代々木)숲의 대대로 영원히　우러러 받들 대제여

쇼와천황과 메이지대제론

메이지대제론에 가장 감화된 인물은 쇼와천황이었을지도 모른다. 1977년
8월 신문기자의 질문에 쇼와천황은 다음과 같이 답하고 있기 때문이다.

　　기자　　인간선언 모두에 메이지천황의 '5개조 서약문'이 있는데, 폐하가 희
　　　　　　망해서 넣은 것으로 알고 있습니다만.
　　천황　　그것에 대해서는 말이죠, 그것이 실은 그때 조칙의 첫 번째 목적이
　　　　　　죠. 신격이라던가 하는 문제는 그다음 문제였습니다. ……민주주의

를 채용한 것은 메이지대제의 의향입니다. 더욱이 신께 서약하셨습니다. 그리고 '5개조 서약문'을 발표하고, 그것이 토대가 되어 메이지헌법이 이루어진 것으로, 민주주의라는 것은 결코 수입한 것이 아니라는 것을 밝힐 필요가 크게 있었다고 생각해요〔『쇼와천황 발언록(昭和天皇発言録)』〕.

쇼와천황에게 메이지대제론을 강의한 것은 미카미 산지(三上參次)이다. 『메이지천황기』 편찬·집필 책임자를 지낸 도쿄대학 교수이다. 쇼와천황이 다이쇼천황의 섭정을 지내던 시기부터 미카미는 메이지천황의 성덕에 관한 강의라 불리는 일련의 진강(進講)을 했다. 메이지대제의 위대함을 설명하는 강의라는 것은 제목이 가리키고 있다.

미카미의 설명에 의하면, 정한론을 둘러싼 정부 분열의 위기는 성단의 적절한 대처로 침정화한 사례이다. 배청(陪聽)[16]한 궁내대신 마키노 노부아키(牧野伸顕)는 이러한 강의는 쇼와천황에게 유익하므로 앞으로도 계속하는 것이 좋겠다는 소감을 1924년 1월의 일기에 적고 있다. 쇼와천황에게 메이지대제의 재래(再來)를 기대하는 기분은 마키노 한 사람의 바람(願望)이 아니라 궁중 관계자, 넓게는 정부 관계자가 공유하는 바였다.

제1차 세계대전을 전후해서 유럽 여러 나라의 왕조가 몰락하고 미국과 소련이 대두하고 있었다. 천황친정을 내건 일본에게는 미국 민주주의나 소련 사회주의나 모두 위협이었다. 공교롭게 다이쇼천황은 잔병이 잦았다. 이것은 당시에도 주지의 사실이었다. 천황제를 둘러싼 내외의 조건이 메이지대제론을 필요로 했다.

---

16 윗사람과 동석해서 듣는 것을 가리킨다.

쇼와천황을 메이지대제와 비견하는 군주로 대성시키고자 하는 마키노 등 궁중 측근의 바람은 천조(踐祚)[17]에 의해 점차 강해졌다. 1927년 3월 7일 대상(大喪)의 예를 마친 1개월 후에 마키노 노부아키 등 측근이 쇼와천황의 진강으로 택한 것은 미카미 산지에 의한 다이쇼천황의 교육에 관한 메이지대제의 신우(宸憂)[18]였다.

미카미는 다이쇼천황을 잃은 지 얼마 안 되는 지금이야말로 진강하는 효과가 있다고 전제하고 다이쇼천황의 병력과 생육의 지체에 대해 상세하게 지적했다. 쇼와천황은 다수의 황족과 궁중 관료가 배청하는 가운데 망부(亡父)에 대한 멸시로도 받아들일 수 있는 진강을 들었다. 쇼와천황의 대성을 바라는 측근들의 선의는 다소 폭주하고 있었던 것처럼 생각된다.

쇼와천황은 헌법 진강도 받았다. 시미즈 도루(清水澄)가 담당했다. 시미즈 도라오(清水虎雄)는 부친을 메이지천황이 군주의 이상형에 가깝다는 생각 아래, 쇼와천황이 메이지천황을 본받아 메이지천황에 가까워지는 것을 바라고 있었다고 회상한다. 시미즈 도루가 이상으로 한 메이지천황은 친정을 행한 천황이다. 시미즈는 헌법 제1장에 적시된 것은 천황이 친히 행해야 한다고 명언하고 있는 것이라고 생각했기 때문이다.

다만 시미즈는 모든 대권을 천황 자신이 행사하는 것은 현실에 맞지 않는다고도 생각했다. 그래서 의회의 해산권과 장관(대신) 관료의 임면권을 중시하고, 이 두 개의 대권을 천황이 행사함으로써 입법과 행정을 천황이 통제(統御)할 수 있다고 지적했다. 해산권도 임면권도 의원이나 관료의 직무(役職)를 빼앗는 권력이다. 의원과 관료는 천황에게 복종하지 않을 수 없

---

17 세자(世子)가 왕위를 계승하는 것을 가리킨다.
18 임금의 근심을 가리킨다.

게 되고, 결과적으로 입법과 행정을 지배할 수 있다고 시미즈는 생각했던 것이다.

시미즈의 가르침을 쇼와천황은 실천한다. 다나카 기이치 수상의 내무관료 경질에 의문(疑義)을 보였다. 또한 의회개회조칙에 대해 사전에 문면을 상주(奏上)하도록 다나카 수상에게 요구해서 실현시켰다. 선거제도 개혁에 대해 비례대표제를 검토하도록 다나카 수상에게 제안했다. 이것은 직전에 시미즈가 진강한 것을 참고로 한 것이었다.

다나카와 쇼와천황의 관계는 장쭤린(張作霖) 폭사사건 처리를 둘러싸고 결렬했다. 쇼와천황은 다나카에 대해 불신감을 표명하고 다나카는 사직했다. 쇼와천황은 임면권을 행사한 것이다. 쇼와천황은 메이지대제처럼 행동했다.

쇼와천황에 대한 진강은 성공을 거둔 것처럼 보인다. 그러나 대가(代價)는 엄청난 것이었다. 다나카는 사직 직후 얼마 되지 않아 지병이 악화되어 사망했기 때문이다. 천황의 질책과 불신임은 다나카의 정신을 파멸시켰다. 천황친정을 원칙으로 하는 메이지 국가에서 천황에게 불신임된다는 것은 국가 자체로부터의 부정이었기 때문이다.

다나카 기이치 사망을 계기로 쇼와천황은 발언을 삼가하게 된다. 입헌군주로서의 행동 억제가 쇼와 전중기에는 다른 의미를 갖게 되지만, 상세한 것은 다음에 논하기로 한다.

제5장 국체헌법학

국체와 국체론

불마의 대전의 세 번째 요소로 국체헌법학에 대해 살펴보기로 한다. 쇼와 초기에 국체헌법학이 등장함으로써 메이지헌법은 한 글자, 한 구절도 바꿔서는 안 되는 불마의 대전이라고 생각하게 되었다.

국체헌법학을 논하기 전에 국체에 대해 확인해 두자. 국체란 국가의 본질이다. 특히 일본국가의 본질이다. 본질이기 때문에 건국 이래 일관되게 바뀌지 않는 성질이 상정된다. 천양무궁(天壤無窮), 만고불역(萬古不易) 같은 영속과 불변을 나타내는 형용이 다용(多用)된다. 또한 열약(劣弱)한 성질이 아니라 우승(優勝)한 성질만이 요구된다. 문부성이 발행한『국체의 본의(国体の本義)』는 천황이 일본의 통치자라는 것을 국체라고 정의했다. 국체란 일본의 본질을 건국 이래 영원히 바뀌지 않는 천황 통치에서 구하는 논의이다.

그러나 다수의 국체론을 허심탄회하게 읽어 가면, 시간의 경과와 함께 국체론의 내용이 변천하고 있음을 알 수 있다. 국체론에서 바뀌지 않은 것은 국체는 불변이라는 정의뿐이다.

국체론의 변천이란 천황론에서 국민론으로의 변천이다. 메이지 초기에 국체론은 천황주권론이었다. 메이지 후반에 국민의 충군애국이 더해졌다. 천황 주권을 국민이 뒷받침해 왔다는 논의이다. 국체론은 천황 주권과 국민에 의한 충군애국의 두 축으로 되었다. 다이쇼와 쇼와 초기에는 군민일체(君民一體), 즉 천황과 국민이 일심동체인 것이 국체로 여겨졌다. 쇼와 전쟁 시기에 국체는 국민공동체를 가리키는 것으로 여겨지고 천황은 그 중심을 차지하게 된다. 이 단계에 이르러 국체론은 국민론으로 전화(轉化)되었다.

자신을 속이고 타인을 기만하는 말

국체헌법학은 헌법과 국체를 동일시하는 생각(意想)이다. 국체는 건국 이래 존재하는 것으로 여겨졌기 때문에 헌법도 불문법의 형태로 동시에 존재했다고 주장한다. 불문법은 문자로 표현되어 있지 않은 법을 말한다. 헌법 발포는 메이지천황이 불문법이었던 헌법을 문장으로 저술한 것이라고 해석된다.

이러한 국체헌법학의 사고가 헌법을 불마의 대전으로 간주하는 데에 중요한 역할을 한 것은 분명하다. 헌법은 영원히 바뀌지 않는 국체와 일체화함으로써 바꿔서는 안 되는 것이 되었다. 또한 당연한 일이지만, 국체헌법학도 흠정헌법사관이나 메이지대제론과 마찬가지로 전전 일본에서의 올바른 역사 인식으로 다른 가치관을 가진 사람이 보면 정치 신화에 지나지 않는다. 역사상의 사실이 아니라 정치상의 희망을 기술한 것이다.

메이지헌법이 일본 건국 당초부터 존재하고 있었을 턱이 없다. 헌법은 1889년 2월 11일 발포된 것으로 그 이전에 헌법은 존재하지 않는다. 여기에서 말하는 헌법은 근대헌법학의 원칙에 준거한 법전을 가리킨다. 17조의 헌법 등은 포함되지 않는다. 근대헌법학이 유럽 유래인 것과 마찬가지로 헌법은 외래품(舶來品)이다.

일례를 들어 보자. 추밀원에서 헌법 초안을 심의할 때, 이토 히로부미가 추밀 고문들에게 배포한 설명 자료에는 메이지헌법의 각 조문을 작성하는 데 즈음해서 참고로 한 외국 헌법의 조문이 열거되어 있었다.

예컨대 메이지헌법 제3조 '천황은 신성불가침(神聖不可侵)하니'에는 유럽 입헌군주국 헌법의 해당 조문이 참조 사례로 소개되어 있다. 10개국 정도가 소개된 가운데 일례를 들면 오스트리아 헌법에는 "황제는 신성불가침하며, 또한 책임을 지지 아니한다"라고 규정되어 있음을 알 수 있다. 다른 참조 조문도 거의 같은 규정이다.

유럽 헌법에서도 군주를 신성한 존재로 규정하고 있었음을 알 수 있다. 신성은 인간 세계에 속하지 않는다는 것을 나타내는 말이다. 따라서 인간의 법률은 적용되지 않는다. 책임을 묻지 않는다는 것이다.

메이지헌법 제3조는 천황에게는 법률상의 책임을 물을 수 없다고 규정하고 있는 것이지, 아라히토가미(現人神)[19]라고 말한 것은 아니다. 그리고 천황이 무책임인 것은 유럽 헌법에서 군주무답책(君主無答責)[20]의 원칙을

---

19 사람 모습으로 이승에 나타난 신이라는 의미이다.
20 군주는 그 행위에 대해 누구에게도 정치상·법률상의 책임을 지지 않는다는 원칙을 가리킨다.

수입했기 때문이다. 메이지헌법의 그 밖의 조문도 유럽 헌법을 참고하여 만든 것이다.

헌법이 외래품인 것은 헌법 제정 당시에는 자명한 일이었다. 특히 보수파는 이토가 유럽 헌법을 직역해서 일본에 이식하는 것을 경계했다. 이 때문에 1883년에 유럽에서의 조사를 마치고 귀국(歸朝)한 이토 히로부미는 먼저 보수파를 안심시켜야만 했다. 메이지천황에게 국체를 기초로 헌법을 기초(起草)하겠다고 보고한 것도 그 일환이다. 보수파 정치인에게 국체를 존중할 방침을 설명하여 이해를 얻는 노력도 거듭했다. 그래도 헌법이 외래품이었다는 점은 움직일 수 없는 사실이다.

헌법 시행 후에도 보수파는 국체와 헌법을 따로 떼어 생각하고 있었다. 보수 정치인의 한 사람 사사키 다카유키(佐佐木高行)는 국체와 헌법이 상반되는 사태가 되면 헌법을 폐지해야 한다고 주장했다. 가쓰라 다로는 헌법을 중지해서라도 청일전쟁 후의 경영에 임해야 한다고 주장했다. 보수파에게 헌법은 국가 운영의 수단이자 도구이다. 야마가타 아리토모의 말을 빌리면, 국가를 위한 헌법이지 헌법을 위한 국가가 아니다. 도움이 되지 않는 도구를 중시할 이유는 없다. 애착이 없는 외래품이라면 더욱더 그렇다. 보수파에게 일본의 전통을 지키기 위해서라면 외래품인 헌법을 파기하는 것은 당연한 선택이다.

헌법 기초자는 헌법을 지키기 위해 위장(擬裝)을 입혔다. 헌법은 외래품이 아니라 일본의 전통이라고 주장했다. 이노우에 고와시는,

우리나라 헌법은 구라파 헌법의 사본이 아니며, 먼 조상의 불문헌법이 오늘날에 발달한 것이다〔『오음존고(梧陰存稿)』〕.

라고 주장했다. 물론 불문헌법의 사실은 없다. 사이온지 긴모치(西園寺公望)는 이 문장을 희론(戲論)[21]이라고 일축한 뒤, '기기기인어(欺己欺人語)', 즉 자신을 속이고 타인을 기만하는 말이라고 비난했다.

헌법 기초자의 한 사람인 이노우에 고와시는 메이지헌법이 여러 외국 헌법을 참조하고 있음을 누구보다도 잘 알고 있었던 사람이다. 이노우에가 고용 외국인을 통해 여러 외국의 헌법제도를 공부한 사실은 국학원대학이 정리한 『이노우에 고와시전(井上毅伝)』 사료편이나 『근대 일본법제사료집(近代日本法制史料集)』 전 20권에 명백하다. 그럼에도 이노우에는 헌법을 지키기 위해 헌법은 일본의 전통이라고 강변했다. 근년의 역사학에서는 이러한 언설을 전통의 재창조라고 부른다.

당장은 믿기 어려운 일이지만, 이노우에의 희론은 시간을 두고 정착해 갔다. 오쿠마 시게노부 총리의 1915년 발언을 살펴보자. 오쿠마도 자신을 속이고 타인을 기만하는 말을 했음을 알 수 있다.

> 헌법 정신은 실로 우리 국초(國初)부터 침잠(沈潛)하며 유행해 와서 그치지 않는 것으로서 홀연히 1889년을 기해 헌법의 환발(渙發)[22]을 맞아 하운(夏雲)의 청천(晴天)에 솟아나는 것처럼 나타난(現出) 것이 아니다. 헌법이라는 글자는 서양에서 왔지만 헌법 자체의 정신은 불문율이 되어 황조황종으로부터 약 3천 년간 유전(流傳)하며 멈추지 않은 것으로 때마침 성문율이 되었을 뿐이다 〔『국체의 정수(国体の精髓)』〕.

---

21 논의를 위한 논의, 무의미하고 무익한 논의라는 의미이다.
22 조칙을 천하에 널리 발포(發布)하는 것을 가리킨다.

국체헌법학은 우익에 의한 국체명징운동에서 부동의 자리를 차지하게
된다. 1935년의 일이다. 그러나 국체헌법학의 형성과 정착에 공헌한 것은
입헌주의 헌법학자와 정당정치인이다. 순서에 따라 확인해 보자.

호즈미헌법학

국체헌법학에 대해 호즈미 야쓰카(穂積八束)의 헌법학부터 논하기로 한
다. 호즈미는 국체에 기초한 헌법 해석을 표방했기 때문이다.

호즈미헌법학 창시에는 번벌정부가 관여하고 있다. 호즈미 야쓰카는 제
국대학에서 처음으로 헌법학 교수를 지낸 인물이다. 호즈미를 추천한 것
은 이노우에 고와시이다. 온당한 헌법학설을 만들어 내는 것이 번벌정부
에게도 헌법 정착에도 필요했기 때문이다.

현재도 도쿄대학 법학부는 다수의 국가공무원을 배출하고 있지만, 메이
지기 제국대학에서는 졸업생의 거의 전원이 관료나 학자가 되었기 때문에
여기에서 가르치는 헌법학설은 장래 국가 운영을 좌우할 가능성이 크다.

후에 대립하는 미노베 다쓰키치(美濃部達吉)도 학생 시대에는 호즈미의
헌법학 강좌에서 배웠다. 달리 선택지가 없었기 때문이기도 하지만, 호즈
미 야쓰카가 헌법학 교수로서 다수의 학생에게 영향을 미치는 입장에 있
었음은 확실하다.

호즈미헌법학의 특질은 국체에 기초한 헌법 해석에 있다. 그러나 호즈
미헌법학을 국체헌법학의 완성 형태로 볼 수는 없다. 호즈미가 말하는 국
체의 의미 내용이 우리가 아는 국체와 어긋나 있기 때문이다.

호즈미에 의하면, 국체란 주권의 소재이다. 몇 명의 인간이 주권을 가지
고 있는지에 따라 국가체제를 분류하는 것이다. 예컨대 주권자가 한 명인

경우는 군주국체, 복수의 사람이 주권자인 경우에는 귀족국체, 국민 다수가 주권자인 경우는 공화국체라고 명명한다.

이 논의에 따르면, 메이지헌법하의 일본은 천황 주권을 정하고 있기 때문에 군주국체이다. 독일 국법학의 용어인 국가체제(Staatsform)를 에도 시대부터 사용되던 국체로 번역했다. 호즈미가 말하는 국체로 헌법 해석을 하면 메이지헌법은 점점 외래품이 되어 버린다.

다만 호즈미 야쓰카 자신에게 호즈미헌법학은 일본의 독자성을 논증하는 것이었다. 호즈미에 의하면, 일본은 천황 주권에 의해 순수한 군주국체를 유지하고 있는 유일한 국가이다. 따라서 일본의 국체는 세계에 유례를 찾을 수 없는 만방무비(萬邦無比)의 가장 뛰어난 존재이다. 여기에서 호즈미의 목적은 국가체제의 분류가 아니라 천황 주권의 보수로 바뀐다. 호즈미의 이질적인 국체론은 천황주권론에 귀착함으로써 메이지기 국체론의 문맥으로 들어가게 된다. 호즈미헌법학은 메이지 중기 국체론에 대응한 헌법학이 된다.

국체가 천황 주권인 경우, 호즈미헌법학은 천황친정의 헌법학으로 나타난다. 천황이 주권자이기 위해서는 헌법이 규정하는 천황대권을 천황이 스스로 행사해야만 한다. 이것을 대권정치라고 말한다.

대권정치는 독재정치가 아니다. 삼권분립제에 의한 입헌정체이다. 주권의 소재로 정해지는 것이 국체인 데 대해, 주권의 운용 방식으로 정해지는 것은 정체이다. 정체는 삼권분립제의 유무에 따라 전제정체와 입헌정체로 나뉜(分岐)다. 호즈미에 의하면, 일본은 군주국체로 입헌정체의 국가이다. 메이지헌법이 행정, 사법, 입법의 삼권을 나눴기 때문이다.

뒤에서 논의하는 것과의 관계에서 주목해야 하는 것은 호즈미가 정당정치를 전제정체로 간주하고 있었다는 사실이다. 정당정치 즉 의원내각제는 하나의 정당이 입법과 행정을 지배하는 제도이다. 의원내각제는 삼권분립을 파괴한다. 따라서 정당정치는 입헌정체의 적이다. 또한 정당이 국가 운영의 주역이 되는 것이 정당정치이므로 천황 주권을 위협한다. 정당정치는 군주국체의 적이다. 따라서 호즈미는 일본의 군주국체와 입헌정체를 지키기 위해 정당정치에 반대한다. 호즈미의 반(反)정당정치론은 의회정치와 정당정치 사이에 쐐기를 박는 것이었다. 이 논의가 입헌정치와 의회정치와 정당정치를 일괄하는 실용주의 헌정론에 타격을 입힌 것은 쇼와에 들어서이다.

이상 호즈미헌법학이 메이지기 국체론에 대응한 메이지기 국체헌법학이었다는 점을 논했다. 그러나 호즈미헌법학에서 천황 주권으로서의 국체는 메이지헌법과는 무관하게 존재할 수 있는 것이었다. 천황 주권이 헌법 이전에 존재하고 있었기 때문이다. 국체와 헌법을 밀접·불가분한 관계로 간주하기 위해서는 국체의 정의도 헌법학의 논법도 바뀌지 않으면 안 된다.

미노베헌법학

국체헌법학의 발전을 말하는 가운데 미노베 다쓰키치의 헌법학은 빼놓을 수 없다. 그러나 미노베는 종래 일본헌법사에서 헌법학에서 국체론을 배제함으로써 입헌주의 헌법학설을 수립한 인물로 평가받고 있다. 일견 국체헌법학과는 무관(無緣)한 사람이다.

그러나 미노베는 국체론을 배제하고 있지 않다. 미노베에게 국체는 헌법을 해석할 때의 중요 전제 가운데 하나였다. 미노베의 입헌주의는 국체론을 기초로 함으로써 강고한 지반을 얻었다. 유럽에서 유래한 입헌주의가 일본 전통과 합치한다는 점을 논증했기 때문이다.

미노베가 논단에 등장한 것은 1912년이다. 『헌법강화(憲法講話)』를 상재한 미노베는 호즈미헌법학의 국체론에 의문을 제기했다. 호즈미의 후계자 우에스기 신키치(上杉愼吉)도 가담해서 국체논쟁이라 불리는 논쟁이 벌어졌다.

미노베는 호즈미・우에스기헌법학의 국체론에 대해 교육칙어에 보이는 국체론을 대치시켰다. 미노베에 의하면, 천황 주권의 역사적 사실에 더해 국민이 천황을 지지해 온 충군애국의 윤리적 사실이 국체를 구성한다. 미노베는 자신의 국체론을 보통의 국체라고 불렀다. 그리고 주권 소재를 의미하는 호즈미 등의 국체론을 보통과는 다른 국체론이라고 하여 배제했다.

보통의 국체라는 표현에는 메이지 말기에 정착해 있었다는 단서를 붙일 필요가 있다. 국체론에 국민의 요소가 더해진 것은 헌법 발포 칙어나 교육칙어 이념이 정착했기 때문이다. 미노베의 국체론은 메이지 말기의 국체론을 반영한 것이다. 미노베는 헌법 조문의 부족을 역사와 이론에 의해 보완함으로써 정당한 해석을 얻을 수 있다고 생각하고 실천했다. 이 방법론은 통상 메이지헌법 해석에 즈음해서 구미의 입헌주의를 보완하는 취지로 해석한다. 그러나 구미 입헌주의를 그대로 이식할 경우 천황친정에 저촉된다. 여기에서도 이상주의 헌정론의 약점이 노정된다. 그래서 미노베는,

> 친정이라고 말하는 것은 굳이 천황 자신에게 모든 정치를 전행(專行)토록 했다는 것이 아니며 항상 보필하는 대신이 있어서 그의 보필에 의해 정치를 행하셨다. 이것이 실로 우리 국체가 가지고 있는 바이며, 이로써 국체의 존엄이 유지되는 것이다(『헌법강화』).

라고 말하며, 신하가 천황 통치를 보좌해 온 역사를 국체로 간주하여 조문

해석에 동원했다.

천황친정을 규정한 메이지헌법에서 국체를 인증(引證)함으로써 정당정치의 필요성을 끌어낼 수 있게 되었다. 미노베는 다음과 같이 논의를 진행하여 정당내각을 정당화한다.

메이지헌법하에서 천황을 보좌하는 것은 국무대신이다. 대신 간의 의견대립은 통치에 지장을 초래한다. 대신은 사전에 의견을 조정한 후 모순이 없는 일련의 정책을 제시해야만 한다. 그 조정의 현장이 각의이다. 국무대신은 하나의 내각으로 일체가 되어 천황을 보좌한다. 여기에서 내각의 연대책임이 발생한다. 일련탁생(一蓮托生)[23]의 운명을 분담한 이상, 의견을 같이하는 대신으로 내각을 조직하는 것이 이치에 맞는다. 정치상의 의견을 같이하는 정치인은 결국 한 정당에 속할 터이므로 내각은 의회의 다수를 점하는 정당에서 조직하는 것이 자연스러운 추세이다.

그리하여 미노베는 천황친정을 지키기 위해 정당정치를 도입해야 한다고 결론짓는다. 해석개헌이라고 할 수밖에 없는 결론이다. 메이지헌법은 정당정치를 배제하고 있었기 때문이다. 천황 주권은 국민의 충군애국에 의해 뒷받침되어 왔다는 새로운 국체론이나 문자의 부족을 보완하면서 해석을 진행하는 새로운 방법론이 없으면 도출할 수 없는 결론이다. 국체를 원용(援引)함으로써 미노베의 입헌주의는 일본 전통에 깊이 뿌리내리게 되었다. 이 작업을 통해 미노베는 헌법과 국체가 밀접·불가분한 관계에 있다는 헌법학설을 만들어 냈다. 미노베헌법학은 정당정치 발전에 기여한 입헌주의헌법학인 동시에 국체헌법학 발전에 기여한 헌법학이기도 했다.

---

23 잘잘못에 불구하고 행동이나 운명을 같이한다는 의미이다.

정당정치와 국체헌법학

정당정치인은 국체헌법학 보급에 공헌했다. 정당정치를 정당화하는 데 도움이 된다고 생각했기 때문이다.

보통선거를 추진한 헌정회는 보통선거에 의해 국체의 정화(精華)를 발휘하는 것이라고 주장했다. 헌정회가 중심이 된 호헌3파 내각이 보통선거법과 동시에 치안유지법을 제정한 것은 당연한 결과였다. 치안유지법은 국체를 지키기 위한 첫 법률이었기 때문이다. 일견 상반된 두 법률은 국체로 이어져 있었다.

헌정 상도(常道) 시기의 양대 정당이 서로 상대당을 배격하는 도구로 국체론을 사용했다는 것은 잘 알려져 있다. 여기에서는 지금까지 국체론과 무관하다고 생각되어 왔던 하마구치 오사치(浜口雄幸) 내각과 국체론의 관계에 대해 지적해 두고자 한다.

하마구치 오사치의 민정당(民政黨) 내각은 전전 민주주의의 정점으로 평가되곤 한다. 민정당은 헌정회의 후계 단체이다. 즉 보통선거를 추진하는 정당이다. 하마구치 내각은 평화주의의 시데하라(幣原) 외교와 금(金) 해금과 긴축예산에 의한 재정 재건을 목표로 한 이노우에(井上) 재정을 채용했다. 또한 런던해군군축조약 문제에서는 해군 군령부의 반대를 억누르고 군축에 합의했다. 무엇보다도 노동자보호정책을 내세웠다. 이러한 정책체계를 높이 평가했다.

그러나 하마구치 내각과 하마구치 오사치는 나누어 생각하는 것이 좋을 것 같다. 하마구치에게는 민주주의 정치인으로서의 측면 외에 도덕정치인으로서의 측면이 있었기 때문이다. 그리고 도덕정치인으로서의 하마구치는 동시대 국체론자가 기대를 모을 정도의 국가주의자였다.

하마구치에게 정치는 최고의 국민도덕이었다. 정치의 목적은 국민정신을 향상시켜 인격의 완성으로 이끄는 데 있었다. 1929년 7월에 조각하여 긴축재정 등 중요 정책을 발표한 뒤인 9월에 문부성이 국체명징을 목적으로 하는 국민교화총동원을 실시한 것은 하마구치의 정치도덕이 국체와 끊으려야 끊을 수 없게 결합해 있다는 것을 나타낸다.

10월 하마구치는 이세신궁(伊勢神宮)의 식년(式年)에 천궁(遷宮),[24] 천어(遷御)[25] 의식에 총리로는 처음으로 참가했다. 2013년 아베 신조(安部晋三) 수상이 참가하기까지 역대 총리로 식년 천궁에 공봉(供奉)한 것은 하마구치 오사치뿐이었다.

1930년 10월 말부터 11월 초순은 하마구치에게 장엄한 가을(莊厳の秋)이라고 칭할 만한 날들이었다. 일생의 기념이라고 자서전 『수감록(随感錄)』에 쓰고 있다. 10월 26일 하마구치는 러일전쟁 전승 25주년기념 대관함식에 참가했다. 총리로서 쇼와천황과 같은 함선에 승선하여 배알하고 천황과 회식(會食)한 것을 광영으로 황송하기 이를 데 없다고 적었다.

10월 30일 교육칙어 40주년 기념식전을 처음으로 정부 주도로 행했다. 하마구치는 자진해서 출석할 것을 제의하고 축사를 연설했다. 10주년은 제2차 야마가타 내각이 제4차 이토 내각으로 바뀐 직후였다. 20주년은 제2차 가쓰라 내각이었다. 30주년은 하라 다카시(原敬) 내각이었다. 모두 조금 전 시대였다면 보수반동으로 평가된 내각이다. 보수반동 내각에서 행하지 않았던 교육칙어 기념식전을 민주주의 내각에서 처음으로 시행한 것이다.

---

24 신전(神殿)을 고쳐 지을 때 신령(神靈)을 옮기는 일을 가리킨다.

25 천황·상황·황태후 등이 거처를 옮기거나 신령 또는 신사를 다른 곳으로 옮기는 것을 의미한다.

하마구치 오사치의 축사는 총리에 의한 첫 라디오 연설이 되었다. 여기에서 하마구치는 향락과 사치가 젊은이를 타락시켜 국체에 반하는 사상을 품게 만든다고 우려하는 생각을 개진했다.

11월 1일에는 메이지신궁 진좌(鎭座)[26] 10주년 기념식, 2일은 청년단 영지봉대(令旨奉戴)[27] 10주년 기념식, 3일의 메이지절에는 전국남녀청년단 친열식(親閱式)에 참석했다. 궁성 앞 광장에 모인 전국남녀청년단 3만 4천 명을 쇼와천황이 친열했다. 하마구치는 일련의 행사에 대해 근래 이러한 엄숙하고 상쾌한 수일을 지낸 적이 없다고 술회했다. 하마구치 오사치에게는 민주주의 정치인이라는 인상에서 삐져나온 일면이 있었음을 알 수 있다.

하마구치는 1870년생이다. 고치현(高知県)에서 임업을 하는 생가를 떠나 하마구치가의 데릴사위가 되어 1895년에 제국대학을 졸업했다. 대장성 관료로 직무에 정진해서 차관에 올랐다. 그후 가쓰라 다로의 입헌동지회 결성에 참가하여 중의원 의원으로 변신하여 메이지 태생의 첫 총리가 되었다.

하마구치의 인생은 입신출세의 성공 사례이다. 하마구치의 영달은 메이지국가가 준비한 것이다. 하마구치가 자신의 인생을 긍정할 때, 메이지국가를 긍정하는 것이 된다. 하마구치의 정치도덕이 교육칙어나 국체론을 기초로 한 것은 오히려 당연한 귀결이었다.

하마구치에게는 흠정헌법사관도 메이지대제론도 국체헌법학도 자신을 속이고 타인을 기만하는 말이 아니다. 도덕정치인으로서 천황 주권의 메이지헌법은 교육칙어가 나타낸 국민도덕으로 보강되어 비로소 완성된다

---

26 신령이 그 자리에 임한다는 의미이다.
27 황후·황태자·황족의 말씀(명령서)을 삼가 받드는 것을 가리킨다.

고 확신하고 있었다. 따라서 다음과 같이 말했던 것이다.

아무리 천세(千載) 불마의 대전인 제국헌법이라도 국민 지덕(智德)의 발달이 뒤따르지 않는다면, 충분히 국가의 진운을 도모하고 국민복리의 증진에 공헌할 수는 없는 것입니다. ……우리나라의 헌정은 국민도덕과 서로 표리(表裏)해서 비로소 그 미(美)를 이룰 수 있는 것이라고 말씀드릴 수 있습니다(『수감록』).

제6장 불마의 대전과 일본주의자

근대 일본의 적자(正嫡)

정당정치인은 불마의 대전을 해석개헌으로 이용했다. 그 성과가 헌정상도이다. 1924~1932년 보통선거제 아래 정우회와 민정당에 의한 정권교대가 실현되었다.

그러나 전전의 정당정치는 5·15사건[28] 이후 끊어졌다. 정당과 유권자가 폭력에 굴복한 것은 아니다. 정우회와 민정당은 계속해서 중의원 의석의 8할 이상을 과점했다. 유권자는 정당에 계속해서 투표했다. 그렇지만 정당내각은 부활하지 않았다. 여론이 원하지 않았기 때문이다. 정당정치의 정당성이 없어졌기 때문이다.

---

28 1930년 런던해군군축조약에 불만을 품고 있던 해군 청년장교들이 무장한 채 1932년 5월 15일 수상관저에 난입하여 당시의 수상 이누카이 쓰요시를 암살한 사건이다.

정당정치의 정당성을 파괴한 것은 다름 아닌 불마의 대전이다. 불마의 대전을 이용하여 정당정치를 공격한 것은 일본주의자이다. 일본주의자는 쇼와의 정치사회에 등장한 불마의 대전의 새로운 담당자이다. 정당정치인과 달리 일본주의자의 목적은 호헌이다.

　일본주의자는 쇼와 초기에 등장한 우익이다. 우익과 호헌은 양립할 수 없다고 생각하는 독자도 많을 것으로 생각되지만, 일본주의자는 우익이라는 바로 그 사실에서 필연적으로 호헌파가 되었다. 왜냐하면 흠정헌법사관, 메이지대제론, 국체헌법학으로 이루어진 불마의 대전은 천황과 국체를 존숭하는 일본주의자에게는 진실이기 때문이다.

　일본주의자는 정당정치를 부정했다. 헌법이 규정하는 삼권분립을 지키기 위해서이다. 일본주의자에게 입헌정체란 삼권분립제를 가리킨다. 정당정치는 영국의 의원내각제를 모범으로 했기 때문에 메이지헌법이 규정하는 삼권분립제를 해석개헌에 의해 침식해 갔다. 일본주의자는 정상적인 입헌정치를 되찾기 위해 정당정치인이 해석개헌으로 이용한 불마의 대전을 정당정치인에게서 다시 빼앗았다.

　우익은 복고주의자라는 것이 일반의 이해이다. 그러나 그들의 언동을 객관적으로 관찰하면, 일본주의자가 복고주의자라고는 할 수 없다. 일본주의자가 보수하는 국가는 메이지헌법하의 일본이다. 헌법을 부정하고 봉건시대로 되돌아가려고 하는 일본주의자는 거의 존재하지 않는다. 그들의 복고는 메이지유신 이전으로 거슬러 올라가지 않는다.

　일본주의자는 근대 일본의 적자(正嫡)이다. 메이지유신 후 일본에서 근대화는 곧 서양화이다. 일본주의자도 서양화한 근대 일본의 문물을 받아들이고 있다. 그들의 문장은 구어문이다. 외출 시에 양복을 착용한다. 메이지기 우익인 국수주의자가 문어문을 쓰고 기모노를 입고 있었던 것과 대조하면, 양자가 다른 세대에 속했음은 분명하다.

청일전쟁 전후에 태어나 쇼와 초기에 장년기를 맞이한 일본주의자는 메이지헌법을 비롯한 근대화의 소산을 기성사실로 받아들인 세대이다. 그들에게 헌법은 외래품이 아니라 일본 고래부터의 전통이었다. 일본주의자는 메이지국가가 공급한 가치관을 완전히 수용하여 체현한 존재이다. 메이지국가의 국민교화 성공 사례이다. 그러나 일본주의자의 불마의 대전 고창이 메이지헌법의 기능 부전을 불러일으킨다.

우에스기 신키치

우익이 호헌파가 된 시기를 특정할 수는 없다. 그러나 원조 호헌 우익이라고 할 만한 인물을 들 수는 있다. 우에스기 신키치이다. 이론과 인맥의 양면에서 우익과 헌법을 가교하는 역할을 수행했다.

우에스기는 호즈미 야쓰카의 후계자이다. 두 사람의 학설을 정리해서 호즈미·우에스기헌법학이라고 한다. 천황 주권을 국체로 보고 삼권분립제를 입헌정체의 본질로 생각한다. 그러나 우에스기에게는 스승과 다른 점이 있었다. 국체론에서 군민일체론을 설파하여 보통선거제의 조기 실현에 찬성한 점이다.

우에스기는 1928년 『헌법독본(憲法読本)』을 저술했다. 1928년은 근대 일본에서 특별한 해였다. 첫째, 메이지유신 60주년이다. 둘째, 보통선거를 실시한 해이다. 셋째, 쇼와천황의 즉위대례가 행해진 해였다.

간지(干支)가 일주하여 다시 무진(戊辰)으로 돌아감으로써 근대 일본은 인간에 비유하면 환갑(還曆)을 맞이했다. 신천황 즉위와 보통선거 실시는 새로운 시대의 시작을 강하게 각인하는 것이었다. 우에스기는 메이지유신의 완성으로 쇼와유신을 기념하여 『헌법독본』을 썼다. 메이지헌법은 메이지 대제의 하사라며 흠정헌법사관을 피력한 다음 우에스기는 다음과 같은 국체헌법학을 전개했다.

천황과 신민은 동심일체, 천황 없이 신민이 있을 수 없는 것처럼, 신민이 있기에 외람되게도 천황이 있는 것이니, 천황 즉 신민이라는 점은 실로 우리 국체의 정화(精華)이다. ……오로지 우리 대일본제국에서만 인민은 천황에 귀일하여 천황에 의해서 인민을 위한 인민에 의한 인민의 정치가 천황의 정치로 행해진다(『헌법독본』).

천황 주권의 명확화가 호즈미헌법학의 목적이었는데, 우에스기헌법학에서는 천황친정이 민주주의와 일체화해 있다. 두 사람의 차이는 국체의 정의가 천황 주권에서 군민일체로 변화한 것에 의한 것이다. 우에스기의 생각으로는 군민일체의 국체를 실현하는 데에는 보통선거가 필요했다. 동시에 군민일체를 방해하는 정당을 배제하지 않으면 안 된다고 우에스기는 생각했다.

우에스기에게 참된 입헌정체는 삼권분립제이다. 메이지헌법이 삼권분립을 명기했기 때문이다. 삼권이 억제와 균형을 이룰 때 올바른 입헌정체가 된다. 반대로 의회다수파가 행정을 지배하는 의원내각제는 삼권분립제와 헌법을 파괴하는 행위이다. 의원내각제는 정당정치와 동의어이므로 우에스기는 정당정치도 인정하지 않는다. 우에스기는 메이지헌법과 입헌정체를 지키기 위해 정당정치와 의원내각제를 배격한다.

우에스기 신키치의 생각은 일본주의자뿐만 아니라 입헌주의자들도 공유하고 있었다. 정당정치를 요구해 온 입헌주의자들의 의회관이 삼권분립의 그것이었기 때문이다. 따라서 입헌주의자는 의원내각제가 불러일으키는 정상적인 의회의 변화와 의원(議員)의 적응을 부패와 타락이라고 착각했다. 그들의 정당내각론은 삼권분립제에 의원내각제를 접목한 것으로, 논리의 취약함이 의원내각제의 현실을 감당할 수 없었다.

입헌주의자와 일본주의자가 정당정치 비판의 공동전선을 펴고 있는 듯이 보이는 사실이 여기부터 나타난다. 근대 일본의 정당정치에 이 연대는 비극이었다. 더욱이 이 비극은 우리의 것이기도 했다. 일본국헌법은 삼권분립제 아래 의원내각제를 채택하고 있기 때문이다. 일본주의자의 정당 비판에 찬동하고 싶어지는 것은 그들과 우리가 삼권분립의 의회관을 공유하기 때문이다.

정당정치의 실태

일본주의자가 비판의 대상으로 한 정당정치의 실태를 확인해 보자. 작업 초기에 주의해야 할 점은 헌정 상도의 이념과 실태의 차이이다.

보통 헌정 상도는 의회다수파 당수가 내각을 조직하는 관례로 정의된다. 이 정의는 선거 결과에 의한 정권 교대를 암묵의 전제로 한다. 즉 선거에서 다수를 얻은 정당의 당수가 수상에 임명되어 내각을 조직한다는 절차를 상정하고 있다. 선거가 조각에 선행하고, 정권 교대의 원동력이다.

그런데 현실의 헌정 상도에서는 소수 야당의 당수가 수상에 임명되고, 정권 교대 후에 총선거를 실시해 승리를 거두어 여당이 다수파가 되었다. 여기에서는 조각이 선거에 선행하고 있었다. 선거는 정권 교대의 원동력이 아니라 결과이다.

앞에서 확인한 헌정 상도의 정의는 일본 정치도 이러해야 한다는 바람을 사실의 설명으로 잘못 이해하고 있다. 다이쇼 시대의 헌정상도론이 선거 결과에 따른 정권 교대를 호소한 것은 사실이다. 그 대표적인 사례가 요시노 사쿠조(吉野作造)의 민본주의이다.

요시노 사쿠조는 헌법상의 제도가 아니라 정치의 관습으로 정당정치를 설명한다. 메이지헌법이 의원내각제를 채택하지 않았기 때문이다. 삼권분립제를 채택한 메이지헌법에서 중의원 총선거와 수상 임명은 법률상으로는 아무 관계가 없었다. 요시노는 선거 결과에 기초한 수상 임명의 관습을 세우려고 했다.

그러나 현실의 헌정 상도는 메이지헌법과도 민본주의와도 다르다. 양대 정당이 선거에 의하지 않은 채 정권 교대를 거듭했기 때문이다. 이러한 사태는 일본주의자와 민본주의자의 양쪽에서 비판 대상이 되었다.

수상 주천

선거 없는 정권 교대는 사이온지 긴모치의 수상 주천(奏薦)과 내무관료 경질에 의한 선거 대책에 뒷받침되고 있었다. 다나카 기이치 정우회 내각에서 하마구치 오사치 민정당 내각으로의 정권 교대를 예로 설명해 보자.

1929년 7월 2일 다나카 내각이 총사직했다. 다나카 수상이 장쭤린 폭사 사건 처리를 둘러싸고 쇼와천황에게 질책을 받았기 때문이다. 원로 사이온지 긴모치는 쇼와천황의 하문에 답하여 민정당 당수 하마구치 오사치를 다음 총리로 추천했다. 이것이 수상 주천이다.

메이지헌법이 천황친정을 내세우고는 있지만 실태는 천황초정이었기 때문에 총리가 국정 최고책임자였다. 총리 인선은 천황이 직접 임명대권을 행사해서 결정해야 할 일이었지만, 총리가 실정을 범한 경우에 천황이 임명 책임을 제기당하는 사태는 피할 수 없다. 따라서 원로가 차기 수상의 인선을 대행했다.

원로는 메이지유신 공로자이다. 60년의 세월을 거쳐 사이온지 긴모치만이 남아 마지막 원로가 되었다. 사이온지가 하마구치를 주천한 것은 원활한 의회 운영을 원했기 때문이다. 양대정당의 교대는 사이온지 긴모치 혼자만의 생각으로 실현·유지되고 있었다.

하마구치는 쇼와천황에게서 수상으로 임명되자마자 내각 조직을 신속히 완료시켰다. 이로써 민정당 내각이 탄생했다. 정권 교대에 선거는 관계하지 않았다. 12월 말에 소집된 제57회 제국의회 의석은 237석을 가진 정우회가 야당으로 과반수 제1당, 여당 민정당은 173석의 제2당이었다. 하마구치 민정당 내각은 소수여당 내각이다.

의회의 의결은 다수결로 행하기 때문에 소수여당 내각은 존속할 수 없다. 예산도 법률도 만들 수 없기 때문이다. 1930년 1월, 하마구치 내각은 중의원을 해산했다. 제17회 총선거는 2월 20일 실시되었다.

내무관료 경질

이사이에 하마구치 내각은 선거 대책에 만전을 기했다. 선거에서 승리하지 못하면 정권을 내놓아야 하기 때문이다. 전전 일본에서 선거 대책이란 내무관료의 경질을 의미했다.

내무성은 지방행정과 경찰을 관장(管掌)했다. 따라서 선거 단속도 내무성 관할이다. 조각 당일인 7월 2일 하마구치 내각은 내무성의 내무차관, 경보(警保)국장, 경시총감(警視總監)을 새로 임명했다. 경보국장은 현재의 경찰청장에 해당한다.

5일 하마구치 내각은 부·현지사 인사이동을 각의 결정했다. 현재의 도·도·부·현 지사는 공선이지만, 전전의 지사는 관선이었다. 내무관료가 정부 임명으로 지사에 취임한다. 이 인사이동으로 도쿄부 지사를 비롯한 33명이 교체되었다. 홋카이도청장관도 교체되었다. 지사에서 해임된 26명의 내무관료 가운데 다나카 정우회 내각이 임명한 12명이 휴직 처분을 받았다.

신임 지사는 하마구치 내각이 내세운 선거혁정(選擧革正)·정계정화(政界淨化) 방침에 따라 선거를 단속한다. 하마구치 오사치가 말하는 혁정이 민정당 승리이며 정화 단속이 정우회 입후보자에 집중된 것은 암묵적인 양해였다. 민정당 후보자는 유리한 선거전을 전개할 수 있었다.

총선거 결과, 민정당은 과반수의 273석을 획득하여 제1당이 되었다. 정우회는 의석이 174석으로 줄어 제2당이 되었다. 하마구치 민정당 내각은 마침내 의회 다수파의 당수가 조직하는 내각이 되었다.

이상이 헌정 상도의 실태이다. 다른 정권 교대에서도 마찬가지였다. 선거결과에 의하지 않는 정권 교대는 헌정 상도를 왜곡했다. 민의를 묻는 보통선거 시대에 정계의 흑막인 원로가 양대 정당제를 유지하는 취약한 관습이었다. 거듭되는 내무관료 경질이 행정의 공정성을 해치는 것은 말할 필요도 없다.

정권 쟁탈과 당의 구속

정당정치인은 선거에서 유권자에게 호소하기보다 사이온지 긴모치의 환심을 사고자 시즈오카현(静岡県) 오키쓰(興津)에 있는 사이온지 별장에 드나들었다. 오키쓰 알현이다. 정당정치인은 치열한 도각운동을 전개했다.

선거 승리보다도 정책 흠집 내기나 여당 관계자의 오직(汚職)부패 폭로에 열중했다. 비난 응수의 결과, 국민의 눈에는 정우회와 민정당 양당이 정권 쟁탈만을 일삼고 있다는 나쁜 인상만이 남았다.

그 반면 의회의 형해화가 진행되었다. 총선거에서 다수파 형성에 성공한 정부 여당에게 가장 중요한 것은 신속한 정책의 실현이다. 여당의원은 정부가 제출한 예산과 법률에 반대하지 않는다. 내각의 정책은 여당의 정책이기도 하기 때문이다. 한편 야당 의원에게 정부 예산과 법안은 적대하는 정당의 정책이다. 야당 의원에게는 정부 제안에 찬성하는 이익이 없다. 따라서 여당과 야당은 자기의 이익을 최대화하기 위해 당 소속 의원의 언동을 여당은 찬성으로, 야당은 반대로 통일할 필요가 생긴다. 이것이 당의(黨議) 구속이다.

당의 구속이 일상화되면 승패는 의석수로 미리 정해진다. 의원의 자유로운 토론의 원칙은 형해화한다. 즉 정당정치는 의회의 위기를 초래한다. 당시의 입헌주의자들은 그렇게 생각했다. 일본주의자도 같은 의견이었다.

입헌주의자의 정당정치 비판

입헌주의자들은 정당정치의 현황을 비판했다. 헌정의 신으로 불린 이누카이 쓰요시와 오자키 유키오는 일찍부터 정권 쟁탈과 당의 구속에 대해 비판해 왔다. 1920년 이누카이와 오자키는 정우회의 하라 다카시 내각에 의한 보통선거법안 부결을 염두에 두고 정당 비판을 전개했다. 이누카이는 현재의 정당은 정권 쟁탈 때문에 보다 좋은 정치를 실현하는 본래의 사명을 잊고 있다고 지적했고, 오자키도 정권 쟁탈을 일삼는 현재의 정당은 국가의 해(害)라고 잘라 말했다.

그들이 마음속에 그린 본래의 정당이란 자유토론원칙에 준거한 그것이었다. 오자키는 1925년의 『정치독본』에서 호헌3파 내각을 염두에 두면서 이렇게 말하고 있다.

국민의 총대가 한자리에 모여 예산, 법률, 기타 의안을 심의하고 토론하는 의미는 각 의원 모두 사심을 버리고 군국(君國)을 위해 만복(滿腹)의 경륜(經綸)을 피력하고, 오로지 양심의 명령을 받들어 최선, 최량의 결정을 하는 데 있다. ……회의의 본질이 이와 같다면, 토론 심의 중 소수당에서 도리와 사실에 맞는 의견이 나오면 다수당 속에서도 국가를 위해 이에 찬성하는 자가 나타나 소수당의 주장이 이길 수도 있어야 할 것이다. ……참된 정당은 이와 같이 함으로써 점차 그 권위와 신용을 높여 정당 조직의 의의를 발휘하게 된다.

미노베 다쓰키치는 1931년 『중앙공론(中央公論)』 3월호에 「의회제도의 위기」를 기고했다. 당시는 하마구치 민정당 내각으로 1930년 11월에 하마구치 오사치가 도쿄역에서 저격당했다. 그러나 미노베가 도마 위에 올린 것은 가해자 사고야 도메오(佐郷屋留雄)가 아니라 피해자인 정당의 과실이었다. 자유토론원칙에 반하는 정당에도 책임이 있다고 논했다.

의회정치의 주된 장점 중 하나는 토론에 의한 정치에 있다고 일컬어지는데, 의원이 당의에 속박되어 의원으로서의 의무에 대해 털끝만큼도 자신의 독립된 의견을 낼 여지가 없이 오로지 당의가 가리키는 바에 따라 발언하고 투표하게 된다면, 토론에 의한 정치는 본래의 의의를 잃었다고 하지 않을 수 없다.

마찬가지로 입헌주의 헌법학자로서의 명성(슈名)이 자자했던 사사키 소이치(佐々木惣一)도 자유토론원칙에 반하는 당의 구속을 비판했다.

일본주의자의 정당정치 비판

일본주의자도 정권 쟁탈 과잉과 당의 구속 횡행을 정당정치 부패로 비판했다. 예컨대 지쿠시 구마시치(筑紫熊七)는 정권 쟁탈로 천황의 은혜가 국민에게 두루 미치지 않게 되었고, 당의 구속이 의원에게서 정치에 대한 성의를 빼앗았다고 비난했다.

일본주의자가 상정한 의회 역시 자유토론원칙에 따르고 있다. 사토 세이쇼(佐藤清勝)를 예로 들어 보자.

우리는 메이지천황이 흠정하신 헌법에 의해 국민이 의원을 선거하고, 이 의원이 선거민을 대표해서 정당하게 직무를 다해 법률안 및 예산안을 심의 · 협찬하기를 바란다. 이리하여 천황이 나눠 주신(分與) 참정권을 정당하게 행사하고 민의를 창달하여 국민이 바라는 바(民望)가 천청(天聽)[29]에 도달하기를 바란다. 우리나라 헌법이 규정하는 바는 이것뿐이다. 입헌정치의 미덕은 여기에 있다〔『정당망국론(政黨亡國論)』〕.

일본주의자가 정권 쟁탈을 비판하는 것은 천황대권을 침해하기 때문이다. 수상 임명과 내각 조직은 메이지헌법 제10조의 관리임면대권에 의한다. 다른 한편 의회다수파의 힘으로 내각을 무너뜨리는 근거를 메이지헌법에서 발견할 수는 없다. 지쿠시 구마시치는 헌법에 언급되어 있는지의

---

29 천황이 듣게 되는 것을 가리킨다.

유무로 의회정치와 정당정치를 분리한다.

제국의회가 우리 헌법이 부여한 국가 중요 기관임은 지극히 명료하지만, 헌법 어느 조문에도 정당의 존재는 규정되어 있지 않다. 정당정치 부인이 곧 의회제도 파괴라는 정당정치인의 외침은 세상을 왜곡해도 이만저만이 아니다(『정당해소론(政黨解消論)』).

메이지헌법에는 정당이나 정당정치 규정이 없다. 지쿠시의 주장이 이러한 사실을 지적한 것에 머무는 것이라면 시대착오적인 초연주의자가 부활한 것일 뿐이다. 정당정치인이 불마의 대전을 원용하면서 실용주의헌정론을 군데군데 섞어 정당정치를 정당화하면 그만이다. 그러나 일본주의자는 시대착오적인 초연주의자가 아니라 메이지헌법을 지키려는 입헌주의자였다. 그렇기 때문에 정당정치인의 논법에 대해 다음과 같은 통한의 일격을 가할 수 있었다.

일본주의자는 삼권분립론을 이용해서 불마의 대전과 실용주의 헌정론을 구별(分斷)한다. 구체적으로는 의회정치와 정당정치를 구별한다. 그리고 실용주의헌정론과 정당정치를 부정한다. 오이 잇테쓰(大井一哲)의 『헌정을 파괴하는 정당정치(憲政を破壊する政党政治)』는 그야말로 부제(副題)에 삼권분립 확보를 내세워 정당정치를 불마의 대전에 거역하는 것이라고 단정했다.

만세 불마의 대전인 제국헌법 중에 가장 중요한 삼권의 분립을 무시하는 것은 정당정치이다. …… 정당정치 아래 삼권분립은 있을 수 없다. …… 삼권분립이 없으면 헌법도 없다고 말하는 것도 …… 결코 지나친(過當) 말은 아니라고 믿는다. 결론적으로 정당은 메이지유신의 대업을 뒤엎고 헌법정치를 파괴하는 것이라 말하지 않을 수 없다.

일본주의자는 삼권분립제의 의회제도를 메이지헌법이 규정한 올바른 입헌정치라고 생각해 정당정치를 허구의 입헌정치로 단죄한다. 사토 세이쇼와 나카타니 다케요(中谷武世)는 정당정치인이 입헌정치와 정당정치를 혼동하고 있다고 비판했다. 야마다 부키치(山田武吉)는 정당정치는 영미 자유주의와 민주주의에서 유래한 외래 사상이기 때문에 국체와 합치하지 않고 흠정헌법에도 반한다고 주장한다. 미노다 무네키(蓑田胸喜)는 소련이나 나치의 일당독재도 헌정상도론도 헌법 위반이라고 단정했다.

정당정치인의 실용주의헌정론에는 의회정치와 정당정치를 서구정치의 실태를 근거로 동일시하는 안이함이 잠재하고 있었다. 근대화와 서구화가 같은 의미였던 메이지기에는 유효한 논법이었지만, 국체헌법학에 의거한 일본주의자에게는 통용하지 않는다. 일본주의자가 바란 것은 삼권분립의 입헌정치를 회복해서 메이지헌법을 정당정치인의 해악에서 구하는 것이었기 때문이다.

정당정치인의 반론

다수의 정당정치인은 우익의 주장에 경청할 만한 가치가 없다고 자만하고 있었다. 그 때문에 정당정치의 위기를 인식할 수 없었다. 정당인 중 으뜸가는 이론가인 사이토 다카오도 일본주의자를 얕보았다. 일본주의자가 불마의 대전을 근거로 정당정치 비판을 전개해도 모순투성이 논의라며 좀 더 공부하라고 설교할 정도였다.

사이토는 일본주의자가 나치식 독재정치를 목표로 헌법정치나 의회제도를 부인하고 있다고 지레짐작하고 있었다. 그 때문에 1934년 시점에서도 헌법정치는 천황정치이며, 의회제도 이상으로 군민일치의 천황정치를 실현할 수 있는 방법이 있으면 내놓아 보라며 요점을 벗어난 반론을 전개했다. 그러나 사이토가 일본주의자가 말하는 바를 정확히 이해했어도 유효한 반론이 가능했는지는 알 수 없다. 의회정치를 긍정하는 데까지의 논의의 줄기가 같은 불마의 대전에 의거했기 때문이다. 정당정치인은 정당화 논법으로 중시해 온 불마의 대전론을 점점 빼앗기고 있었다.

공당의 자계와 정당정치의 자괴

일본주의자의 정당정치 비판으로 정당정치의 정당성은 상처받았다. 실용주의헌정론이 성립하지 않게 되었기 때문이다. 근대화와 서양화와 강국화, 입헌정치와 의회정치와 정당정치를 일괄해 온 논의가 무너졌다.

시세에 의지한 논의는 기세를 잃었을 때 깨지기 쉽다. 헌정 상도가 원로 사이온지 긴모치 혼자 생각으로 유지되고 있었던 만큼 더더욱 그랬다. 사이온지는 5·15사건의 수습을 해군 출신 사이토 마코토(齋藤実)에게 맡겼다. 이로써 정당정치는 끊어졌다. 그러나 당시 정우회와 민정당은 사태가 진정되면 정권이 되돌아올 것이라고 예상하고 있었다. 이 시점에도 입헌정치는 정당정치라고 믿고 있었기 때문이다. 1932년 이후 정우회와 민정당은 각기 정권 복귀 기회를 엿보고 있었다.

민정당은 사이토 마코토 거국일치내각의 여당이 됨으로써 정권 선양을 기다리고 있었다. 1932년 총선거에서 300석이 넘는 의석을 획득한 정우회는 거국일치내각을 각외에서 지지한다며 정관하는 자세였다. 중의원 제

1당이 정권을 잡지 않으면 예산도 법률도 성립하지 않는다는 것은 헌정 상도에 의하지 않고도 초기 의회 이래의 명백한 도리였기 때문이다.

그러나 1년이 지나고 2년이 지나도 정권은 정당으로 돌아가지 않았다. 1934년 오카다 게이스케(岡田啓介) 내각 탄생은 거국일치내각의 계속을 고하고 있었다. 이때부터 정우회와 민정당(政民) 양당 사이에 연립내각 구상이 일어났다. 정민(政民)제휴운동이다.

다른 한편에서는 정우회 내부에서 도각운동이 피어오르기 시작한다. 추밀원 의장 이치키 기토쿠로(一木喜德郎)와 오카다 내각 법제국 장관 가나모리 도쿠지로(金森德次郎)를 사직에 내모는 책동이다. 직접적인 표적이 된 것이 이치키의 제자며 가나모리의 스승이었던 미노베 다쓰키치이다. 미노베에 대한 공격이 천황기관설사건으로 발전한 것은 1935년의 일이다.

정민(政民)제휴운동도 천황기관설사건도 정권 복귀 기회를 가져다주지는 못했다. 그뿐 아니라 정권 획득을 목표로 하는 운동의 소문이 날 때마다 정당 신용은 점점 떨어졌다. 정당은 전혀 반성하고 있지 않다는 여론(世評)이 떠돌았기 때문이다.

정우회와 민정당의 각 집행부는 정권 획득 관련 동향을 억제했다. 정권 쟁탈 비판이 정당 비판으로 바뀌는 것을 막기 위해서이다. 그들은 정권 획득을 포기하고, 정당정치를 버림으로써 정당의 존속을 도모했다.

정당 존속책의 중심은 공당으로 재탄생하는 것이다. 정권 쟁탈을 포기하고 당의 구속을 폐지하며 정책집단으로 탈바꿈한다. 공당은 삼권분립에 적합한 정당론이다. 공당은 정권을 목표로 하지 않는다. 당원의 자유도 보증한다. 당원은 발언의 자유를 갖는다. 당원 명부도 만들지 않는다. 입당과 탈당을 자유롭게 한다. 정당은 정부 제출 법안에 대해 자유로운 토론을 통해 보다 좋은 수정안을 제시한다거나 국가와 국민을 위한 공당을 목표로 한다고 공칭(公稱)하며 비판을 피했다.

이렇게 되면 정당을 조직할 의미가 없어 보이지만, 삼권분립의 의회에서 정당은 무의미화하지 않을 수 없다. 사실 일상의 미국 의회는 의원이 각자의 판단으로 활동하는 자유토론의 장이라는 점을 상기할 필요가 있다.

정당은 여론에 영합하여 품행방정한 공당이 되고 정당정치를 포기함으로써 살아남는다. 5·15사건 후 정당정치가 부활하지 않은 것은 정당이 정권 획득을 포기했기 때문이다.

육군 대 정당

정우회와 민정당은 1936년과 1937년 총선거에서도 연승하여 정우회와 민정당 양당이 합해서 85퍼센트 이상의 의석을 과점했다. 총선거 직후에 오카다 게이스케 내각이 2·26사건[30]으로 붕괴했다. 육군이 내각을 붕괴시켰다. 민정당은 오카다 내각의 각외 여당이라 할 만한 입장이었다. 다음의 히로타 고키(広田弘毅) 내각에서는 육군이 각료 인사에 조건을 달았다. 정당 출신자의 입각을 거부한다고까지 말했다.

1937년 1월의 의회에서는 정당과 육군이 대결했다. 정우회의 하마다 구니마쓰(浜田国松)가 육상(陸相) 데라우치 히사이치(寺内寿一)에게 도발해서 이른바 할복문답으로 발전했다. 중의원은 정회했다. 데라우치 육상은 해산·총선거를 주장하고, 이에 대해 정당 출신 각료가 반대하여 각내불일

---

30 육군 내 파벌 중 황도파의 영향을 받은 육군 청년장교가 무력으로 원로중신을 살해해 천황친정을 실현하고 정치부패 일소와 농촌의 곤궁 종식을 위해 1936년 2월 26일 결기한 사건이다.

치에 빠짐으로써 히로타 내각은 총사직했다.

수상에 지명된 우가키 가즈시게(宇垣一成)는 육군 방해로 조각에 실패했다. 2월 2일 탄생한 하야시 센주로(林銑十郎) 내각은 정당과의 대결 자세를 노골화하여 각료에 정당 출신자를 포함시키지 않았다. 더욱이 예산 성립 직후에 중의원을 해산했다. 무전취식해산(食い逃げ解散)[31]이라고 한다. 1937년 총선거는 민정당과 정우회의 승리로 끝나, 정민(政民) 양당은 하야시 내각에 퇴진을 요구했다. 5월 31일 하야시 내각은 총사직했다.

2·26사건 이후의 일본은 암흑시대였다고 생각하는 독자도 많을 것이라고 생각하지만, 1937년의 하야시 내각 도각에 성공한 시점에서는 정당내각이 부활할 수도 있었다. 그러나 결과적으로 정당내각이 실현되지 못했던 것은 정당정치의 정당성이 크게 훼손되어 있었기 때문이며, 정당화의 논법도 상실했기 때문이었다. 반대로 육군과 일본주의자에게는 정당내각 비판의 온갖 준비가 다 갖추어져 있었다.

전 육군대장 다나카 구니시게(田中国重)가 조직한 명륜회(明倫會)는 정당내각 부활을 저지하기 위해 1936년 12월에 다음과 같은 논설을 발표했다.

정당원은 정당정치를 우리나라 입헌정치의 본의(本義)라고 주장하지만, 이것은 행정과 입법을 정당의 손으로 농단(壟斷)하려는 지극히 악랄한 주장으로 우리나라 헌법 명문의 행정, 입법 및 사법의 삼권분립의 본의를 근저로부터 유린(蹂躪)하려는 용서할 수 없는 사설(邪說)이다. …… 또한 정당원은 정권이 의회 다수당의 손에 돌아가는 것을 헌정의 상도라고 주장하지만, 우리나라 흠정

31　내각은 정당이 정부에 우호적이지 않다는 점에서 의회 쇄신이 필요하다고 주장하며 해산했지만, 정당이나 국민의 입장에서 보면 예산 성립 즉 만찬을 다 먹자마자 해산한 것이라는 의미로 붙여진 이름이다.

헌법은 이에 관해 아무런 명문도 없을 뿐만 아니라, ……대권 사항에 속하는 수상의 임면권에 참견(容喙)하려는 것으로 실로 용서할 수 없는 사설(邪說)이다〔『명륜회사(明倫會史)』〕.

우익단체를 결집한 시국협의회는 1936년 12월 21일 도쿄 고지마치(麴町)에서 제1회 회원총회를 열었다. 여기에서의 결의는 정당정치는 동포상극(同胞相剋)이고 헌정 상도는 정권 수수(授受)의 꾀(詐謀)로 위헌이라고 단정하며, 일본주의야말로 헌정 확립을 위한 운동이라고 했다.

해가 바뀌어 1937년 1월, 마쓰나가 모토키(松永材)는 『일본국체와 정당정치(日本国体と政党政治)』[32]라는 소책자에서 정당성악설을 전개했다. 발행자인 유신제도연구회는 헌법 옹호와 의회제도의 확립을 내세운 정치단체이다. 마쓰나가[33]에 의하면, 정당정치인의 호헌운동은 오헌운동(誤憲運動)이다.[34] 왜냐하면 군주와 인민이 싸워서 이룬 영국의 정당정치를 도입함으로써 국체를 파괴하려고 하는 폭거이기 때문이라는 것이다.

전 육군중장 오쿠다이라 슌조(奧平俊藏)도 헌정상도론을 헌법을 곡해한 것이라고 비판했다. 오쿠다이라도 메이지헌법은 삼권분립을 채택하고 있다고 생각하고, 천황정치를 익찬하는 한 기관인 의회와 정부 사이에 경중의 차이가 없는 것은 헌법을 일별하면 누구나 수긍할 수 있는 것이라고 주장한다.

---

32 본서에서는 마쓰나가 모토키의 저서에 대해 『일본국체와 일본정치(日本国体と日本政治)』로 표기(94쪽)되어 있으나, 이는 『일본국체와 정당정치(日本国体と政党政治)』의 오기로 보인다.

33 본서에서는 마쓰무라(松村)로 표기되어 있으나, 이는 마쓰나가의 오기로 보인다.

34 호헌(護憲)과 오헌(誤憲)의 일본어 발음은 '고켄'으로 같다.

불마의 대전론을 빼앗겨 실용주의헌정론을 부정당한 정당 측에 반론의 방도는 없다. 그뿐만 아니라 정당 자체가 국체에 반하는 것으로 배제될지도 모르는 정세였다. 천황은 일시동인으로 전 국민을 차별하지 않고 소중히 하는 데 반해, 정당은 자당의 이익에 고집하는 것처럼 보이기 때문이다. 여기에서 정당은 천황의 어심에 어긋난다는 단안(斷案)이 생긴다. 신도 사상가 이마이즈미 사다스케(今泉定助)의 말이다.

이러한 생각을 파고들어 가다 보면, 공당을 포함해서 정당이 존립할 여지는 없어진다. 일찍이 구로타 기요타카가 초연주의 연설을 했을 때 정당 결성은 자연스러운 것으로 허용되어 있었지만, 그 최저한의 공통 이해조차 위태로워졌다.

정당이 정권에 복귀하는 일은 없었다. 1937년 6월 4일 내각을 조직한 것은 고노에 후미마로(近衛文麿)였다. 정당과 육군의 쌍방이 타협할 수 있는 인선이었다. 정우회와 민정당은 1명씩을 입각시켰다. 이러한 작은 성취(小成)에 만족할 정도로 정당정치인은 자존심을 잃고 있었다.

국체명징운동

이야기를 1935년으로 되돌리자. 해석개헌으로서의 정당정치를 부정한 후, 일본주의자가 공격의 표적으로 삼은 것은 미노베 다쓰키치였다. 천황기관설사건이다. 일본주의자는 미노베학설 비판을 국체명징운동이라고 불렀다.

국체명징이란 국체를 명확히 하는 것이다. 해석개헌으로 정당내각을 정당화한 미노베헌법학은 국체를 불명료하게 하는 잘못된 이론이라고 단죄되어 쇼와의 정치사회에서 말살되었다.

미노베의 천황기관설과 정당정치론은 문자의 부족을 보완해서 헌법을 읽는 해석개헌으로 생겨났다. 미노베는 일본의 역사와 문화와 전통을 인용하여 증거로 삼고(引證) 구미의 입헌주의를 참조하면서 천황친정과 반정당정치의 메이지헌법에 천황초정과 정당정치의 해석개헌을 입혔다. 미노베헌법학의 부정은 천황초정과 정당정치와 해석개헌의 부정이었다.

지금까지의 헌법사상사에서는 호즈미헌법학, 미노베헌법학, 호즈미헌법학의 순으로 변천했다고 생각한다. 메이지기에는 호즈미헌법학이 정통 학설로 군림했다. 메이지 말년의 국체논쟁에서 미노베헌법학이 호즈미헌법학을 대신해서 입헌주의헌법학으로서 시대의 총아가 되었다. 천황기관설 사건으로 미노베헌법학에 대신해서 호즈미헌법학이 복벽(復辟)[35]했다. 확실히 천황의 역할에서 보면 천황주권설, 천황기관설, 천황주권설의 변화이다. 일본주의자도 천황친정을 요구해서, 언뜻 보기에는 호즈미헌법학과 같은 주장이기 때문이다.

그러나 일본주의자의 헌법학은 호즈미헌법학과는 다르다. 오히려 호즈미 야쓰카를 비판한다. 일본주의자의 헌법학은 신종이다. 어떤 점에서 새로운가 하면 국체의 정의, 국체와 헌법의 거리감에서이다.

먼저 국체의 정의이다. 호즈미헌법학에서 국체는 천황 주권을 가리킨다. 미노베헌법학에서는 천황 주권과 충군애국이다. 일본주의자에게 국체는 군민일체, 혹은 국민공동체이다. 국체의 설명이 삼자 모두 다르다.

일본주의 헌법학자 야마자키 마타지로(山崎又次郎)는 국민성에 기초한 국가 전체로서의 정치적 결정을 국체라고 정의한다. 국체헌법학이라는 말의

---

35 물러났던 임금이 다시 왕위에 오른다는 뜻으로, 호즈미헌법학이 다시 정통학설이 되었음을 의미한다.

고안자이며 국체과학자인 사토미 기시오(里見岸雄)에 의하면, 국체는 민족을 궁극적으로 결합시키는 역사적·사회적 근거이다. 그들의 국체론에서는 국민공동체가 국체론의 중심을 차지한다. 천황주권론은 뒷배경(後景)으로 물러난다. 앞에서 국체론이 천황론에서 국민론으로 변천한다고 했던 것은 바로 이것이다.

일본주의자가 호즈미설에 만족하지 못하는 것은 국체론에 국민이 포함되어 있지 않기 때문이다. 호즈미의 헌법주권설에서 국민은 통치의 대상일 뿐이었다. 군민일체론 혹은 국민공동체론에 입각한 일본주의자에게 천황 주권은 사실상의 국민 주권이며, 천황친정은 천황 아래에서의 민주정치이다. 일본주의자가 미노베헌법학에 불만을 품는 것은 미노베의 주장이 천황초정과 정당정치에 너무 치우쳐 천황이 뒷배경으로 물러나 버렸기 때문이다.

국체와 헌법의 관계에 대해 일본주의자는 양자를 동일시한다. 국체가 헌법이고 헌법이 국체다. 즉 순연한 국체헌법학이다. 호즈미헌법학에서는 국체에 기초한 헌법 해석이라고 말은 하면서도 천황 주권을 강조할 뿐이다. 미노베헌법학에서 국체는 헌법 밖에 있는 것으로 헌법 해석상 중시해야 할 불문법이다. 일본주의자에게 호즈미헌법학도 미노베헌법학도 만족스럽지 못했다. 나카타니 다케요는 국체를 국가에 관한 모든 것의 기초라고 본다. 따라서 나카타니는 일본의 헌법학, 국법학, 국가학은 국체학이어야만 한다고 단안을 내린다. 즉 헌법학은 국체헌법학이 된다.

국체헌법학의 완성

헌법을 외래품으로 보는 사람에게 국체와 헌법은 관계없기 때문에 일본주의자의 논의는 통용되지 않는다. 그런데 일본주의자에게 메이지헌법은 건국한 옛날부터 존재한 것이었다.

야마자키 마타지로는 메이지헌법은 일본 건국 당시부터의 헌법적 원칙을 성문화한 것에 지나지 않는다며 자신을 속이고 타인을 기만하는 말을 거듭했다. 야마자키가 말하는 건국 당시부터 존재한 헌법적 원칙이 불문법으로서의 국체이다. 1889년의 헌법발포는 불문법의 성문법화이다. 이것은 한 헌법학자의 의견이 아니다. 재향군인회본부가 편찬한『대일본제국 헌법의 해석에 관한 견해(大日本帝国憲法の解釈に関する見解)』에서도 조직의 공식 견해로 같은 의견을 나타내고 있기 때문이다.

건국 이래 오늘에 이르기까지 일본은 군민일체의 국체를 유지해 왔고 미래영겁 메이지헌법 아래 군민일체의 국가로 존속할 것이다. 일본주의자의 국체헌법학이 그리는 것은 이러한 역사관이며 국가관이다. 그리하여 불변의 본질인 국체와 일체화한 메이지헌법은 불마의 대전이 된다.

일본주의자의 해석개헌 비판

미노베헌법학에도 국체헌법학으로서의 성질이 있다. 국체를 만세일계의 천황에 의한 통치와 그것을 뒷받침하는 국민의 충군애국으로 이루어진 것으로 파악하여, 두 가지 모두 일본 건국 이래의 역사에 뿌리박은 관념으로 정의하고 있었다. 미노베는 이러한 내용을 갖춘 국체를 메이지헌법을 해석할 때 중시해야 할 불문법이라고 규정했다.

그러나 일본주의자는 국체와 헌법을 별개의 존재로 간주하는 것 자체를 비판했다. 그리고 미노베가 천황기관설과 정당정치론을 주장한 것은 국체를 무시하여 서구의 헌법학설을 모방했기 때문이라고 힐난했다.

미노베 다쓰키치에 대해 가장 격렬하게 비판한 것이 미노다 무네키였다. 미노다는 일본의 헌법은 국체의 표현으로 국체를 옹호하는 것이고, 메이지천황이 흠정한 헌법 조문 자체에 절대적인 권위와 가치가 있다고 생각했다. 이러한 확신을 가진 미노다에게 미노베의 해석개헌은 용서할 수 없는 폭거였다. 미노다는 헌법 조문에 문자를 보완해서 해석을 덧붙이는 행위 자체가 헌법과 국체의 변혁을 기도하는 것이라고 생각했기 때문이다.

명륜회의 다나카 구니시게도 헌법 해석을 부정한다. 정부에 헌법 해석의 정지를 요구하기까지 했다. 다나카에 의하면, 신성한 흠정헌법에 해석을 붙이는 행위는 대권간범(大權干犯)[36]이며 헌법의 권위를 훼손하는 것이다. 해석하지 않고 올바로 이해할 수 없다면 헌법에 불비(不備), 부족(不足)이 있는 것이 되기 때문이라는 것이다.

제동력으로서의 일본주의자

해석개헌을 엄중히 거부(峻拒)하고 헌법 해석도 부정해서 메이지헌법 아래 삼권분립제를 실현한 경우, 삼권의 대립을 누가 조정할 것인가. 야마자키 마타지로나 오이 잇테쓰 등 일본주의자는 여기에서 사고를 정지한다. 헌법대로 풀이하면 된다거나 국체를 참조하면 된다는 시모나카 야사부로(下中彌三郎)의 회답은 낙관에 지나지 않는다. 해답은 실행 불가능한 천황친정밖에 없다.

일본주의자는 미노베헌법학을 부정하고 해석개헌과 정당정치를 부정했다. 그러나 불마의 대전을 실현하라는 그들의 주장은 천황친정과 천황초

---

36   대권에 간섭하여 침범하는 범죄를 의미한다.

정의 평형을 흩뜨리는 것으로 실현 불가능하다. 그 때문에 일본주의자는 모든 개혁에 대한 반대자, 제동력이 되는 것은 가능해도 스스로 제안하여 추진하는 세력이 될 수는 없다.

불마의 대전의 공정

국체명징운동은 미노베의 처분과 정부에 의한 국체명징 성명으로 일단 결착이 되었다. 미노베는 저서 발매 금지(發禁)와 의원 사직을 받아들이는 대신 기소유예 처분이 되었다.

오카다 내각은 국체명징에 대해 두 차례 성명을 발표했다. 8월 성명이 미적지근하다는 일본주의자의 비난 때문이었다. 10월 성명에서 천황이 통치권의 주체라는 점과 천황기관설은 오류라는 점을 명확히 한 후에 국체 연구의 충실을 약속하고 이를 이행했다. 1937년 발행된 『국체의 본의』는 그 성과이며, 일본의 법은 모두 국체의 표현이라고 명기해서 국체헌법학을 공정(公定)[37]했다.

부독본으로 해설총서도 간행했다. 문부성의 국민정신문화연구소 소원이 집필을 담당했다. 1939년 공간된 오구시 도요오(大串兎代夫)의 『제국헌법과 신민의 익찬(帝国憲法と臣民の翼賛)』은 그 가운데 한 권이다. 오구시는 흠정헌법사관과 메이지대제론과 국체헌법학을 설명하며 메이지헌법이 불마의 대전이라고 지적했다.

우리나라 헌법의 특질은 나라를 연 이래 통치의 정신을 그대로 현창(顯彰)

---

37 관, 즉 정부에서 정하는 일을 의미한다.

하여 제정하신 것이라는 점, 흠정헌법이라는 점 및 영구히 불마의 대전이라는 점에 있다. ······흠정헌법이라는 말은 신성한 천황통치권에 의해 정해진 헌법으로 누구든 이에 따르는 헌법이라는 의미를 포함하고 있어서 한마디로 말하자면 신성헌법이다. ······신성헌법이기 때문에 비로소, 그리고 참으로 글 뜻(字義)대로 영구히 불마의 대전인 것이다. 우리나라에서는 영구한 국체에 기초하지 않고, 신성한 천황통치권의 발동에 의하지 않고는 촌각일지라도 국법일 수 없다.

오구시는 나치법학 연구자이다. 혁신파다. 그러나 근무지의 방침에 따라 문장을 써야 하는 입장에 있다. 이 사실은 월급쟁이의 비애와 함께 불마의 대전을 드러내 놓고 부정할 수 없는 혁신파의 앞날을 암시한다.

국체명징 성명은 천황초정의 담당자인 내각의 입장을 약화시켰다. 국정 중심으로서의 권위를 상실한 내각 아래 혁신파에 의한 고도국방국가 건설이 진행된다.

제2부

고도국방국가

제1장 근대 일본의 개헌론

전쟁 가능한 일본으로

쇼와 전전기 일본에 혁신파가 등장한다. 그들은 일본을 장기지구전, 총력전을 수행할 수 있는 고도국방국가로 바꾸려고 했다. 고도국방국가 건설에는 메이지헌법 개정이 필요했다. 혁신파가 목표로 한 국민동원, 통제경제, 국무통수일원화는 기존 법체계와 권력기구에서는 실현할 수 없기 때문이다.

첫째의 국민동원은 정부가 법률과 권력을 행사해서 국민의 의지에 반해 강제하는 것이다. 이것은 헌법 제2장이 규정하는 신민의 권리·의무를 제한하는 것이 된다.

둘째의 통제경제는 관료주의통제경제이다. 관료가 물자생산계획을 세워 기업에 명령해서 실행시킨다. 이것은 헌법 제27조가 보장하는 소유권과 영업의 자유를 제한하게 된다.

셋째의 국무통수일원화는 정부와 육해군, 즉 정치와 군사를 일체화하는 것이다. 국무는 정부의 활동이고 통수는 육해군의 작전 입안이다. 메이지 헌법 제11조 통수권독립을 근거로 육해군은 대원수인 천황에게 직속하기 때문에 정부는 통수에 참견(参喙)할 수 없다. 국무통수일원화는 통수권 독립의 개폐를 목표로 한다. 장기지구전과 총력전 수행에 즈음해서 정치와 군사는 밀접하게 제휴해야 하기 때문이다.

결과적으로 고도국방국가는 실패한다. 헌법을 개정할 수 없기 때문이다. 불마의 대전을 주장하는 일본주의자의 비판에 노출된 결과, 고도국방국가는 헌법에 위반하지 않도록 원안을 수정해서 원래 계획과는 다르게 되었다. 이것이 전시체제다. 전시체제 아래에서는 고도국방국가 건설은 물론 육해군을 능가하는 권력 창출도 뜻대로 되지 않는다. 단지 전쟁을 계속하는 것만이 가능해진다. 전시체제에 대한 논의는 후술한다. 여기에서는 고도국방국가와 혁신파가 패퇴하는 모습을 설명하기로 한다.

혁신파

혁신파는 제1차 세계대전 후에 등장한 세대의 총칭이다. 제1차 세계대전이 초래한 전쟁 형태의 변화와 공화제 민주주의의 대두에 대응하기 위해 일본도 변하지 않으면 열강과의 경쟁에서 살아남을 수 없다고 생각한 사람들이다.

제1차 세계대전은 단기결전에서 장기지구전으로 전쟁을 바꿨다. 참전국들은 무기·탄약 생산에 노동력과 물자와 자본을 집중하는 체제를 정비했다. 전쟁은 국가의 군사력과 경제력을 총동원해서 하는 사업이 되었다.

제1차 세계대전은 소련과 미국의 대두를 초래했다. 러시아혁명의 결과 탄생한 소련은 사회주의에 의한 경제성장을 내세워 사람들을 매혹시켰다. 연합국의 승리를 결정한 미국의 풍부한 물자와 재화(物財)도 사람들을 끌어당겼다. 미소 양국이 대전 후의 세계를 견인할 것은 명백했다. 그리고 양국은 군주제와의 적대를 건국의 내력으로 갖는 공화제 민주주의국가였다.

이와 같이 전후 세계는 변화했다. 전쟁 형태의 변화, 미국 민주주의, 소련 사회주의 등을 일본도 도입해야 한다는 기운이 발생했다. 이러한 생각을 공유한 일군의 사람들이 혁신파이다. 혁신파 연구의 제창자인 이토 다카시(伊藤隆)에 의하면, 혁신파는 우익에서 좌익까지를 망라한 새로운 일본을 바라는 사람들로 1919~1955년 일본 정치의 추진력이었다.

혁신파는 혁신관료, 사회대중당, 육군 중견층으로 나뉜다. 하나같이 정치사회의 구성원으로서는 젊고 소수파였다. 따라서 그들이 갖는 권한과 권력은 작은 것이었다. 그리고 혁신관료에는 관료제와 의회제가, 사회대중당에는 다수파의 원칙과 압도적 다수를 자랑하는 기성 정당이, 육군 중견층에는 통수권의 독립과 파벌 대립이 각각의 활동을 제약하는 조건으로 부과되어 있었다. 그리고 정치사회의 한 구성원으로서 다른 동격 혹은 상층의 정치 세력과 경쟁하는 입장에 있었다. 이하에서는 사회대중당과 혁신관료에 부과된 제약 조건을 확인해 보자. 육군 중견층에 대해서는 전시체제의 항에서 논하기로 한다.

사회대중당

사회대중당은 전전의 사회민주주의 정당으로는 최다 의석을 획득한 정당이다. 1932년에 사회민중당과 전국노농대중당이 합병해서 탄생했다. 반파시즘, 반공산주의를 내세워 의회제 아래에서 노동자 권리를 지키는 사회정책 실현을 목표로 한 합법 무산정당이다. 사회대중당이 1937년 총선거에서 37석을 획득한 것을 전전 민주화와 사회민주주의 정점으로 평가하는 것은 이치에 맞는 말이다.

그러나 중의원 464석 중 37석은 다수결을 기본으로 하는 의회에서는 무의미한 숫자이다. 사회대중당은 의원법(議院法) 규정으로 겨우 단독으로 법안을 제출할 수 있는 자격을 얻었을 뿐이다. 법안이 성립될 전망은 없다. 그들이 기성 정당으로 적대하는 정우회와 민정당은 의회의 85퍼센트를 차지하고 있었기 때문이다. 37석은 대약진의 성과임과 동시에 사회대중당의 취약함을 나타내고 있었다.

사회대중당은 사회정책에 이해를 보이는 고노에 후미마로에 의지했다. 또한 의회 밖에서 원군을 청했다. 육군 중견층과 혁신관료이다. 사회대중당은 그들의 대변자를 자진해서 떠맡음으로써 의회에서 존재감을 나타냈다. 광의의 국방을 내세운 사회대중당은 마침내 국가사회주의 정당과 구분할 수 없게 되었다.

제2장 혁신관료

형용 모순

혁신관료는 국가의 중추로 정책 형성에 관계한 유일한 혁신파이다. 혁신파의 추진력은 혁신관료의 정책 형성 능력이라고 바꾸어 말할 수 있다. 그러나 그들의 시책 대부분은 실패로 끝났다. 혁신 정책, 연령과 계급, 언행과 악평의 모든 것이 혁신관료의 활동을 제약하는 조건으로 작용하고 있었기 때문이다.

그러나 제약 조건의 첫째로 들어야 하는 것은 그들이 혁신관료였다는 것 그 자체이다. 혁신과 관료는 본래 묶이지 않기 때문이다.

막스 베버나 쓰지 기요아키(辻淸明)의 연구에서 관료 자질의 좋은 점을 들면 합리적 분업과 계통제, 법령에 기초한 권한 행사, 전문화와 공평함 등이 떠오른다. 규율, 정확, 능률, 항상(恒常) 등을 들어도 좋을 것이다. 동시에 관료의 나쁜 면을 들면, 관청 사무라는 험담으로 집약할 수 있다. 여기에서부터 실정을 무시한 법규 만능의 형식주의, 선례 답습과 획일주의에 의한 무사안일주의 체질, 배타적 기질과 종적(縱的) 행정, 비밀주의와 관존민비에서 오는 오만함 등이 파생한다.

관료의 장점과 단점 모두 관료가 법규나 선례에 구속되는 데 따른 것이다. 즉 관료는 변화를 거부하는 본질을 갖는 보수적인 존재이다. 바꾸어 말하면, 관료는 본질적으로 혁신과는 가장 인연이 먼 존재이다. 혁신관료라는 것은 형용 모순된 존재이다.

정당성 없는 개헌론

혁신관료를 제약하는 둘째 조건은 혁신 정책과 불마의 대전의 한격서어(扞格齟齬)[38]이다. 혁신관료의 다수는 도쿄제국대학 법과대학 출신이다. 재학 중에 받은 사회주의의 영향으로 자본주의의 자유방임경제는 한계에 도달했다고 생각해 사회주의의 계획경제를 받아들여 관료의 합리적이고 계획적인 지도 아래 산업을 발전시키려고 생각했다. 관료 주도 통제경제이다.

기시 노부스케(岸信介)는 전후에는 안보 개정을 추진한 보수정치인으로 알려져 있지만, 전중에는 혁신관료로 통제경제를 지도하고 있었다. 전후 공직 추방이 풀린 기시 노부스케가 사회당에 들어가려고 한 사실은 혁신관료와 사회주의의 가까움을 상징한다. 기시의 사회당 입당이 실현되었다면, 우익 소년에게 척살(刺殺)된 위원장은 아사누마 이네지로(浅沼稲次郎)가 아니라 기시 노부스케였을지도 모른다. 시간이 흘러 민주당 정권의 수상

---

[38] 서로 상대를 받아들이지 않고 뜻이 맞지 않는다는 의미이다.

은 하토야마 유키오(鳩山由紀夫)가 아니라 기시의 손자인 아베 신조였을지도 모른다.

혁신관료였던 마사키 지후유(正木千冬)에 의하면, 혁신관료가 추진한 통제경제는 사회주의와도 국가사회주의와도 종이 한 장 차이였다. 자본주의 경제에 친숙한 사람이 보면, 혁신관료는 좌익이요 아카[39]였다. 아카란 사회주의자를 가리키는 당시의 은어이다. 사회주의자가 빨간 깃발을 내걸고 있었기 때문이다. 아카 혐의는 시종일관 혁신관료의 활동을 제약했다.

고도국방국가 건설은 헌법 제2장이 규정한 신민의 권리·의무에 대한 제한, 침해를 수반한다. 특히 소유권 제한은 사유재산제도의 부인을 처벌 대상으로 한 치안유지법에 위반할 염려가 있었다. 혁신관료는 치안유지법에 겁내면서 통제경제를 운영했다.

혁신 정책 실현을 위해서는 헌법 개정이 필요했다. 그러나 혁신관료는 문제의 크기를 자각하지 못했던 것처럼 보인다. 불마의 대전을 개정할 대의명분을 어떻게 만들어 낼 것인지를 논의한 형적이 없기 때문이다. 사실 혁신관료는 헌법 개정에 실패했다. 개헌의 정당성을 발견해 낼 수 없었기 때문이다.

이 실패의 구도는 공산주의자의 전향과 똑같다. 요시모토 다카아키(吉本隆明)의 전향론에 의하면, 공산주의자는 마르크스의 문헌을 닥치는 대로 읽어 사적 유물론을 이해하면 모든 문제는 해결할 수 있다고 맹신한 결과, 진지하게 생각한 적이 없었던 고향이나 집과 같은 일본의 전통과 현실에 채여 전향했다.

혁신관료도 헌법에 발목을 잡혔다. 혁신관료는 해외의 최신 유행을 들

---

[39] 우리나라말로 '빨갱이'를 의미한다.

여오면 일본이 직면한 문제는 해결될 것이라는 근대 일본 지식인에게 공통된 불철저함을 갖고 있었다. 그러한 불철저함은 항상 일본의 현실에 패한다. 혁신관료가 패한 일본의 현실이야말로 불마의 대전이다.

젊음은 약점

제약 조건의 셋째는 그들의 연령과 직급이다. 일반적으로 인물 연구에서 연령은 중요한 요소이다. 관료 연구에서는 특히 중시하지 않으면 안 된다. 관료의 직급은 연령과 대응하기 때문이다. 이른바 연공서열이다.

혁신관료가 세상의 주목을 끈 것은 대략 1935년 전후이다. 이때 그들은 30대 중반으로 각 성·청(省廳)[40]의 과장직에 있었다. 중앙 성·청 과장은 법안기초의 담당자이다. 그러나 법률안이나 예산안은 장관 결재나 의회 승인 같은 많은 관문을 거쳐야만 한다. 관문의 수만큼 수정과 타협이 거듭된다. 종래의 혁신파 연구는 이 단순한 사실을 경시했기 때문에 과장급 관료가 일본의 행로를 결정할 수 있었던 것처럼 착각했다.

오쿠무라 기와오(奧村喜和男)는 가장 유명한 혁신관료이다. 1900년생으로 1935년에 35세, 종전한 1945년에 45세였으며, 1969년에 69세로 사망했다. 미노베 요지(美濃部洋次)는 오쿠무라와 같은 해에 태어나 1953년에 53세로 사망했다. 모리 히데오토(毛里英於菟)와 사코미즈 히사쓰네(迫水久常)는 1902년생으로 종전 때 43세였다. 모리는 1947년에 45세로, 사코미즈는 1977년에 75세로 각각 사망했다. 혁신관료의 연장자로 상공차관, 상공장관까지 출세한 기시 노부스케는 1896년생으로 종전 시에 49세였으며 1987년에 91세

---

40   우리나라 중앙정부의 부(部)나 처(處)에 해당한다.

로 사망했다. 기시의 오른팔로 상공차관을 지낸 시이나 에쓰사부로(椎名悅
三郞)는 1898년생으로 종전 시에 47세로 1979년에 81세로 사망했다.

혁신관료는 종전 당시 50세에 달하지 않은 연령대의 사람들이었다. 혁
신관료는 관료제의 일원으로 장관이나 차관의 직무명령에 따를 의무가 있
었다. 그리고 혁신관료의 상사에는 얕볼 수 없는 능력자가 모여 있었다.

예컨대 상공차관을 역임한 요시노 신지(吉野信次), 무라세 나오카이(村瀨
直養)이다. 요시노 신지는 요시노 사쿠조의 동생이다. 기시 노부스케가 현
대에 이어지는 상공업정책의 기초를 만들었다고 평가한 사람이다. 대규모
소매점포의 규제 등 그야말로 고이즈미(小泉) 개혁까지 존속해 온 상업규
제를 정비한 인물이다.

무라세는 중일전쟁 시의 물자동원계획을 궤도에 올린 인물이다. 제1차
고노에 내각의 통제3법 가운데 수출입 등에 관한 임시조치에 관한 법률을
기초한 것이 무라세였다. 이에 기초한 상공성령에 의해 실제의 물자통제
가 이루어졌다. 무라세는 법제국에서 참사관과 부장을 지낸 경험에서 수
수해도 실효성이 높은 법률을 기안하는 방법에 밝았다. 재임 기간도 길고
중일전쟁기의 상공 행정은 무라세에 의해 작동했다. 또한 『자본론』을 원
문으로 독파한 몇 안 되는 일본인이기도 했다. 그런 만큼 통제경제의 위험
에 대해서도 이해가 있었을 것이다. 무라세 나오카이는 기시의 상공차관
취임을 막은 것으로도 알려져 있다.

대장성[41] 차관과 장관을 역임한 가야 오키노리(賀屋興宣)와 이시와타 소
타로(石渡莊太郞)도 중요인물이다. 가야와 이시와타는 아오키 가즈오(靑木一男)
와 함께 대장성 삼총사로 불린 준재(俊秀)였다. 가야는 전시기 예산 편성을

---

[41] 지금의 재무성을 가리킨다.

통괄하고 있었다. 이시와타는 대장성 재직 중부터 세제 권위자로 알려져 있었다. 아오키는 이재 전문가로 사코미즈에게 외환관리법의 기안을 명한 인물이다. 동법에 의해 외국과의 상거래를 대장성이 관리하게 되어 수출입 통제가 가능해졌다.

이들은 혁신관료의 상사로 부하인 혁신관료의 들뜬 정책 제언을 물리칠 실력과 실적이 있었다. 요시노와 가야는 혁신관료로 지목되는 적도 많았지만, 차관·장관으로서의 실제 시책은 전시경제의 현실에 따른 것으로 혁신 정책을 교정하는 역할을 했다. 요시노는 신중하다거나 겁쟁이라는 비난을 받았고, 가야는 혁신 정책이라는 말의 사용조차 거부할 정도였다. 또한 무라세 나오카이는 제2차 고노에 내각 법제국장이면서 대정익찬회의 합헌성에 대해 마지막까지 신중한 자세를 무너뜨리지 않았다. 혁신관료는 이러한 만만치 않은 상사들을 설득하지 않으면 안 되었다.

관료 실격

제약 조건의 넷째는 그들의 언행과 악평이다. 혁신관료의 파격적인 언행은 기존의 관료기구에서는 빈축을 사는 일이었다.

관료란 어떤 사람들일까. 관료라고 듣고 상기하는 것은 보통 몸집에 보통 키(中肉中背)로 수수한 양복을 입고 머리는 7대 3 가르마이며 안경을 쓰고 논리정연하게 말하는 나무랄 데 하나 없는 수재, 정치인을 조종하는 익명집단의 사람들일 것이다.

혁신관료는 우리가 상상하는 관료와는 다르다. 혁신관료는 유명인이었다. 익명으로 불특정한 존재가 아니라 얼굴과 이름이 알려져 있었다. 기시 노부스케는 좀처럼 없는 도깨비 형상(妖相)이나 기이한 형상(異相)으로 알려져 있었다. 모리 히데오토는 넓은 이마에 긴 머리의 올백으로 철학자 같았다. 미노베 요지는 시골 중년 남성 같은 풍채였다고 당시를 아는 사람은 말하고 있다. 미노베와 사코미즈 히사쓰네는 신문에 얼굴이나 이름이 나오지 않는 날이 없었다고 전해진다. 혁신관료는 신문·잡지의 총아였다.

일상의 근무 태도도 달랐다. 시이나 에쓰사부로는 품의서(稟議書)에 날인하는 일을 과장실 급사에게 맡겼다. 오쿠무라 기와오도 부하에게 인감을 맡겨 날인하게 했다. 근무시간 중에 과장실에서 직무와는 관계없는 원고를 쓰고 있었던 것 같다. 모리 히데오토는 탭 슈즈를 신고 복도를 쿵쿵 굴렸다. 급여는 받은 날 밤에 댄스와 마작으로 탕진했다. 미노베 요지는 함구령을 무시하고 신문기자와 담소했다.

매사의 사고방식도 남달랐다. 혁신관료는 주도면밀과는 걸맞지 않은 사고양식의 소유자이다. 시이나 에쓰사부로는 부처 일을 좌우명으로 해서 사소한 일은 버리고 본질을 취하는 것이 좋다고 생각하고 있었다. 치기어린 면이 있다는 오쿠무라 기와오는 전력국가관리법안을 다카라즈카(宝塚) 가극을 감상하면서 생각했다. 사코미즈 히사쓰네는 오쿠무라가 말하는 것은 견강부회로 억지가 많았다고 회상하면서도 오쿠무라 같은 논리구성법은 대단히 참고가 되었다고 말하고 있다.

혁신관료는 언행에서부터 동료에게 불평을 사고 있었다고 예상할 수 있다.

오쿠무라 기와오는 신문기자 아리타케 슈지(有竹修二)가 봐도 성깔 있는 인물이었다. 베테랑 유행품 오쿠무라 기와오라는 별명에는 동료들로부터의 선망과 모멸이 뒤섞여 있다. 신설 관청이었던 체신성에 들어가 혁신관료의 스타로 찬양받은 뒤, 1935년에 신설된 내각조사국 조사관이 되고 1937년 기획원이 신설되자 기획원 조사관이 되었다. 기획원 총재 호시노 나오키(星野直樹)에게 오쿠무라를 조심해야 한다고 충고하는 사람이 있었을 정도였기 때문에 질투의 대상이 되고 있었음을 알 수 있다.

미노베 요지도 종합성, 지도성, 사변성을 갖춘 인물이었기 때문에 동료들은 꺼렸다. 종합성은 성·청의 장벽을 부수는 사고이기 때문이다. 미노베의 지도성은 타인을 지도하는 것을 좋아하고 타인에게 지도받는 것을 거부하는 것이었기 때문에 반감을 샀다. 미노베는 사변성을 너무 중시해서 실행성이 부족하다고 평가되었다. 현장을 꾸려 나가는 관료가 보면 공리공론을 일삼는 사람일 뿐이었다.

그럼에도 불구하고 신문·잡지에서 '일본의 미노베'라고 치켜세워질 정도의 유명인이기도 했기 때문에 질투의 대상이었다. 기시 노부스케는 미노베에 대해 고자질하러 오는 자가 있었다고 증언하고 있다. 사코미즈 히사쓰네에 의하면, 처신이 진짜 서툴러 항상 뒤집어썼기 때문이다.

모리 히데오토는 천재적인 재치가 넘치는 사람이라고 일컬어졌는데, 대장성에서 만주국, 기획원으로 전전하다 결국 본성으로 복귀하지 못했다. 관료는 규칙과 선례에 따르는 습성이 있다. 재치 따위는 필요 없다. 창의적 고안도 필요 없다. 관공서 일의 인상에서 볼 때, 혁신관료는 어울리지 않는 먼 존재였다.

혁신관료는 상공성이나 체신성, 만주국이나 기획원과 같은 신설 관청에 반거(盤踞)[42]했다. 전통 있는 관청에서라면 혁신관료의 행동양식은 즉시 쫓겨났을 것이다. 기획원 창설 때 각 성·청에서 유능한 자를 끌어모은 것으로 되어 있지만, 귀찮은 자를 내쫓는 측면도 적지 않게 있었다고 추측된다.

---

[42] 뿌리를 내리고 근거지를 확보하여 세력을 떨친다는 의미이다.

왜냐하면 관료의 인사 평가는 실패를 용인하지 않는 감점주의를 취하기 때문이다. 기시 노부스케가 적절히 말하고 있듯이 관료 세계에서는 결점이 없는 자가 출세한다. 미점과 결점을 모두 갖는 관료는 미점도 결점도 없는 관료에 뒤처진다. 전자에는 결점이 있고 후자에는 결점이 없기 때문이다. 무오류를 표방하는 관료기구에서 잘못을 범하지 않는 관료가 뛰어난 관료이다.

기시는 자신들 혁신관료는 순전한 관료의 범위를 일탈해 있었기 때문에 그 다수가 정치인으로 변신했다고 말한다. 기시 자신도 정치인으로 변신했다. 시이나 에쓰사부로도 사코미즈 히사쓰네도 전후에 자민당 정치인이 되었다.

혁신관료가 관료기구에 남는다면, 감점주의 인사 평가와 동료의 질투에 노출되면서 혁신 정책을 실현하기 위한 원군을 관료기구 밖에서 찾게 된다. 거기에서 혁신관료는 고노에 후미마로에게 희망을 걸고, 육군 중견층의 후원과 사회대중당의 측면 지원을 각각 기대했다.

그러나 후술하는 고도국방국가 건설 실패 원인의 일단은 고노에에게서 찾지 않으면 안 된다. 그리고 아이러니하게도 기시는 고노에에게 배신당한 것을 계기로 관료를 사임하고 정치인으로 변신해서 장관까지 오르게 된다.

제3장 국가총동원법과 전력국가관리법

혁신2법안

혁신관료에 의한 고도국방국가 건설은 1938년 4월에 공포된 국가총동원법과 전력국가관리법으로 본격화한다. 두 가지 모두 관료주도의 통제경제를 실현하기 위한 중요 법안이기 때문에 통합하여 혁신2법이라 부른다.

국가총동원법은 전쟁 또는 사변 시에 국가의 명령으로 사람, 물자, 자금을 전쟁 수행을 위해 통제·동원·운용할 수 있다고 정한 법률이다.

기획원에 모인 혁신관료들이 공동작업으로 기초했다. 시행세칙 다수를 칙령에 위임한 데에서 나치의 수권법에 비할 만한 악법으로 여겨졌다. 위임입법이기 때문이다. 입법권의 자살이라고 일컬어졌다.

칙령은 천황의 이름으로 내는 법령이다. 실제로는 정부가 만들어 추밀원 심사를 거쳐 성립한다. 의회 심의는 불필요하다. 법률의 상세를 정부 뜻대로 결정할 수 있는 것이기 때문에 의회 입법권을 유명무실하게 하는 위임 입법으로 여겨졌다.

전력국가관리법은 종래 각 전력회사가 해온 발전 및 송전과 소매 사업을 일본발송전회사로 일원화하는 것으로 풍부하고 저렴한 전력 공급을 목표로 한 법률이다. 법안은 혁신관료의 스타로 불린 오쿠무라 기와오가 입안했다. 1936년 히로타 내각에서 전력국유화 법안이 제출되어 폐안되자 제1차 고노에 내각에서 다시 제안했다. 1936년에 오쿠무라는 전력국유화는 국가총동원의 제1보라고 명언했다.

혁신2법안은 정부 원안대로 성립했다. 불과 1개월의 심의였다. 교과서적으로 말하면, 의회의 위축과 혁신관료의 승리를 상징하는 사건이었다. 그러나 이러한 평가는 실태를 관찰함으로써 가려져 간다.

제1차 고노에 내각

법안 심의의 전제 조건을 세 가지 확인하자. 첫째로 제1차 고노에 내각의 국내 협조, 둘째로 이례적인 전시의회, 셋째로 헌법 발포 50주년 기념식전 개최이다. 가장 먼저 들어야 하는 것은 이 법안을 제출한 것이 제1차 고노에 내각이었다는 사실이다.

고노에 후미마로는 인기 있는 총리였다. 세련된 배려가 가능하고 잘 듣는 등 타고난 정치인이라는 평가를 받았다. 1891년생으로 수상 취임 당시 아직 40대였다. 게다가 장신이었기 때문에 여학생에게도 인기가 있었다.

고노에 집안은 후지와라 씨(藤原氏) 가운데에서도 최상위의 격식을 가진 다섯 가문[43]의 섭가(攝家) 중 하나이다. 섭가란 섭정(攝政) · 관백(關白)을 배

---

43 섭가를 구성하는 다섯 가문은 고노에가(近衛家) · 다카쓰카사가(鷹司家) · 구조가(九

■■ 그림 2. 고노에 후미마로(일본 국립국회도서관 소장)

출할 수 있는 집안이다. 따라서 수상이 된 고노에를 가까운 사람은 관백이라고 불렀다. 부친 아쓰마로(篤麿)가 귀족원 의장이었기 때문에 후미마로도 젊어서 화족(華族)과 귀족원의 지도자로 장래가 촉망되었다. 원로 사이온지 긴모치도 고노에를 미래의 수상 후보로 기대했다.

고노에는 혁신 정책의 이해자로서 육군 중견층, 사회대중당, 혁신관료 등으로부터 지지를 받았다. 혁신파는 정치사회의 소장파이다. 혁신파는 정책을 실현해 줄 국정 지도자가 필요했다. 가마가 필요했다. 다른 한편의 고노에는 수족같이 믿고 맡길 부하가 없었다. 손이 되고 발이 되어 일해 줄 사람이 필요했다. 그러나 양자의 이해는 일대일 관계로 대응하고 있었던 것은 아니었다.

고노에는 팔방미인이다. 다수의 정치 세력에게 지지받고 있는 것이 고노에의 정치 자산이었다. 혁신파뿐만 아니라 보수 세력, 정재계, 재야 세력 등에서도 인기가 있었다. 대중사회의 지도자로서 국민, 원로, 정당의

条家)·니조가(二条家)·이치조가(一条家) 등이다.

기대를 받았다.

즉 혁신파에게 고노에는 유일한 희망이었던 데 반해, 고노에에게 혁신파는 지지 기반의 일부일 뿐이었다. 적을 만들지 않고 다수의 사람들에게 지지를 확보하고 있다는 사실에서 고노에는 쇼와 10년대(1935~1944년)의 일본에서 가장 강력한 정치인이었다. 그렇지 않다면 세 차례나 총리가 될 수는 없었다.

고노에는 조각 당시 국내 협조를 기본 방침으로 내세웠다. 1936년부터 이어진 정당과 육군의 대립 끝에 탄생한 내각이었기 때문이다. 고노에는 정당 출신자를 각료로 맞이했다. 혁신파도 입각했다. 육군의 의향을 존중해서 입각시킨 인물도 있다. 주위의 반대로 실현되지는 않았지만, 정치범 석방도 계획했다. 국내 협조를 내세운 제1차 고노에 내각을 정당도 육군도 혁신파도 환영했다. 1937년 6월 4일 고노에 내각은 국내 총여당화 정세 속에 성립했다.

이례적인 전시 의회

전제 조건의 둘째는 법률 심의의 장이 된 제73의회가 난징(南京) 점령 후 열린 데에서 유래하는 특수한 사정이다. 이례라고 형용하는 이유이다.

1937년 7월 7일에 루거우차오사건(蘆溝橋事件)이 일어난다. 11일에 중국 북부에 사단을 증파한다. 전선이 확대한다. 제71특별의회가 추가예산을 통과시킨다. 제72임시의회에서 추가조치를 취한다. 기획원을 만든 것은 이때이다. 연말에 정부는 제73통상의회를 소집한다. 회기는 3월 26일까지이다. 혁신2법안이 성립된 것은 이 제73의회에서이다.

근대 일본에는 전시 의회에서의 정치 휴전 전통이 있다. 일단 전쟁이 시작되면 정부와 의회는 일치단결해서 법안도 예산도 신속하게 가결시킨다. 대외 전쟁을 하고 있을 때에는 국내의 투쟁은 모두 중단한다. 이것을 성안(城內)의 평화라고 말한다.

청일전쟁의 제2차 이토 내각, 러일전쟁의 가쓰라 내각, 제1차 세계대전의 제2차 오쿠마 내각은 전쟁 종결까지 장기간에 걸쳐 정권을 담당했다. 그렇지 않으면 일관된 전쟁 지도를 할 수 없다. 만주사변으로 무너진 제2차 와카쓰키 레이지로(若槻礼次郎) 내각을 이상 사태로 제외하면, 중일전쟁 하의 제1차 고노에 내각과 의회 세력은 정치 휴전 상태에 있다고 상정하지 않으면 안 된다. 현실적으로 그러했다. 제73의회는 전시 의회의 관습에 따라 정부 원안이 신속하게 성립하는 것이 당연한 의회였다.

그런데 12월 13일의 난징 함락으로 성안의 평화가 흐트러졌다. 전쟁 조기종결 전망이 생겨 전후 보상에 대해 계산하는 분위기가 의회에 감돌기 시작했기 때문이다.

장제스(蔣介石)는 충칭(重慶)으로 거점을 옮겼다. 충칭은 중화왕조의 수도였던 역사가 없다. 일본에 쫓겨 난징을 버리고 정권을 충칭으로 옮긴 국민당 정권은 중앙정권에서 지방정권의 하나로 전락했다고 보는 것이 자연스러웠다.

난징 함락 전후에 승리를 축하하는 제등 행렬이 벌어졌다. 출정 부대 일부가 일본으로의 귀환을 개시했다. 1938년 4월 7일의 쉬저우(徐州)작전으로 전투가 재개될 때까지 사실상의 휴전 상태에 있었다. 이 상황을 보고 일본 국민이 생각한 것은 전쟁의 종결이다.

정당정치인은 보다 민감하다. 지금까지 전시 의회에서의 협력에 대해 제1차 고노에 내각에게 보상을 요구할 단계가 찾아왔다고 생각하고 정부 비판을 해금한다. 이리하여 제73의회는 전시 의회이면서도 비판이 분출하는 이례적인 전시 의회가 되었다.

헌법 50주년 기념식전

정당정치인의 비판에 박차를 가한 것은 회기 중인 2월 11일에 열린 헌법 50주년 기념식전이었다. 이것이 전제 조건의 셋째이다. 1938년은 발포를 한 해인 1889년을 1년째로 계산한 경우의 50주년째이다.

민정당 의원 사이토 다카오는 「전시 의회 감상」이라는 글을 당 기관지 『민정(民政)』의 전시의회호에 기고하여 다음과 같이 결의를 말했다.

우리나라는 어디까지나 메이지대제께서 흠정하신 대일본제국헌법을 근본으로 해서 국민의 총의를 기조로 하는 입헌군주정치, 이것 이외에 정치가 있을 리 만무하다. ……때마침 금년은 헌법 발포 50주년에 해당하여 우리 의회에서는 오는 2월 11일의 기원절에 축전을 거행하게 되었다. 우리는 이 기회에 새삼 메이지대제가 우리 신민에게 하사하신 칙어를 배독(拜讀)하고 거듭 돌아보며(眷眷) 이를 마음속에 간직(服膺)함과 동시에 성심성의를 다해 헌법의 대(大)정신을 발양해서 국가 헌정을 위해 일대 공헌을 이루지 않으면 안 된다고 각오하고 있다.

기념행사가 의사당에서 개최되어 헌법 존중을 명하는 천황의 말이 있었고, 정당정치인은 결의를 새로이 했다. 매년 2월 11일은 돌아오지만 1938년의 2월 11일은 특별했다. 이러한 때에 정부가 제출한 것이 혁신2법안이었다.

총동원법 위헌론

국가총동원 법안이 헌법 위반으로 논란된 이유는 내각에 입법권을 위임하기 때문이었다. 정우회의 후카자와 도요타로(深澤豊太郎)는 그 위험성을 입법부에 대한 2·26사건이라고 갈파했다. 권력 탈취를 기도하는 것이라고 비판했다.

전쟁 조기종결에 대한 기대감과 헌법 50주년의 고양감이 겹쳐 제73의회에서 정당정치인은 한마디 하지 않을 수 없는 분위기에 휩싸였다. 실제로는 한마디로는 끝나지 않는다. 사이토 다카오는 기념식전에서의 천황과 고노에의 말을 인용하여 위헌 법안의 철회를 촉구했다. 사이토는 국가총동원 법안은 헌법과 헌법 정신에 반하는 것이라고 비판했다. 정우회의 마키노 료조(牧野良三)도 정부에 대해 헌법 재독(再讀)과 법안 철회를 요구했다. 마키노는 흠정헌법을 재독하면 메이지천황이 제정한 큰 뜻(大志)과 주도한 용의를 깨닫고 법안을 철회하지 않을 수 없을 것이라고 주장했다.

헌법학자 사사키 소이치도 법안을 헌법 위반이라고 비난했다. 역시 50주년 기념식전을 증거로 삼아 메이지헌법은 메이지대제가 내리신 국가 생활의 근본 규범이며 혁신 정책보다 존중해야만 한다고 주장했다. 국가총동원법에 의해 정부가 헌법 경시 풍조를 조장해서는 안 된다고 못 박았다.

위헌론자가 광범위한 위임 입법을 입법권 침해로 문제 삼는 것은 당연한 일이었지만, 그들이 동시에 주장한 헌법 제31조 위반론에 대해서는 다소 해설이 필요하다.

헌법 제31조는 전시 또는 국가의 비상사태의 경우에 신민의 권리는 천황대권 시행을 방해할 수 없다고 규정하고 있다. 전시 중에는 천황대권으로 신민의 권리를 제한할 수 있다는 취지이기 때문에 비상대권으로 불렸다.

정당정치인은 국가총동원법이 천황의 비상대권을 침해하고 있다고 주장했다. 또한 필요하다면 비상대권을 발동해서 신민의 권리를 정지하면 총동원은 가능하므로 총동원법은 필요 없다고도 지적했다.

비상대권 발동은 사실상의 헌법 정지이다. 발동 후에는 국민에 대한 시책의 하나하나가 헌법이 아니라 천황의 의사에 근거를 구해야만 한다. 이것은 천황친정의 실현이다.

즉 비상대권 발동은 천황친정과 천황초정의 평형을 깨는 행위가 되어 정부로서는 용인할 수 없다. 정당정치인은 실현 불가능하다는 것을 다 알고 있으면서도 비상대권을 발동하라고 촉구한 것이다.

전력법 위헌론

정당정치인은 전력국가관리 법안에 대해서도 엄격하게 논란했다. 소유권 침해의 우려가 있었기 때문이다. 메이지헌법 제27조는 "일본신민은 그 소유권을 침해받지 아니하고, 공익을 위한 필요한 처분은 법률이 정하는 바에 따른다"라고 규정하고 있었기 때문에 전력국가관리 법안은 위헌 법안으로 비난받았다. 1936년에 전력국유화 법안이 폐안된 것은 소유권 침해론에 패했기 때문이었다.

법안을 다시 제출할 때 오쿠무라 가와오가 생각해 낸 것은 사유공용(私有公用) 논리였다. 전력국가관리 법안의 골자는 전력 사업자가 소유하는 주요 설비 가운데 발전소와 송전선을 강제적으로 일본발송전회사에 출자시켜 일본발송전회사 운영 일체를 정부 손에 두는 데 있었다. 대상설비 평가액은 당시 금액으로 7억 8천만 엔으로, 현재 화폐가치로 환산하면 약 24조

엔이다. 이 설비를 동등액의 주식과 등가 교환함으로써 발송전 설비 소유권은 이전하지 않고 일본발송전회사는 발전한 전력의 사용권을 취득할 수 있다. 이 회사는 국영기업이므로 전력의 사용처를 국가가 장악할 수 있다. 사유공용이라고 하면서 관리법이라고 이름을 지은 이유이다.

전력국가관리 법안 성립으로 피해를 입는 것은 전력 사업자이다. 각 사가 빠짐없이 반대했다. 그 대표가 고바야시 이치조(小林一三)이다. 고바야시는 한큐전철(阪急電鉄) 창시자이다. 철도 이용자를 늘리기 위해 다카라즈카 가극을 만들었다. 경영자로서의 수완이 평가되어 도쿄전등주식회사 사장이 되었다. 현재의 도쿄전력에 해당하는 회사이다. 오쿠무라가 다카라즈카 가극을 보면서 전력국가관리 법안을 제기한 것은 기묘한 운명이다.

고바야시는『전력문제의 배후(電力問題の背後)』를 펴내 사업자 단체인 전기협회나 상공회의소, 경제연맹에서는 혁신관료가 소련의 사회주의경제에 심취한 결과 이러한 법안이 된 것이 아닐까 억측했다고 하면서, 소유권은 불가침이라고 정해져 있는 데도 회사 소유물을 정체를 알 수 없는 일본발송전주식회사 주식으로 빼앗겨도 되나, 라고 독자에게 물었다.

『오사카 마이니치신문(大阪毎日新聞)』도 사설에서 위헌론을 전개했다. 헌법 상유에 신민의 권리 및 재산의 안전을 보호하는 취지가 명기되어 있다는 점에 주의를 촉구하며 공익에 의한 처분이 적절한 보상도 없이 남용되면 안심하고 기업 활동에 전념할 수 없게 된다고 경고했다.

중의원에서도 기요노 기쿠오(清野規矩雄)가 같은 취지의 비판을 전개했다. 대략 기요노는 국민은 헌법 제27조 아래 안심하고 기업 활동에 힘써 왔는데 공익 처분 남용은 소유권에 관한 국민의 신념을 뒤집어, 그 결과 기업심을 꺾고 산업을 위축·쇠퇴시킬 우려가 있다고 말하며 공익 처분을 근거로 한 정부의 법안 취지 설명을 비판했다.

고노에의 강경전술

혁신2법안은 의회 안팎에서 격렬한 논란을 받았다. 그러나 결국 2법안은 수정 없이 귀족원과 중의원의 양원을 통과하여 성립했다.

종래 연구에서는 군부 압력에 의회가 눌렸다고 설명되지만, 당시의 정당이나 의회가 말을 잘 듣는 사람들의 단체가 아니었다는 점은 고노에 내각 성립의 경위로 봐서도, 혁신2법안에 대한 입이 건 위헌론으로 봐서도 명확하다.

입안을 맡았던 혁신관료의 승리로 간주할 수도 없다. 혁신관료는 위헌론에 대해 정면으로 반론하지 않았기 때문이다. 혁신2법안의 성립은 혁신파의 성공담이 아니라 고노에의 수완과 정당의 타산에 의한 타협의 결과이다.

우선 고노에 후미마로의 수완에 대해 설명하자. 진가 없는 인텔리, 맛없는 비빔밥(五目飯), 끈기 없으며 추진력 약하고 결단력 없다고 혹평되는 고노에이지만, 강경전술과 유연전술(硬軟)을 교묘하게 가려 씀으로써 정당을 흔들어 타협을 이끌어 냈다. 혁신2법안 성립에는 고노에의 탁월한 수완을 빼놓을 수 없었다.

먼저 강경전술부터 보자. 고노에는 신당 결성과 해산총선거를 내비쳤다. 『문예춘추(文藝春秋)』 정계통신란 필자인 조난 선비(城南隱士)는 정당은 얼추 비판을 마치면 내각의 중요 법안인 혁신2법안을 통과시킬 것이라고 판단했다. 만약 혁신2법안이 폐안이 되면, 정부는 해산총선거로 치고 나갈 것으로 예상했기 때문이다.

국민적 인기를 얻는 고노에가 신당을 결성하여 해산총선거로 치고 나갈 경우, 정우회와 민정당은 의석이 줄어들 위험이 생긴다. 호되게 법안을 비판해 온 체면에 야당으로서 고노에 내각과 고노에 신당에 적대하지 않을 수 없기 때문이다.

고노에의 회유전술

고노에는 신당 구상을 유포하는 한편으로 민정당 당수 마치다 주지(町田忠治)에 대해 선양(禪讓)을 내비쳤다. 정권 쟁탈이 비판의 대상이 된 이래, 정당은 정권 담당 의욕을 표명하는 것조차 꺼리게 되어 있었기 때문에 고노에의 타진은 바라지도 않는 제안이었다. 또한 정치인인 이상 총리 자리가 손에 닿는 곳에 있으면 욕심을 내기 마련이다. 마치다는 민정당을 법안 찬성으로 이끌었다. 마치다는 법안 찬성은 거국일치를 실현하려는 진심에서 나온 행동이며 공당으로서의 책무라고 호소했다.

회유전술의 둘째는 중국 북부에서의 전후 경영 참여에 관한 것이다. 제73의회에서는 혁신2법안과 동시병행으로 북중국(北支那) 개발주식회사 법안과 중중국(中支那) 진흥주식회사 법안도 심의하고 있었다. 사변 종료 후 중국개발을 담당할 회사이다. 정당은 이 법안들을 정부가 사변 종료를 예고한 것으로 받아들였다.

5월 마치다는 민정당 내에 대륙 국책을 추축(樞軸)으로 하는 혁신적 정책 조사회를 설치했다. 사변 종료 후의 장래를 겨냥한 기본 정책 연구가 목적이었다. 마치다는 이러한 연구는 공당의 책무라고 말했다. 물론 표면적인 말이다. 마치다는 중국 북부 개발 참여를 요구했다. 3월에 혁신2법안에 찬성한 대가를 5월에 청구했다.

헌법 준수 결의

　의회에서 고노에 후미마로가 헌법 준수 결의를 표명한 것도 회유전술의 하나이다. 3월 2일 고노에는 의원으로부터 헌법 준수의 신념에 대해 질문을 받고 다음과 같이 답변했다.

　　우리나라 정치의 중임을 맡아 국정 운용에 임하는 근본정신은 어디까지나 헌법 조규에 따라 의회를 존중하고 끝까지 헌법의 범위 안에서 이를 행해야만 합니다.

　또한 고노에는 국가총동원법을 중일전쟁, 당시의 표현으로 지나사변에는 적용하지 않겠다고 서약한다. 국가총동원법은 전시 또는 사변이 일어났다고 자동 적용되는 것은 아니다. 중요산업통제법과 마찬가지로 해당 사변에 국가총동원법을 적용하는 법률을 의회에서 가결·성립시켜야 적용한다. 그때까지 국가총동원법은 휴면 상태이다.

　헌법 준수나 적용 문제에 관한 고노에의 답변은 허위 증서(空證文)라고 경시하는 연구자도 있으나, 의회인에게 의회 답변은 중요하다. 장관에게도 의회와의 약속이므로 이것을 깰 경우에는 책임 문제가 된다. 정당으로서는 중요한 언질을 얻었다고 해석되었다.

　정당은 다짐을 위해 부대 결의를 요구했다. 고노에는 이를 수락했다. 결의 내용은 두 가지이다. 첫째로 중일전쟁 조기 해결을 도모할 것, 둘째로 법률 운용에 신중을 기할 것이다. 둘째는 고노에 답변의 문장화를 기도한 작문이다. 첫째에 대해서는 사변이 해결되면 전시에만 적용하는 국가총동원법은 유명무실한 법률이 되므로 정당으로서는 안성맞춤이다.

이와 같이 고노에는 강경전술과 유연전술을 가려 쓰면서 정당을 회유했다. 그 결과 정당은 혁신2법안을 수정 없이 가결·성립시켰다.

내각 개조

고노에 후미마로는 약속을 지켰다. 내각 개조에 착수하여 사변 해결을 목표로 했다. 4월 1일 국가총동원법이 공포되고 2일부터 개조 공작에 착수했다. 5월 26일 개조했다. 내각 개조의 초점은 이케다 시게아키(池田成彬)의 입각이었다. 고노에는 이케다에게 대장장관 겸 상공장관 자리를 준비했다. 이케다는 미쓰이(三井)은행장으로 재계 대표이다. 대장장관과 상공장관은 국가총동원법 운용에 가장 깊게 관여하는 성·청의 장관이다. 국가총동원법 담당장관에 재계인을 충원했기 때문에 세상에서는 이를 보고 국가총동원법을 신중하게 운용하겠다는 고노에의 의사표명으로 받아들였다. 이케다의 장관 취임에는 정우회의 마에다 요네조(前田米蔵)가 설득을 맡았다. 내각 개조에 정우회 간부가 관여하고 있었던 것이다.

고노에는 불과 1년 수개월 전에 육군의 반대로 조각에 실패한 우가키 가즈시게를 외무장관으로 임명했다. 우가키는 취임 조건으로 외교 쇄신을 들었다. 고노에는 양해했다. 제1차 고노에성명을 철회해도 좋다고까지 덧붙였다. 고노에는 우가키 외무장관에게 조기 평화를 맡겼다.

이타가키 세이시로(板垣征四郎)를 육군장관에 앉힌 것도 사변 해결을 위해서이다. 이타가키는 이시하라 간지(石原莞爾)와 함께 만주사변을 계획·실행한 이른바 주범이다. 이 점에서 이타가키의 육상 취임은 지금까지 전선 확대 인사라고 오해받아 왔다. 그러나 실제로는 조기 평화 실현을 위한 인사였다.

당시 참모본부 제1부장 이시하라는 중일전쟁에 반대하고 있었다. 고노에는 이시하라의 평화론에 가세해서 육군성을 장악할 인물로 이시하라의 지기인 이타가키를 데려온 것이다. 이 육상 인사는 고노에의 강력한 정치 지도로 나아갔다.

사임을 주저한 스기야마 하지메(杉山元) 육상을 참모총장 간인노미야 고토히토 친왕(閑院宮載仁親王)에게 설득시킬 정도였다. 통상 육상 인사는 내각의 운명을 좌우했다고 일컬어진다. 총리라 하더라도 인선에 관여할 수 없다고 여겨졌기 때문이다. 그런데 고노에는 자신의 희망대로 육상을 경질했다. 고노에의 정치 지도를 얕볼 수 없다.

이 세 명의 인사를 통해 고노에는 중일전쟁의 조기 해결을 목표로 했다. 즉 화평 실현이다. 이를 위해 고노에는 개조 직후에 이케다와 우가키에게 5상회의를 제안했다. 이케다 시게아키는 제1회 5상회의에서 중일전쟁을 12월까지는 종결시키겠다는 방침을 정했다고 회상하고 있다. 고노에는 국가총동원법의 부대 결의를 이행했다.

국가총동원법

정당이 타협하는 데에는 한도가 있다. 정당은 국가총동원법이 틀림없는 악법이라면 아무리 타산이 있어도 고개를 세로로 흔들 수는 없을 것이다. 그러나 국가총동원법 자체에 타협 조건이 갖추어져 있다면 이야기는 달라진다. 실은 국가총동원법에는 안전판이 여럿 갖추어져 있었다. 확인해 보자.

첫째로 국가총동원법 발동은 세 단계를 거쳐야 한다. 제1단계는 눈앞의 전쟁이나 사변에 대해 법률을 적용할 것인지, 어찌 할지의 판단이다. 제2단계는 조항마다의 발동 심의이다. 제3단계는 칙령의 제정이다. 법률이 공포·시행되었다고 해서 곧바로 기능하지는 않는다.

둘째로 국가총동원법은 전시 또는 사변 때에만 적용되는 법률이다. 즉 전쟁이 조기에 끝날 전망이 서면 성립되어도 실질적인 손해(實害)가 발생하지 않는다고 생각할 수 있다. 한편으로 법안 성립에 협력하면 보상이 기대되었다.

셋째로 국가총동원법은 세목(細目) 열거주의이다. 총동원 물자로 개별적·구체적인 물품을 하나하나 들어 규정한다. 총동원 업무로 내용을 개별적·구체적으로 든다. 이들은 모두 국가총동원법이 성·청 종적 행정의 산물이었다는 증거이다.

총동원법 제2조와 제3조에 총동원 물자와 업무의 정의가 있다. 각각 1~9까지 세목이 열거되어 있다. 왜 각각 별도로 열거했는가 하면, 감독관청이 다르기 때문이다. 금융은 대장성, 물자는 상공성, 통신은 체신성, 의사나 의약품은 후생성, 식료는 농림성, 교육·연구는 문부성, 더욱이 식민지가 겹치는 것들은 탁무성(拓務省)을 통해야 했고, 무기·탄약은 육군성과 해군성도 관여한다. 종적 행정의 산물이라는 것은 이 때문이다.

각각 별도로 열거된 물자나 인원을 동원할 때 별개의 칙령을 만들 필요가 있다. 각각의 물자와 업무의 감독관청이 다르기 때문에 칙령을 작성하는 성·청도 다르다. 국가총동원법은 국책을 종합하기는커녕 성·청 할거주의의 퍼즐조각 맞추기였다. 의회정치인은 그 점을 꿰뚫어 보고 있었다. 칙령 제정에는 상당한 시간이 필요하다는 점을 알고 있었다.

넷째로 총동원법에 관한 칙령은 통상의 칙령과는 달리 총동원법이 규정한 총동원심의회에서의 심의가 필요하다. 심의회 구성원 3분의 2 이상을 귀족원과 중의원의 양원 의원으로 한다고 명기되어 있다. 양원 동격의 원칙으로 보아 심의회 구성원의 3분의 1은 중의원 의원이다. 이만하면 의회가 정부를 감시할 수 있다. 적어도 감시하고 있다고 주장할 수 있다.

다섯째로 세목을 칙령에 위임하는 법률은 국가총동원법에 국한된 것이 아니었다. 대략 모든 법률은 시행세칙을 칙령에 위임하고 있었다. 예컨대 중의원의원선거법도 투표소의 설치 방법이나 투표함의 규격 등은 칙령에 위임하고 있었다. 법률에서는 국민의 권리에 관한 부분을 규정하면 된다. 국가총동원법에서는 벌칙에 대해 명기하고 있다. 벌칙을 정할 수 있는 것은 법률뿐이다. 법률은 국민 대표인 의원의 동의를 얻어 만들어지기 때문이다. 국가총동원법이 벌칙을 열거하고 있는 것은 입헌주의를 지킨 결과이다. 정당정치인으로서는 인권 옹호의 책임은 다한 것이다.

여섯째로 국가총동원법은 정부 명령으로 발생한 기업이나 개인의 손해는 모두 보상하게 되어 있다. 국가가 자유롭게 움직일 수 있는 것은 국유재산뿐이다. 국가총동원법은 일반의 상상과는 달리 국가가 국민의 재물을 강탈하는 법률이 아니다. 이 보상 기준이 있으면 국민의 권리는 지켜질 수 있기 때문에 정당정치인은 여기에서도 타협의 조건을 찾아낼 수 있다.

마지막으로 국가총동원법과 애국심의 관계이다. 이 점에 대해 정당은 정부로부터 중요한 언질을 받고 있었다. 일본 국민은 유사시에 국가를 위해 신명을 다 바치므로 법률에 의해 강제할 필요가 없다는 것이 정당 측의 주장이었다. 수신(修身) 수업에서 충군애국을 설명해 온 정부로서는 받아들일 수밖에 없는 주장이다.

그 결과 국민의 자발적 협력이 우선(優先)이고 국가총동원법 발동은 그 다음(劣後)이라는 운용 지침이 확인되었다. 이 원칙을 지킨다면, 충량한 제국신민만이 존재하는 대일본제국에서 국가총동원법이 발동되는 날은 영원히 오지 않게 된다.

의외의 작은 성공과 고노에 퇴진

국가총동원법은 그 삼엄한 외관과는 반대로 신중한 운용을 여러 차례 약속한 법률이었다. 기획원의 공식적인 국가총동원법 해설에서도 장황할 정도로 자주성 존중과 보상에 관해 언급하며 부득이한 경우에 한해 본법을 발동한다고 반복하고 있다. 예컨대 국민징용을 정한 제4조에 대해서는 자유의사에 의한 취업이 원칙이며, 노동력이 부족할 때의 궁극의 조치로 본조를 발동한다고 해설하고 있다.

그 밖에 물자 사용과 취득의 강제를 규정한 제10조에 대해서는 계약에 의한 사용 취득의 원칙을 확인하고 목적을 달성할 수 없을 때 본 조를 적용하며 더욱이 보상금을 지급한다고 해설했다. 기업 활동 통제를 가능하게 하는 제17조에 대해서는 자주적 통제를 기조로 하며 정부 방침에 순응시키기 위한 규정이라고 해설했다.

혁신관료가 목표한 관료주도의 통제경제는 법과 권력을 사용해서 사람, 물자, 재화를 자유롭게 동원하는 것이었을 터이다. 그러나 국가총동원법은 국민과 기업의 자주적 협력을 주로 하고, 국가에 의한 명령을 종으로 한 법률이다. 더욱이 명령은 보상과 쌍을 이루고 있었다. 혁신관료는 부과된 제약을 수인(受忍)[44]해야만 했다. 국가총동원법을 혁신관료의 승리라고 판정하기 어려운 것은 분명하다.

국가총동원법에 관한 칙령이 본격적으로 정비되는 것은 1940년부터이다. 바꿔 말하면 이해까지 국가총동원법은 방치 상태였다. 실제로 제1차

---

[44] 어떠한 혜택을 받는 반면 거기에서 파생하는 불이익이나 불편을 참지 않으면 안 되는 일을 가리킨다.

고노에 개조 내각이 중일전쟁 조기 해결에 성공했다면 국가총동원법은 유명무실한 법률로 교과서 난외(欄外)[45]로 밀려나 있었을 것이다. 전신 법인 중요산업통제법이 하마구치 내각의 업적으로 난외의 작은 글자로 기재되어 있는 것처럼 말이다.

그러나 혁신관료에게 다행스럽게도 고노에 내각은 1938년 11월에 주식 배당을 제한하기 위한 총동원법 제11조를 발동한다. 국가총동원법은 작은 한 걸음을 내디뎠다. 작은 성공이라고 부르는 이유이다. 그러나 혁신관료에게 불행하게도 고노에는 화평교섭 실패와 제11조 발동 문제로 퇴진한다. 의회와의 약속을 두 가지나 어겼기 때문에 정권 유지 전망을 상실했기 때문이다. 고노에 내각이어서 역량을 발휘할 수 있었던 혁신관료였기 때문에 작은 성공의 대가치고는 너무 컸다.

사변 확대와 함께 주식시장은 수직상승을 이어 갔다. 사변 확대가 국책으로 진행된 것인 만큼 주식을 매도할 이유가 없는 것이다. 군수산업을 중심으로 기업 업적은 회사마다 호조로, 배당금을 증액하려는 움직임이 일어났다. 이에 대해 해군 출신 스에쓰구 노부마사(末次信正) 내무장관이 전선(前線)에서는 병사가 목숨 걸고 싸우고 있는데, 총후(銃後)에서는 부자가 편안히 지내며 이익을 얻는 것은 당치도 않다는 감정론을 들고 나와 배당금 제한을 주장했다.

대장장관 겸 상공장관 이케다 시게아키는 맹반대했다. 육군성 정보부장 사토 겐료(佐藤賢了)가 이케다를 비판하는 성명을 발표했기 때문에 정치 문제로 발전했다. 사태를 수습하기 위해 대장성이 타협했다. 그 결과 배당금은 연 10퍼센트를 넘지 않는 것을 원칙으로 하면서 배당금의 현상 유지를 용인

---

45 인쇄된 부분을 둘러싼 바깥 여백 부분을 가리킨다.

하게 되었다. 신규 배당만 신제도의 제약을 받는다는 애매한 결착이다.

그러나 국가총동원법을 발동한 것은 틀림없었다. 고노에 내각의 내각서기관장 가자미 아키라(風見章)에 의하면, 총동원법을 중일전쟁에 적용하지 않는 것은 의회에서의 공약이다. 공약 불이행은 내각의 신용을 깨뜨리는 패배이다. 고노에로서는 제국의회에서 의원을 볼 면목이 없었다. 1939년 1월 4일 고노에 내각은 총사직했다.

제11조 발동 문제는 국가총동원법을 처음으로 발동한 획기적인 사건이었던 것에 비해 동기도 결과도 혁신과는 아무런 관계가 없었다. 혁신관료는 고노에라는 수레를 잃고 혁신정책은 정체한다. 혁신 기운이 다시 일어나는 것은 1940년 6월 고노에 후미마로의 신체제운동이 시작될 때이다.

제4장 고노에 신체제

신체제운동

1939년 1월 5일 발족한 히라누마 기이치로(平沼騏一郎) 내각은 구주 정세
는 복잡하고 괴이하다는 명언을 남기고 8월에 총사직했다. 방공(防共)협정
을 맺어 함께 소련과 적대하고 있었던 독일이 소련과 불가침협정을 체결했
기 때문이다. 아베 노부유키(阿部信行) 내각이 성립하고, 다음 해 1월 16일에
는 요나이 미쓰마사(米内光政) 내각으로 바뀌었다.

1940년 6월 24일 고노에 후미마로는 추밀원 의장을 사임하고 개인 자격
으로 신체제운동에 나선다고 성명했다. 고노에 신체제의 목적은 중일전쟁
해결이라고 설명했다. 이로써 1941년 봄까지 이어지는 정치개혁운동이 시
작된다. 고노에가 신체제 내용에 대해 명확하게 말했던 것은 아니다. 그러
나 고노에 성명에 혁신파가 호응했다.

신체제운동을 가속시키기 위해 육군 중견층은 요나이 내각을 무너뜨렸

다. 7월 22일 고노에는 총리에 취임했다. 제2차 고노에 내각 탄생이다. 신체제운동은 수상이 된 고노에 아래 관민 일체가 되어 추진하는 운동이 되었다.

혁신파가 먼저 최초로 생각한 것은 고노에 신당이다. 신체제운동은 고노에 신당운동으로 시작되었다. 사회대중당, 쇼와연구회, 기획원이 각각 신체제운동의 구상을 짜고 있었다.

사회대중당은 소수 정당이다. 국정 지도자로 고노에가 필요했다. 따라서 고노에의 의향을 먼저 읽고 나서 행동한다. 신체제에의 참가를 가장 먼저 표명한 것은 사회대중당이었다. 국민의 의사를 강력히 집중 표현하여 국민의 전 노력을 최대한도로 발휘시키는 조직으로서 전 국민을 구성원으로 하는 신정당 수립을 제안했다.

쇼와연구회는 고노에의 사설 싱크탱크이다. 인기를 떨친 고노에 밑에는 참모로서 자신을 알리려는 학자, 관료, 신문기자가 몰려들었다. 하나같이 혁신파이다. 고노에는 그들의 지혜를 빌림으로써 다른 정치인에 대해 우위를 지키고 있었다. 쇼와연구회가 구상한 신체제의 내용은 국무와 통수를 일원화해서 고도국방국가를 수립할 것, 기성 정당을 해체하고 국민 조직을 재편할 것, 행정입법의 여러 제도를 개혁할 것 등이었다.

기획원은 제1차 고노에 내각이 국책종합을 위해 신설한 관청이다. 혁신 관료가 집결했다. 기획원안에서도 국민 조직과 그것을 지도하는 정치 조직을 만드는 것을 신체제의 목적으로 했다. 그때 정치 조직은 최고지도자 아래 정치 추진력의 모체가 될 것이 기대되었다. 정부, 의회, 육해군과 정책의 입안 실시에 관해 긴밀한 제휴를 하는 것이 정치 추진력의 내용이었다.

신정당·정치 조직·국민 조직 등 표현은 여러 가지였지만, 요컨대 전 국민을 구성원으로 하는 거대정당이다. 이것을 일국일당론(一國一黨論)이라고 한다. 이 대(大)정당이 입안한 정책은 전 국민의 지지를 얻고 있다는 이치이다. 당의 권위는 모든 국가기관을 능가한다. 육해군보다도 낫다. 정당이 국가를 지배하는 관계가 발생한다. 이것은 나치나 소련에서 이미 실현하고 있었던 정당과 국가의 관계이다.

고노에의 의도

수많은 신체제 구상 가운데 특히 세인의 주목을 끈 것은 야베 데이지(矢部貞治)의 『신체제 속성 이해(新体制무わかり)』였다. 야베 데이지는 도쿄제국대학 법학부 교수였다. 정치학을 강의하며 중민정(衆民政)을 논하고 있었다. 제국대학 교수라고는 해도 사인에 지나지 않는 야베가 고노에 신체제 구상을 짜게 된 것은 고노에에게 직접 의뢰를 받았기 때문이다.

신체제 개시 성명을 사이에 둔 6월과 7월에 야베는 고노에와 면담하고 고노에에게 운동의 목적에 대해 들었다. 고노에는 자신은 중일전쟁을 해결하기 위한 정치운동에 나서고 싶은데 전쟁을 종결하기 위해서는 전쟁지도의 일원화와 육군을 압도하는 정치력과 광범위한 국민 여론의 지지를 받는 정치 세력 결성이 필요하다고 말하면서, 그 구체적인 안의 작성을 야베에게 의뢰했다.

고노에 신체제가 목표로 한 것은 헌법 개정이다. 적어도 해석개헌을 목표한 운동이다. 고노에 신체제가 메이지헌법체제의 결함을 보완하는 것이었음은 분명하다. 천황친정을 표면적으로 내세우는 메이지헌법체제는 통치권자인 천황이 행정·사법·입법의 삼권과 육해군에 군림해서 모든 일을 결정하는 구조이다. 국무와 통수의 일원화도 천황이 행한다. 육군과 해군을 통합하는 것도 천황이다. 육군성과 참모본부를 통합하는 것도, 해군성과 군령(軍令)부를 통합하는 것도 천황이다. 분립하는 행정관청을 통솔하여 국책을 종합하는 것도 천황이다.

그러나 천황친정은 표면적인 것이어서 실행될 수 없다. 실정의 책임이 천황에게 미치면, 천황을 정통성의 근거로 삼는 메이지국가는 와해된다. 실제의 국정 운영은 천황초정이었다. 천황은 개별적이고 구체적인 정치 과정에서 초월한 입장에 선다는 의미이다. 이 경우, 헌법이 규정하는 통치권자의 역할을 대행하는 무언가가 필요하다. 국가의 조정자가 필요하다.

메이지 시기에는 이토 히로부미나 야마가타 아리토모를 비롯한 번벌정치인이 조정자였다. 그들은 이윽고 원로라고 불렸다. 원로는 유신의 원훈으로서의 권위를 갖고 국가기관을 통합했다. 그러나 그들의 권위는 재생산될 수 없다.

원로가 퇴장한 후에는 정당정치가 조정자가 되었다. 한 정당이 행정과 입법을 지배하고 다른 정치집단에 대해 상대적인 우위를 지킴으로써 사실상의 조정자가 되었다. 그러나 정당정치는 정당성을 잃고 국정 지도의 지위에서 함락했다.

5·15사건 후의 국정은 거국일치내각이 담당했다. 정치사회의 구성원에서 균등하게 각료를 모았기 때문에 거국일치이다. 그러나 거국일치내각은 조정자로서 충분한 기능을 발휘하지는 못했다. 각 성·청의 이해를 조정하는 각의는 할거주의의 현장이 되었기 때문이다. 또한 각의의 결정 사항이 통수에는 미치지 않았다. 육해군은 통수권 독립을 방패로 작전 정보를 각의에 제공하지 않았다. 국무와 통수가 분열한 상태에서 일본은 중일전쟁을 싸우고 있었다.

덧붙여 오카다 게이스케 내각에서는 천황기관설사건을 수습하기 위해 국체명징성명을 내어 천황친정을 명언하고 말았다. 이 성명에 의해 총리와 각의의 권위가 손상되었다. 천황친정을 표면적 원칙으로 한 메이지헌법에 총리와 각의에 대한 규정은 없다. 총리가 국정의 최고지도자였던 것은 혼네로서의 천황초정을 정치사회 구성원이 암묵적으로 양해하고 있었기 때문이다.

국체명징성명은 이상론과 표면적 원칙을 공공연히 말함으로써 천황친정과 천황초정의 평형을 무너뜨렸다. 누가, 무엇이 조정자를 자진해서 떠맡든, 천황초정을 떠맡는 국가 구조가 정당성을 잃을 뻔했었다. 메이지헌법은 기능 부전을 노출하고 있었다.

반복하지만 고노에 신체제는 새로운 천황초정의 구조를 만들어 내기 위한 시도였다. 전 국민을 당원으로 하는 거대정당이 조정자가 되어 천황의 통치권을 대행한다. 천황이 본래 해야 할 역할을 대행하는 것이기 때문에 고노에 신당은 비길 데 없는 권력을 갖지 않으면 안 된다. 메이지헌법의 틀 속에서 그러한 권력을 만들어 낼 수는 없다. 기존의 국가체제 밖에 새로운 권력을 창조할 수밖에 없다. 이것은 조정과 막부의 관계와 비슷하다. 여기에서 고노에 신체제는 막부라는 비판이 일어났다. 막부론이다.

막부론

메이지 국가는 도쿠가와 막부에 대한 부정을 통해 성립했다. 따라서 천황친정이다. 고노에 신체제가 막부라면, 천황친정의 부정이자 메이지국가의 전복이다. 수모자인 고노에 후미마로는 역적, 조적(朝敵)이 된다. 고노에는 막부론에 당황했다. 고노에는 헌법 존중의 의향을 표명했다.

신체제가 조직되어도 헌법은 어디까지나 존중해 간다. 헌법은 천재(千載)[46] 불마의 대전이다. 따라서 이를 변경한다는 것은 전혀 생각하지 않고 있다. …… 물론 신체제는 어디까지나 헌법에 준해서 운용해 가고자 한다〔「내가 상정하는 신체제(予が想定する新体制)」〕.

고노에가 다수의 싱크탱크를 거느리면서 야베 데이지에게 신체제안 기초를 의뢰한 것은 일국일당론으로 진행되고 있는 신체제운동을 궤도 수정하기 위해서였다고 생각된다. 야베 초안에는 단서(但書)로 일국일당론을 부정하는 첨서(添書)가 포함되어 있다. 그리하여 고노에 신체제는 정당 없는 국민운동으로 방침을 전환했다.

고노에 신체제는 일국일당론을 단념하고도 해결하기 어려운 문제에 봉착한다. 헌법의 기능 부전을 개선하기 위한 새로운 권력을 헌법의 범위 안에 만드는 것은 불가능하기 때문이다. 야베 데이지는 헌법과 신체제 관계에 대하여 생각을 거듭했지만, 결국 막부론이 된다고 말하고 있다. 6월 하순에 시작된 신체제운동은 7월 상순에는 이미 불마의 대전에 걸려 넘어졌다.

8월 27일 고노에는 쇼와천황을 알현하고 신체제에 대해 설명했다. 쇼와천황은 수상이 헌법 개정을 바란다면 헌법 제73조의 수순을 밟기 바란다고 말했다. 그후 내대신(內大臣) 기도 고이치(木戶幸一)에게 신체제 실현은 어려울 것이라는 전망을 말했다. 일본 역사를 되돌아보면, 찬성과 반대의 양 세력이 대립해 왔으며, 의회는 대립의 처리 방법으로서 일리 있는 제도라고 말했다. 완곡하게 일국일당론을 비판한 것이다.

---

46 천년의 예스러운 표현이다.

한편으로 쇼와천황은 총리가 정규 절차로 헌법 개정에 착수하면 반대하지 않는다고도 말했다. 쇼와천황은 메이지대제를 숭배하고 있었기 때문에 불마의 대전을 건드리고 싶지 않았지만, 동시에 메이지헌법 제55조가 규정하는 국무장관의 보필도 존중해야 했다. 즉 쇼와천황은 자신부터 솔선해서 헌법 개정에 나설 수는 없지만, 총리가 헌법 개정을 하겠다고 결정하면 존중하겠다는 입장이었다. 쇼와천황도 메이지천황과 마찬가지로 개인과 제도의 양 측면을 갖고 있었다.

고노에 신체제를 둘러싸고 정계 사람들은 불안을 감출 수 없었다. 원로 사이온지 긴모치의 비서로 정보 수집을 하고 있었던 하라다 구마오(原田熊雄)는 면담할 때마다 신체제는 나치가 아닌가, 파쇼가 아닌가, 소비에트를 흉내 내는 것이 아닌가, 하는 질문을 받고 변명에 궁색했다. 하라다는 쇼와천황을 비롯해서 사람들이 신체제가 헌법 정신에 저촉하는 것은 아닌지 걱정하고 있다고 쓰면서 이렇게 말하고 있다. "이것을 어떻게 현실 문제로 해결해 갈지에 대해서는 오늘날 총리가 가장 고심하고 있는 바이다."

일본주의자의 신체제 비판

고노에 신체제 비판의 급선봉에 선 것은 일본주의자들이었다.

그 대표는 이다 이와쿠스(井田磐楠)였다. 신체제 준비위원회 구성원으로 익찬회 발족 후 상임이사가 되었다. 신체제를 비판하는 인물이 이러한 직책을 맡은 이유는 고노에가 수상이 되어 신체제운동이 한 개인의 일이 아니게 되었기 때문이다. 관제운동이 되었기 때문에 유식자를 폭넓게 모아 논의에 전력했다는 겉치레를 그럴듯하게 꾸며야 했다.

이다는 위원회에 참가하기 전부터 신체제운동을 공산주의자의 책동이라고 의심하고 있었다. 따라서 신체제에 앞선 급무로 공산주의사상의 일소를 당국에 요청하고 있었다. 이다의 동지 고바야시 준이치로(小林順一郎)도 신정치결사는 어디까지나 일본에 독특한 국체의 본의에 따른 것이어야 한다고 주장했다.

일본주의자들은 소련은 물론 독일이나 이탈리아 흉내도 용서할 수 없고 일본의 신체제는 일본 독자적인 것이어야 한다고 이구동성으로 주장했다. 가로되, 황도의 옷을 걸친 나치여서는 안 된다. 가로되, 독일 직수입의 전체주의적 이념을 던져 버리고 국체 그대로의 신체제를 확립하라. 가로되, 영미의 개인주의도 아니고 독일·이탈리아의 전체주의도 아니고 소련의 독재주의도 아닌 일본의 진짜 체제(眞体制)[47]를 확립하라. 가로되, 신체제 운동의 지도자는 일본적 혁신의 이데올로기에 투철한 인물이어야 한다.

유명과 무명을 가리지 않고 같은 주장을 하고 있기 때문에 나쁘게 말하면 진부론(陳腐論)이지만, 좋게 말하면 인구에 회자된 논의였다고 할 수 있을 것이다. 일본주의자가 바란 일본 독자적인 체제란 무엇일까. 이 또한 이구동성으로 신도(臣道)[48] 실천과 천황에의 귀일이다.

일본주의자는 고립무원으로 싸우고 있었던 것은 아니었다. 정우회 의원 안도 마사즈미(安藤正純)도 같은 취지의 말을 했다. 안도는 하토야마 이치로(鳩山一郎)의 파벌에 속해 있었다. 일찍이 미노베 다쓰키치를 공격할 때와 마찬가지로 일본주의자와 정우회가 신체제 비판에서 합류했다.

---

47 신체제(新體制)와 일본어 발음이 같다.
48 신하로서 마땅히 지켜야 할 도리를 가리킨다.

대정익찬회

고노에 후미마로는 일본주의자에게 비판을 받고 생각한 바를 포기해 버렸다. 고노에는 10월 11일 밤부터 다음 날 미명에 걸쳐 아리마 요리야스(有馬賴寧)와 함께 대정익찬회 강령과 선언문을 기초했다. 고노에는 문안을 이리저리 만지작거린 끝에 성가시니 그만두자고 말하며 작업을 중단시켜 버렸다. 개회식에서 대정익찬회에는 강령은 없고 신도 실천이 있을 뿐이라고만 말했다. 아리마는 참가자 모두 어이없어했다고 전하고 있다. 10월 12일은 고노에의 생일이었다. 대정익찬회에 대해 잘 설명했으면 최고의 생일이 될 터였지만, 고노에는 문제 자체를 팽개쳐 버렸다.

헌법이 기능 부전에 빠졌기 때문에 새로운 권력을 만들어 낼 필요가 있다는 것이 애당초의 출발점이었다. 권력의 원천은 거대정당이었다. 전 국민의 여론을 배경으로 육해군을 능가하는 권력을 만들어 중일전쟁을 끝낸다는 것이 고노에 구상이었다.

막부론이 고노에의 결의를 무뎌지게 했다. 일국일당론이 비판받자 당 조직을 포기했다. 따라서 대정익찬회로 했다. 그럼에도 그치지 않는 위헌론에 강령 작성도 단념했다. 결과적으로 대정익찬회는 신도 실천까지 축소 후퇴했다. 고노에의 도주(遁走)는 명백하다. 대정익찬회에는 권력은 물론 존재의의조차 없어졌기 때문이다.

그러나 고노에의 퇴각전은 여기부터가 진짜였다. 헌법 규정에 따라 매년 연말에 의회를 소집해야만 한다. 논전은 새해다. 대정익찬회에는 예산이 배정되어 있었기 때문에 고노에는 예산 지출의 타당성에 대해 법적 근거를 들면서 설명해야 했다.

익찬회 합헌론

정부는 매서운 질문이 예상되는 가운데 익찬회 합헌론을 짜내는 것(捻出)을 유식자에게 의뢰했다. 구로다 사토루(黑田覚), 오구시 도요오, 미야자와 도시요시(宮澤俊義)가 수주했다.

구로다는 교토제국대학 법학부 교수이다. 고도국방국가를 추진하는 입장에 있었다. 주된 저서도 『국방국가 이론(国防国家の理論)』이다. 오구시는 문부성이 설립한 국립정신문화연구소 연구원이다. 나치법학 소개에 노력한 사람이기도 했다. 즉 오구시는 나치를 모범으로 고도국방국가를 만들려고 한 사람이다. 미야자와는 미노베 다쓰키치의 제자로 도쿄제국대학 법학부 교수이다. 미노베의 수난 후, 정부로부터의 의뢰를 거절할 수 없는 입장에 있었다. 미야자와는 대학의 헌법 강의도 제76조부터 거슬러 올라가 강의했다. 시간 부족을 이유로 제1장 천황은 강의하지 않았다.

구로다는 대정익찬회의 헌법문제는 운동 추진자를 포함해서 국민 일반에 뿌리박힌 헌법에 대한 의혹 감정에 의한 것이라고 하면서 다음과 같이 말했다.

먼저 헌법에 대한 의혹 감정의 정체를 확인하는 것이 선결 문제이다. 나는 그것이 메이지천황이…… 흠정하신 제국헌법에 대한 국민의 절대적 신뢰의 감정과 관련되어 있음을 발견할 수 있다고 생각한다. ……이 헌법에 의한 종래의 정치 방법이 자유주의적이라고 해서 배제되고, 그에 대신해서 국방국가적 관념에 기초한 새로운 정치 방법이 대정익찬운동에 의해 개시되려고 하는 점에 뭔가 헌법에 모순이 있는 것은 아닌가 하는 의혹을 품게 하는 바가 있는 것이 아닐까(『국방국가 이론』).

구로다 사토루는 신체제운동이 불마의 대전을 유린하는 악행은 아닌지, 메이지대제를 부정하는 독신(瀆神) 행위는 아닌지, 국민이 두려워하는 것은 바로 이것이라고 문제의 본질을 파헤친다. 그러나 구로다는 해결책을 제시할 수 없었다. 당연한 일이다. 한 학자의 작문으로 국민의 의식을 바꾸는 일이 가능할 리 없기 때문이다.

구로다는 익찬회 합헌론을 제시할 수도 없었다. 그가 전개한 국방국가의 이론은 비상대권 발동을 출발점으로 하고 있었다. 비상대권으로 신민의 권리를 정지함으로써 고도국방국가 건설에 필요한 강제동원을 가능하게 할 새로운 법체계를 만들었던 것이다. 그러나 이 입론은 천황친정과 천황초정의 평형을 깨는 것으로 처음부터 실현이 불가능했다.

구로다는 단지 비상대권의 정신을 살려, 시대적 요청에 맞춘 동태적 파악으로 헌법 조문의 참 정신을 탐구하라며, 요컨대 유연한 헌법 해석을 요구할 뿐이었다. 구로다 사토루의 회답은 불마의 대전이 해석개헌을 부정하고 있기 때문에 의미를 갖지 못했다.

오구시 도요오는 시대에 맞추어 새로운 헌법 해석이 필요하다고 말했다. 익찬회에는 명백한 필요성이 있지만 합법성이 모호하므로 새로운 해석을 제시해서 이 문제를 해소하려는 것이다. 그러나 오구시는 새로운 해석을 제시하지는 못했고, 결국 사명을 다하지 못했다.

미야자와 도시요시는 정신운동화와 정당운동화를 회피하면 이렇다 할 헌법 문제는 일어나지 않을 것이라고 썼다. 미야자와가 진지하게 작문한 것 같지는 않다. 문제를 미루어 두고 있기 때문이다. 대정익찬회가 정신운동화하면 헌법 위반은 면할 수 있지만, 정치적으로는 무력하고 무의미해진다. 대정익찬회가 정당운동화하면 새로운 정치 세력을 만들어 낼 수는 있지만, 헌법 위반을 피할 수 없다. 정부가 바란 것은 합헌으로 무의미한

정신운동도 아니고, 위헌으로 유의미한 정당운동도 아닌 합헌으로 유의미한 익찬운동의 설명이다. 미야자와는 정부의 요구를 충분히 이해한 뒤 회답을 거부했다.

정부는 이론 무장에 실패한 채 의회 개회를 맞이했다. 익찬회 추진파도 옹호론 구축에 부심했다. 익찬회 사무총장 아리마 요리야스는 헌법 위반의 혐의를 불식하도록 노력하겠다고 말하는 것이 고작이었다. 재야의 혁신파로 익찬회에 참가한 쓰쿠이 다쓰오(津久井龍雄)는 혁신의 일본적 방식이라는 것에 너무 사로잡혀 손쓸 엄두도 못 내고 있다고 탄식할 뿐이었다.

혁신파에 남아 있는 몇 안 되는 논법은 자유주의, 민주주의적 헌법 해석 수정으로 신체제에 맞춘 새로운 해석을 제시하는 것이었다. 교토제국대학의 다니구치 요시히코(谷口吉彦)는 불마의 대전을 전제로 해도 이 논법은 유효하다고 주장했다.

익찬회 위헌론

혁신파가 희망을 건 자유주의 해석의 수정에 이의를 제기한 것은 일찍이 자유주의 헌법학자로 알려진 사사키 소이치였다. 익찬회 위헌론을 둘러싸고 사사키는 익찬회 사무총장 아리마 요리야스와 대담했다.

사사키는 헌법을 존중하는 입장에서 혁신파가 헌법을 경시한다고 의심했다. 사사키는 혁신파는 메이지헌법이 자유주의 헌법으로 시대에 맞지 않다고 주장한다며 혁신파의 헌법관을 비판했다. 아리마는 부정했지만 방어 일변도였다. 사사키 편을 드는 것은 아니었지만, 혁신관료 모리 히데오토는 1944년 3월에 호소카와 모리사다(細川護貞)에게 국민의 소비생활까지 통제하는 방식이 이상적이므로 열거주의의 자유를 폐지한 새로운 헌법을 만들어야 한다고 말했다.

이야기의 본론으로 돌아가자. 사사키는 더 나아가 헌법과 현실이 괴리해 있을 때에는 헌법에 맞추어 현실을 변경해야 한다고 주장했다. 이 논법은 전후 호헌파가 일본국헌법 제9조를 옹호할 때 자주 쓰는 것이다. 흥미로운 점은 일본주의 헌법학자 이노우에 다카마로도 똑같이 말하고 있다는 점이다. 이노우에는 국민정신문화연구소 연구원이다.

제국헌법이 규정하는 정치체제에 결함이 있는 것이 아니라 헌법이 정한 대로(所定)의 체제가 흠정하신 뜻대로 충분히 좇아 받들지(遵奉) 않고 삼가 복종(恪循)하지 않는 점에 모든 악의 근원이 있다. ……승조필근(承詔必謹)의 신도(臣道), 즉 천황의 뜻을 받들어 반드시 삼가서 실행하는 신하된 도리의 근본 뜻에서 보더라도, 고도국방국가 수립이라는 당면한 급무에서 보더라도, 흠정헌법에 복종하고 흠정의 성지(聖旨)를 발양하는 것이야말로 가장 먼저 반성하고 창도하고 실행해야 한다〔『신체제 헌법관(新体制憲法観)』〕.

일본주의자는 혁신파의 헌법 경시를 집요하게 비판한다. 대일본생산당의 헌법 옹호 격문을 인용한다. 대일본생산당은 우익단체가 대동단결하여 결성한 단체로 격문은 11월에 돌려진 것이다.

혁신론자 중에는…… 영세 불마의 대전인 우리나라 헌법의 존엄을 침범하는 것 같은 이러저러한 소문(言議)을 굳이 하는 자가 있다. ……메이지천황께서 선포하신 흠정헌법은 우리나라 국체의 구체적인 표현으로 제국신민 된 자는 이에 대해 영원히 받들어 지키는(奉遵) 정신을 충실히 해야 함은 신하된 길(臣道)을 실천하는 첫째 요체(要諦)이다〔『자료 일본현대사(資料日本現代史) 6』〕.

이타바시 기쿠마쓰(板橋菊松)는 1941년 1월 18일, 익찬회 본부가 개최한 헌법 문제에 관한 간담회에서 고도국방국가나 대동아신질서 건설을 내세워도 대정익찬회의 위헌성을 얼버무릴 수는 없다고 주장했다. 이타바시는 미노베 비판으로 이름을 떨친 일본주의 법학자였다.

일본주의자에게 헌법 존중과 신도 실천은 고도국방국가에 우선한다. 이렇게 되면 혁신파가 아무리 필요성을 호소해도 일본주의자를 설득할 수는 없다. 해석개헌의 여지도 없다.

의회에서의 익찬회 비판

익찬회는 의회에서의 공격에 노출되었다. 익찬회에 대해 보조금을 지출하는 예산안이 헌법을 위반했다고 의심(疑義)받았기 때문이다. 동시에 신체제운동이 의회 권한 축소를 계획했던 것에 반감이 있었기 때문이다.

스즈키 야스조(鈴木安藏)는 의회인의 심리를 대변해서 흠정헌법 제3장에 규정된 의회는 흠정기관이며 입법과 예산의 협찬을 통해 국민의 대정익찬을 매개하는 유일한 존재로 익찬회가 성립한 뒤에도 가장 중요한 중추적 지위를 차지해야 한다고 말했다.

중의원에서는 가와사키 가쓰(川崎克)가 오자키 유키오와 하토야마 이치로의 찬성을 얻어 질문연설을 했다. 찬성하는 사람에는 일본주의자 시오텐 노부타카(四王天延孝)도 연명(連名)했다. 가와사키는 실직 중인 사이토 다카오와도 연락을 취하고 있었다.

가와사키는 메이지헌법은 메이지대제에 의한 불마의 대전으로 헌법 위반은 국체 훼손이라고 단정한 후 대정익찬회 위헌론을 전개했다. 가와사키에 의하면, 익찬회의 기구는 나치독일이나 소련공산당 기구를 참조한 것으

로 헌법 정신에 저촉하는 것이었다. 가와사키의 질문연설은 통상대로 관보(官報) 호외의 의사속기록에 게재되었을 뿐만 아니라『흠정헌법의 신수와 대정익찬회(欽定憲法の神髄と大政翼賛会)』라는 제목의 소책자로도 판매되었다.

귀족원에서는 변호사 출신 이와타 주조(岩田宙造)가 익찬회 위헌론을 전개하며 정부를 비판했다. 이와타는 헌법정치의 근본원칙은 통치기관과 정치의 권한, 행사 방법을 헌법 규정에 따라서만 하는 것인데, 정부는 익찬회가 국가를 대변혁시켜 국민 조직을 근저로부터 일신할 목표를 내세우고 있으면서도 헌법이나 법률의 근거를 갖지 않는 것에 대해 아무 문제없다고 설명하지만 전혀 이해가 안 된다고 논박(論難)했다.

가와사키 가쓰나 이와타 주조의 익찬회 비판은 의회와 의원의 기득권을 옹호하기 위한 논의였을지도 모른다. 그러나 불마의 대전을 근거로 하면 정론(正論)이 된다. 더욱이 고노에는 이때 이미 이러한 비판에 대해 반론할 기력을 상실하고 있었다.

개조 대정익찬회

고노에 내각은 내각을 개조(改造)하고 1941년 4월에 익찬회를 개조(改組)했다. 내각 개조의 목적은 혁신파와 보수파의 교체였다. 내무장관은 야스이 에이지(安井英二)에서 히라누마 기이치로로 바뀌고, 사법장관은 가자미 아키라에서 야나가와 헤이스케(柳川平助)로 바뀌었다.

익찬회는 히라누마 내상 아래 공사결사(公事結社)가 되었다. 공사결사는 정치 활동을 할 수 없다. 이 결정으로 위헌 문제는 완전하게 최종적으로 해결되었다. 이에 앞서 대심원 판사 이누마루 이와오(犬丸巖)는『신체제하의 헌법해설(新体制下の憲法解説)』에서 고도국방국가 수립을 위해서는 먼저 불마의 대전인 흠정헌법을 정중하게 읽으라고 말한 뒤, 대정익찬회는 공사결사가 될 수밖에 없다고 결론지었다. 이누마루의 주장은 히라누마의 의향을 대변한 것이었다고 생각된다. 히라누마는 검사총장과 대심원장을 역임한 사법 관료의 중진이기 때문이다.

이어서 내각은 익찬회 개조에 착수하여 사무국 혁신파를 일소했다. 사무총장에는 아리마 요리야스를 대신하여 이시와타 소타로가 취임했다. 고노에는 임원과 간부직원의 사표를 정리하도록 명령했지만, 아리마에 대해서는 아무런 설명도 하지 않았다. 아리마도 따지지 않았다고 회상하고 있다. 아리마는 자신의 저서에서 이 개조에 대해 '객사'라고 표현했다. 당초 목적에서 궤도가 크게 벗어난 고노에 신체제의 말로를 잘 나타내고 있다.

익찬회 개조를 주도한 것은 신임 내무장관으로 익찬회 부총재를 겸한 히라누마이다. 히라누마 기이치로는 신체제운동을 육군이나 관료에 잠입한 공산주의자가 꾸민 책모라고 생각했다. 장관 취임 후 히라누마는 치안유지법 위반 용의로 기획원 조사관 17명을 검거했다. 히라누마가 보기에 기획원이 입안한 경제신체제확립요강은 사유재산제를 부인하는 공산주의의 산물일 뿐이었기 때문이다.

히라누마의 익찬회 개조로 위헌 문제는 해소되었다. 이후 익찬회는 내무성의 행정보조단체로서 전시체제에 큰 역할을 한다. 그 상세한 내용은 후술한다. 여기에서는 신체제운동이 익찬회 개조로 완전히 돈좌(頓挫)[49]했음을 확인해 두자.

신체제운동의 목적은 전쟁을 종결하기 위한 권력을 창출하는 데 있었다. 국민 여론을 배경으로 육군을 능가하는 정치력을 발휘하는 조직을 만드는

---

49 중도에 갑자기 꺾이거나 틀어지는 것을 의미한다.

것이 운동의 사명이었다. 그러나 고노에가 막부론과 위헌론 비판을 피하기 위해 궤도 수정을 거듭한 결과 익찬회가 헌법의 범위 안에서 진정되었을 때, 정치력도 전쟁 종결도 운산무소(雲散霧消)해 버렸다. 즉 신체제운동은 실패로 끝났다.

신체제운동 실패에 대해 고노에의 의지박약에서 원인을 찾는 일이 있다. 고노에가 헌법에 바로 저촉할 필요는 없기 때문에 정치력 창출에만 집중하고 있었다면 어느 정도 성공했을 것이라는 고토 후미오(後藤文夫)의 발언이 그 예이다.

그러나 고노에의 철퇴는 불마의 대전에 의한 이른바 구조상의 문제였음은 명확하다. 혁신파 중 어느 누구 한 사람도 신체제를 정당화할 수 없었기 때문이다. 개헌은 물론 해석개헌도 할 수 없었던 혁신파는 전시체제를 운영하는 부품의 하나로서 관료기구와 단체조직에 편입되어 가게 되었다.

제3부

전시체제

제1장 경제 붕괴

합헌성과 필요성

고도국방국가를 건설하려는 혁신파의 의도는 불마의 대전을 근거로 한 일본주의자와 정당정치인의 비판으로 좌절되었다. 고노에 신체제가 개조 대정익찬회가 된 것처럼 혁신파가 입안한 정책의 다수는 헌법에 위반하지 않도록 수정됨으로써 혁신정책으로서의 성격을 잃었다.

한편 중일전쟁, 태평양전쟁으로 전쟁 규모가 확대되는 가운데 물자 부족은 더욱 심각해져 갔다. 전쟁을 계속하기 위해 현재 보유한 자원을 어디에 배분할 것인지가 정부가 결정해야 할 가장 중요한 문제가 되었다. 그결과 전시 중의 일본은 좋든 싫든 사회주의국가에서 시행되던 계획경제 방식을 도입할 필요에 몰리게 되었다.

정부는 합헌성과 필요성을 양립시킬 필요가 있었다. 이 요청에 답한 것이 전시체제이다. 중일전쟁, 태평양전쟁기에 출현한 일본의 전시체제는 다른 나라의 경우와는 달리 법체계 위에서는 평시체제와 구별되지 않는다. 그러나 실제 국가 운영에서는 법과 권력 행사를 우회하여 국민의 애국심에 의거하는 특징을 가짐으로써 법치국가나 헌법정치의 이념 자체를 부정하는 측면도 갖고 있다.

전시체제는 혁신관료가 기도한 고도국방국가와는 다른 것이다. 혁신관료는 법과 권력으로 강제 동원할 수 있는 체제를 만들려고 했으나, 전시체제는 외견상 국민의 애국심에 의한 자발적 협력체제를 취하고 있다는 점에서 다르다. 그리고 보다 중요한 차이로는 애국심에 의한 자발적 협력을 강제하는 장치의 존재를 들 수 있다.

일찍이 전시체제가 전후 일본의 원형이라는 논의가 유행했다. 그러한 논의의 대부분은 혁신관료의 정책론과 전시체제의 현실을 혼동하여 관료가 기업을 통제하는 장치가 존재했다고 오해하고 있다. 그러나 실제의 전시체제에서는 기업이 자발적으로 관료에 협력하게 되어 있었다. 관료의 통제가 지나치게 공리공론이었기 때문에 더 이상 피해 받기 싫다는 한마음(一心)으로 기업 측이 협력하여 관민일체체제를 형성했기 때문이다. 관료는 통제의 대강(大綱)을 제시하고 업계가 구체적 내용을 맡는 상호의존 관계이다.

전시체제를 설명할 때, 관민일체 통제경제가 야기한 경제 붕괴부터 시작하는 것은 전시체제의 특징인 아래에서, 안에서, 자발적으로라는 원칙이 경제 분야에서 생겼기 때문이다.

소유권과 통제경제

헌법 제27조와 치안유지법은 혁신관료의 질곡(桎梏)이었다. 통제경제 실현에는 소유권 제한이 필요하기 때문이다. 헌법 위반, 치안유지법 위반이 의심되는 언동을 근신하면 통제는 불완전하게 끝난다.

한편 일본주의자는 혁신관료를 공격하는 비할 바 없이 강력한(强力無比) 무기를 지녔다. 소유권은 메이지대제가 흠정헌법으로 국민에게 부여한 권리의 하나이다. 소유권 침해는 메이지대제의 의사에 반하는 행위로 단죄의 대상이 된다. 다카기 시게루(高木繁)는 소유권을 국체에 다음가는 중요 사안으로 규정하여 헌법을 개정하지 않은 채 소유권을 제한하는 것은 혁명이며 국가를 파괴하는 행위라고 논했다.

가와무라 다다오(河村只雄), 요시카와 에이자부로(吉川永三郎), 나카야마 미유키(中山幸) 같은 소유권 옹호론자는 메이지대제가 하사한 것을 정부나 관료만의 생각으로 변경할 수는 없다는 논리를 폈다. 그들의 논법은 1941년경부터 나타난 재산권 봉환론(奉還論)이나 생산권 봉환론에도 항상 우세했다.

불마의 대전의 일부인 소유권은 해석개헌이 금지된 언론 상황에서 제27조 제2항의 공익에 의한 처분을 실마리로 소유권 제한론을 구성할 수도 없다. 교토제국대학 헌법학자 오이시 요시오(大石義雄)는 『제국헌법과 재산권(帝国憲法と財産権)』에서 공익우선을 구실로 한 소유권 제한에 대해 못 박았다. 오이시는 경제질서도 메이지헌법에 의해 정해진다고 주장한다. 통제경제는 헌법 제27조를 통해 불마의 대전의 제약 아래 있었던 것이다.

발전책에서 미봉책으로

혁신관료의 질곡의 또 하나는 중일전쟁 발발에 의한 경제 상황의 격변이었다. 중일전쟁 개시 전의 일본은 면직물공업을 주체로 한 경공업국이었다. 해외에서 면화를 수입해서 면직물을 수출한다. 수출과 수입의 차액이 일본이 획득하는 외화이다. 혁신관료의 고도국방국가 건설은 통제경제에 의한 중공업화 촉진과 경제 발전의 양립을 목표로 한 것이다. 석유나 설철(屑鐵), 공업용 기계를 구입하는 원자(原資)는 면직물 수출이 벌어들인 외화이다. 다시 말해 고도국방국가 건설에는 국제 평화와 자유무역이 필요했다.

일본은 중일전쟁의 개시 후 전쟁을 계속하기 위하여 외화를 석유와 설철의 구입 비용으로 쏟아 부었다. 불요불급을 명목으로 면화 수입을 제한했다. 일본은 원료가 수입되지 않게 된 면직물공업이 쇠퇴하여 외화 획득 수단을 잃었다. 경제제재도 받아 그 밖의 공업에서도 원재료 수입량은 감소 일로를 걷고 있었다. 실질경제는 1937년을 정점으로 내리막길로 바뀌었다.

경제 상황의 격변은 고도국방국가 건설 실현을 불가능하게 했다. 혁신관료가 주도한 중공업화에 의한 경제 발전 실현 구상은 좌절되고, 대신에 물가 등귀와 자원 부족에 의한 경제 축소를 조금이라도 지연시키는 것이 통제경제의 주목적이 되었다. 통제경제는 전쟁을 계속하기 위한 미봉책으로 왜소화되었다.

관료주도 통제경제의 실패

1939년은 관료 주도의 통제경제가 본격 가동한 해였다. 전력국가관리법에 의해 일본발송전회사가 활동을 시작한 해이기 때문이다. 그러나 1939년은 관료 주도의 통제경제가 실패한 해이기도 했다. 전력 기근과 쌀 부족이 일어났기 때문이다.

수력발전과 화력발전밖에 없었던 당시에 갈수(渴水)와 석탄 부족은 그대로 발전 능력 저하를 초래했다. 같은 해 8월 전력 공급 제한이 시작되었다. 풍부하고 저렴한 전력 공급을 내세운 전력국가관리법 시행 원년임에도 돌이킬 수 없는 큰 실태였다.

한편 강수량 부족은 쌀 부족을 예견하게 하고 장기화하는 중일전쟁이 쌀의 매점을 유발하여 쌀 부족을 조장했다. 내무성이 쌀 소동의 재래를 걱정(危懼)할 정도로 쌀값 등귀는 심각했다. 쌀값에 연동해서 다른 물가도 상승했다. 10월 정부는 가격통제령 등을 발하여 물가를 9월 18일 수준으로 고정하려고 했다. 9·18정지령이다.

전력 기근을 해결하고 전력 국영을 궤도에 올린 것은 상공장관 후지와라 긴지로(藤原銀次郎)였다. 후지와라는 오지제지(王子製紙) 사장을 오래 역임하여 제지왕으로 불린 경영자이다. 미쓰이재벌 구성원이기도 했다. 이케다 시게아키, 후지와라 긴지로, 고바야시 이치조 등 상공장관에 재계 출신자가 연이어 취임하는 것이 통제경제를 추진하던 이 시기의 특징이다.

1940년 1월 요나이 내각 상공장관으로 취임한 후지와라는 탄광을 지배하는 미쓰이·미쓰비시(三菱) 양 재벌에게 석탄 증산을 요청하는 한편, 산탄지인 홋카이도에서 폭풍우도 아랑곳하지 않고 수송을 강행했다. 후지와라의 회고록을 정리한 시모다 마사미(下田将美)의 표현을 빌리면, 돈으로 상대를 굴복시켜 거룻배와 노동자를 긁어모았기 때문에 실현할 수 있었다. 노동자의 미묘한 사정을 숙지한 후지와라였기에 이룬 성공이었다.

관료 주도의 통제경제는 노동자 재배치에서도 능력 부족을 노정했다. 1939년의 경제정책에서 현안 사항이었던 것은 면직물공업 종사자를 군수산업으로 이동시키는 이른바 전폐업(轉廢業) 문제였다.

국가총동원법에 기초하여 같은 해 7월에 공포·시행된 국민징용령은 노동자의 자유의사를 존중하는 다테마에였기 때문에 혁신관료가 상상한 것 같은 노동력 이전은 실현되지 않았다. 면직물공업 노동자는 그렇다 해도 자영업자는 적어도 한 가게의 주인이므로 사장을 그만두고 다른 회사 노동자가 되는 것은 자존심이 허락하지 않는다. 면화 수입 감소로 불요불급 산업으로 전락했다고 해서 사업자가 쉽게 공장이나 기계를 내던질 것이라고 생각하는 쪽이 이상하다. 결국 미노베 요지에 의하면, 1941년 시점에도 해결 전망은 서지 않았다.

후지와라 긴지로가 보기에 혁신관료의 입안은 하나같이 탁상공론이었다. 의회 답변에서도 차관인 기시 노부스케나 시이나 에쓰사부로, 미노베 다쓰기치가 쓴 답변 자료를 묵살하고 자기 생각을 말했다. 회사 경영의 현실을 잘 아는 경영자 입장에서 관료 주도의 통제경제를 수정하기 위해서였다.

더욱이 후지와라는 통제경제는 부부싸움 같은 것이라고 평하고 있다. 누가 해도 잘될 리가 없기 때문에 관료와 재계가 싸우더라도 화해해서 어떻게든 해나갈 수밖에 없다는 의미이다. 이러한 생각이 나중에 관민일체 통제경제의 모체가 된다.

경제신체제의 차질

1940년 혁신관료는 고노에 신체제의 일환으로 경제신체제를 입안하여 결과적으로 패배를 맛보았다. 이 패배가 확실한 계기가 되어 혁신관료는 관료 주도 통제경제를 단념하고 관민일체 통제경제로 이행한다.

경제신체제 확립 요강의 기획원 원안을 기초한 것은 미노베 요지였다. 신문기자 이시하라 도시테루(石原俊輝)는 기획원 심의실에서 각 성(省)마다 마련한 안을 검토할 때 오쿠무라 기와오, 사코미즈 히사쓰네, 모리 히데오 토 등이 빈번하게 출입했다고 회상한다. 상공차관에 기시 노부스케가 취임해 있었기 때문에 경제신체제는 그야말로 혁신관료를 총동원해서 만든 것이었다.

경제신체제의 목적은 혁신관료가 입안한 종합계획에 의해 기업을 통제하는 것이다. 이를 위해 기획원 원안에는 공익우선 실현과 이익추구제일주의 폐지가 명문화되어 있었다. 또한 기업에 대해 소유와 경영의 분리를 요구했다. 회사의 소유권은 종래대로 자본가에 있다는 점을 인정하면서 회사 경영을 관료에 종속시키기 위한 분리였다. 전력국가관리법의 사유공용론을 전 기업에 적용하는 주장이다.

곧바로 기획원 원안에 대한 재계의 비판 소리가 높아졌다. 기업 경영자들은 전년의 관료 주도 통제경제 실패도 있고 해서 신랄했다.

닛신방적(日淸紡績) 사장 미야지마 세이지로(宮島淸次郎)는 공익우선의 이념은 근본적으로 잘못된 것으로 산업의 활력원인 사익을 부정하면 생산확충은 불가능하다고 단언했다. 전 산업을 국가가 관리하는 것은 공산주의이며, 그 비효율은 최근 설립한 국책회사의 업적 저하를 보더라도 명확하다고 주장했다.

전국산업단체연합회의 어떤 이사는 정부는 원칙적으로 지도와 감독을 적정하게 하면 되며, 국책회사가 비능률적인 것은 일본발송전회사가 좋은 실례라고 지적하였고, 대일본정당(大日本精糖) 사장 후지야마 아이이치로(藤山愛一郎)는 기획원 같은 곳에서 이러한 이념 문제로 사회를 소란스럽게 하지 않았으면 좋겠다고 말하며 혁신관료에 대해 억울하고 원통함(憤懣)을 감추지 않았다. 그중에서도 미쓰비시창고 회장 미쓰하시 신조(三橋信三)는 극히 강한 어조로 혁신관료를 비난했다.

경제의 실체를 모르는 30대 과장, 사무관이 무정견하게 독일식 번역을 해서 과연 잘될지 어떨지. 나는 이런 방식으로는 도저히 안 된다고 생각한다. …… 하는 것 모두가 무정견하고 실패뿐, ……나는 내 생각을 있는 그대로 말했지만, 내 생각은 틀리지 않았다고 생각한다(『도사 자료집성(都史資料集成)』 제11권).

상공장관 고바야시 이치조도 기획원 원안에 대해 격하게 분노하며 공업 구락부 집회에서 관료에 빨갱이가 있고 경제신체제는 빨갱이라고 연설했다. 더욱이 정우회의 오가와 헤이키치(小川平吉)에게 기획원 원안을 회람시켜 수정의견을 요청했다. 오가와는 기획원 원안을 빨갱이안이라고 단정하고 정부에 철회를 요청했다.

이러한 고바야시의 동향에 상공차관 기시 노부스케가 분개했다. 양자의 대립은 결정적이 되어 고바야시는 기시에게 사직을 강요했다. 기시는 고노에에게 의지했다. 상공차관 취임 때 장관은 고바야시에게 부탁하지만 사실은 기시를 장관이라고 생각하고 있다고 고노에에게 격려받았기 때문이다. 기시는 고노에를 자기의 후원자라고 생각하고 있었다.

그러나 기시에게 사직 상담을 받은 고노에 후미마로는 "장관과 차관이 싸울 경우에는 차관이 물러날 수밖에 없겠지요"라고 쌀쌀맞은 대답만 할 뿐이었다. 기시는 "정치인이란 이런 것인가. 난 역시 애송이라고 뼈저리게 느꼈다"라고 술회하지만, 기시와 고노에는 다섯 살밖에 나이 차이가 없다. 1940년에 기시는 44세, 고노에는 49세였다. 기시의 젊음에 놀라지만, 동시에 고노에의 노련함이 두드러진 일화이다.

고노에 신체제와 마찬가지로 경제신체제도 비판을 받아 원안을 후퇴시키는 방향으로 조정이 이루어졌다. 12월 7일 정부는 경제신체제 확립 요강을 각의 결정했는데, 소유와 경영의 분리를 명문화한 문언은 삭제되어 있었다.

오히려 재계의 주장이 채택되었다. 즉 기업의 창의와 책임으로 자주적 경영에 맡길 것, 기업은 민영을 원칙으로 할 것의 두 가지이다. 이에 따라 공익우선과 쌍을 이루는 말로 직분봉공이 포함되었다. 관료가 위로부터 강제한 공익우선에 대해 재계가 아래로부터 각각의 기업 활동을 통해 국가에 공헌하는 직분봉공을 대치함으로써 사익을 확보했다.

경제신체제는 혁신관료주의에 의한 통제경제의 구조를 만드는 마지막 기회였는데 실패로 끝났다. 더욱이 보수파의 히라누마 기이치로 내상과 야나가와 헤이스케 법상 지휘로 기획원 원안 작성에 관여한 조사관이 치안유지법 위반용의로 검거·기소되기에 이르러 그 패배는 결정적인 것이 되었다.

혁신관료는 1941년의 기획원사건 이후 관료 주도의 통제경제를 단념하고 관민일체에 의한 통제경제로 궤도를 수정했다. 이로써 혁신관료의 행정 능력은 고도국방국가 건설이 아니라 전시체제 유지를 위해 낭비되었다. 실제 혁신관료는 위축되었다.

사코미즈 히사쓰네는 대장성 이재국 기획과장으로 금융신체제 실현에 매진하고 있었는데, 사건 후에는 저자세로 일관했다. 금융신체제를 실현하기 위해서는 금융기관의 협력이 전적으로 필요했다. 사코미즈는 금융기관 관계자들에게 머리를 숙이면서까지 동업 연대 정신을 발휘해서 일본은행과의 자금 관계가 긴밀해질 방법을 강구하도록 부탁했다.

기획원 총무실 제1과장을 맡고 있던 모리 히데오토는 제2차 고노에 내각의 기본 국책이나 신체제운동은 일본민족 직관의 산물이며 이를 실현하기 위해서는 민족의 정치력이 필요하다는 정신론을 전개해서 일본주의를 흉내 냈다.

미노베 요지는 1942년 강연에서 히라누마 전 내상의 황도주의, 만민보익론(萬民輔翼論)이야말로 참된 경제도(經濟道)라고 칭찬했다. 보신을 위한 추종이라고 읽어야 할 것이다. 미노베는 사코미즈에게 처신이 서툴다는 평가를 받기도 했지만 패전까지 법망에 걸리지 않고 관직을 끝까지 누렸다.

미노베 다쓰키치가 그후에 손댄 가장 중요한 법률이 군수회사법이다. 미노베가 저술한 786쪽에 달하는 대저『면업수출입 링크제도론(綿業輸出入 リンク制度論)』은 전시체제와 혁신관료의 관계를 상징한다. 군수회사법은 관민일체 통제경제의 극한의 모습으로 면업수출입 링크제도는 축소경제의 연명책이었기 때문이다. 어느 것이든 중공업화를 바탕으로 경제 발전을 꾀하는 것을 목표로 한 고도국방국가의 이념과는 동떨어진 것이었기 때문이다.

관민일체 통제경제

관료가 계획을 세워 기업에 일방적으로 명령하는 것이 아니라 업계단체도 계획에 참가하여 통제에 자발적으로 협력하는 것이 관민일체 통제경제이다. 이러한 생각은 1939년 무렵에 널리 공유되고 있었다. 이해에 가장 많은 독자를 얻은 경제서인 류 신타로(笠信太郎)의『일본경제 재편성(日本経済の再編成)』이 관료와 기업, 통제와 이윤을 일원화해서 새로운 경제통제 속에 용해하려고 제언하고 있었기 때문이다. 류는 1939년의 관료 주도 통제경제 실패를 염두에 두고 경제계가 자주를 만회하여 스스로 자주적으로 움직이는 경제로 이행해야 한다고 주장했다. 그리고 그 실현을 위해 경제계가 통제를 쥐어야 한다고 주장했다.

1940년 경제신체제의 기획원 원안이 명백해졌을 때, 재계에서 류의 제언을 부연하는 의견이 이어졌다. 제일은행 행장 아카시 데루오(明石照男)는 민간업자의 책임과 창의를 존중함으로써 업자가 자발적으로 국책에 협력할 수 있는 경제신체제를 요망했다. 미쓰비시중공업의 상무이사 모토라 신타로(元良信太郎)는 경제단체나 그 지도를 맡은 기관의 운영에 실업인을 채용하거나 업계의 의향을 존중해 줄 것을 제안했다. 미쓰비시은행 회장 가토 다케오(加藤武男)는 지금까지의 통제경제는 관료 독선 때문에 생산 활동에 도리어 지장이 초래되었다고 지적하며 정부에 맹성(猛省)을 촉구했다.

1942년 상공차관을 맡고 있던 시이나 에쓰사부로는 관민일체 통제경제로의 이행을 명언했다. 관료가 자신들의 과오를 인정한 드문 사례인 동시에 혁신관료의 패배 선언으로 읽을 수 있는 중요한 발언이다. 『전시경제와 물자조정(戰時経済と物資調整)』에서 인용한다.

종래 우리나라의 경제통제 방식은 국가권력에 의한 통제, 이른바 관치통제가 핵심을 이루고 있었다. ……그러나 국가권력에 의한 통제는 한편으로 통제자와의 괴리에 기초한 양자 간 대립을 낳아 통제자의 의도가 꼭 실현되는 것은 아닐 뿐만 아니라, 다른 한편으로 통제자의 실제적 지식이나 경험의 결여 때문에 계획과 실행이 어긋나는 등의 결함을 낳기에 이르렀다. 새로운 경제통제에서는 이와 같은 결함을 제거하는 것이 절대로 필요하다. 그러기에는 국가의 행정기구 속에 그에 걸맞은 고려를 기울임과 동시에 국민경제기구 자체를 관민협력체제로 재편성해야 한다.

통제회와 영단

미노베 요지는 관민일체를 가마꾼에 비유해서 관청이 앞쪽을 메고 민간

기업이 뒤쪽을 메서 관민이 일체가 되어 국가경제라는 하나의 짐을 메고 가는 것이라고 지적하고 있다.

일체화는 단순한 구호가 아니다. 관민이 통제 권한을 나누어 갖는다. 경우에 따라서는 민간에 권한을 위임한다. 통제회(統制会)와 영단(營團)은 이러한 관민일체 통제경제의 사고를 구체화한 것이다.

통제회의 기원은 1939년 봄에 일본철강연합회가 생산통제기관으로 지정된 것으로 거슬러 올라간다. 철강연합회는 철강업자가 조직한 민간단체인데, 관료가 해온 통제경제의 일부를 분담하게 되었다.

통제를 업계단체에 분담시키는 시도는 1940년 여름 중요산업단체간담회 설립으로 철강업 이외로도 확장되었다. 발회식에서의 일본경제연맹회 부회장 히라오 하치사부로(平生釟三郎)의 인사말은 간담회의 취지를 단적으로 전하고 있다. 즉 관료의 통제는 큰 틀의 지도에 멈추고, 실질적인 세부 사항은 민간기업의 창의와 자치를 활용하도록 하며, 그 위에 각 산업단체가 국책의 기획 운영에 자발적으로 참가하는 조직을 만드는 것이 바람직하다고 인사했다.

1941년 8월 30일 제3차 고노에 내각은 중요산업단체령을 공포하고, 10월 30일 도조 히데키 내각은 철강, 석탄 등 12개 산업에 대해서도 같은 영(令)을 적용한다고 각의 결정했다. 그 결과 11월부터 1942년 1월에 걸쳐 12개의 통제회가 만들어졌다. 통제회로의 권한 이양을 실현하는 법률이 1942년 2월 공포되고 1943년 2월부터 시행되었다.

도조 내각 상공장관이었던 기시 노부스케는 통제회의 설립에 대해 통제회의 회장 인사는 정부가 사령(辭令)을 냈지만, 인선은 업계 뜻에 따랐다고 지적하고 있다.

통제회는 관민일체를 실현하는 점에 총체적으로 잘되었다고 자찬했다.

통제의 대강을 관료가 만들고, 세부 사항을 채우는 작업과 현장 통제는 통제회에 맡기고 권한도 위임했기 때문에 통제회는 말 그대로 관민일체가 되어 통제경제를 하는 기관이었기 때문이다.

상공성 혁신관료 호 아시케이(帆足計)는 통제회에 대해 아래로부터, 안으로부터 자발적인 통제 시대를 상징하는 조직이라고 규정했다. 종래는 관료가 위로부터, 업계 밖으로부터, 법률로 강제하는 방식을 취하고 있었는데, 통제회는 국가의 하부인 업계가 자신들의 안으로부터 지도자를 선출해서 자발적으로 통제에 참가하는 것이기 때문이라는 것이다.

영단은 행정관청 같은 공법인도 회사 같은 사법인도 아닌, 양쪽의 성질을 다 갖춘 제3의 법인이다. 전시 중 식량배급을 했던 식량영단이 대표적이다.

1942년 2월에 공포된 식량관리법에 기초해서 중앙식량영단이 9월에 설립되었다. 그후 부·현마다 지방식량영단이 만들어졌다. 이에 따라 일본미곡주식회사 등이 흡수되어 소멸했다.

일본미곡은 식량배급의 효율화를 위해 전국의 미곡업자가 자발적으로 기업합동해서 탄생한 회사이다. 그러나 회사라고는 해도 실제 영업 형태는 상업조합에 가까운 것이었다. 즉 작은 미곡업자의 연합체였다.

식량영단 등장으로 전국 미곡업자가 폐업했기 때문에 영단제도는 관료 주도 통제경제의 대표적 사례로 여겨졌다. 그러나 농림성 식료관리국 기획과장 엔도 사부로(遠藤三郎)는 다음과 같은 이유로 영단이 관민일체 통제경제의 소산이라고 요약했다.

폐업한 미곡업자는 식량영단의 종업원이 되어 종래와 똑같은 업무에 종사했다. 그들은 동시에 출자자였다. 더 이상 영업자가 아니기 때문에 영업세를 낼 필요가 없고, 대신에 영단에서 급여와 배당금을 받는 입장이 되었다. 식량영단의 고용 자격과 출자 자격은 폐업한 미곡업자에 한정되어 있었다. 즉 급여와 배당은 폐업의 대가였다.

또한 식량영단은 식량배급이라는 공익성이 높은 사업을 하지만, 영리사업으로서의 성격도 갖고 있어서 일반회사와 마찬가지로 법인세나 영업세를 내야만 했다. 납세의무가 없는 국영기업과는 본질에서 다르다는 것을 알 수 있다. 관청도 아니고 기업도 아닌 식량영단은 관료가 작성한 배급계획을 미곡업자가 실현하는 관민일체 통제경제의 부산물이었다.

기업정비령

관민일체 통제경제의 특징을 나타내는 사례로 기업 통폐합에 대한 언급을 빼놓을 수 없다. 일반적으로 전중의 통제경제 아래 기업 통폐합이 강권적으로 진행되었다고 생각되고 있다. 신문사를 1현 1지로 정리한 것이 전형적인 사례이다.

그러나 상공성 진흥부 공무과장 후쿠다 요시하루(福田喜東)는 1942년에 공포된 기업정비령에 대해 업자의 자주적인 정비가 바람직하다는 입장을 취한다. 이 칙령이 제정된 후에 한 번도 발동되지 않은 것이 가장 이상적인 경우로, 전가의 보도인 정비령은 적용되는 경우가 적을수록 국가를 위해 경하할 만하다고 말했다. 법령을 만들어 두고 적용하지 않는 것이 좋다는 것은 기이한 말인데, 폐업 강제는 영업의 자유와 소유권을 침해하므로 헌법 문제를 회피하기 위해서는 아래로부터, 안으로부터, 자발적으로 폐업하게 하는 것이 득책이었다.

그러면 어떻게 하면 업자가 자발적으로 폐업해 줄까. 『기업정비 입문(企業整備の手引)』에는 오사카부에서는 부(府) 상공과 위탁으로 익찬회 오사카

부 지부가 업자에 대해 계발 활동을 하게 되었다는 경위가 설명되어 있는데, 익찬회의 설득에 부응하는 업자가 과연 어느 정도 있었을까.

상공차관 시이나 에쓰사부로는 상공장관 기시 노부스케의 허가를 얻어 중의원 상공위원회에 속한 의원들에게 지역구 기업에 대한 설득을 요청해서 상당한 성공을 거뒀다고 회상하고 있다. 기업 정비는 지역 사정과 지역구 주민의 심정을 이해한 의원의 협력에 의한 것이었다.

의원들은 지역별 반으로 나뉘어 각지에서 모임을 갖고 지역구 관민을 설득함으로써 성공을 거두었다. 시이나는, 의원은 사람의 마음을 사로잡아 이야기하는 데 뛰어나 치켜세우거나 간청하거나 하는 데에서 관료는 상대가 안 된다고 감탄했다.

상공위원회 위원장 미요시 히데유키(三好英之), 부위원장 가와시마 쇼지로(川島正次郎), 위원 아카기 무네노리(赤城宗德), 미키 다케오(三木武夫), 노다 다케오(野田武夫) 등은 전후 자유민주당 의원이 된다. 결당 직후에 타계한 미요시는 기시에게는 둘도 없는 친구였다. 가와시마 이하의 위원들은 각료, 당간부로 기시 내각을 뒷받침하게 된다. 그들과 기시의 관계는 기업 정비를 통해 배양된 것이고 기시 내각에서의 그들의 지위의 높음은 그들의 공헌의 크기를 말한다. 기업 정비 성공은 기업정비령이 아니라 이들의 설득과 간청에 의한 것이었다.

군수회사법

군수회사법이 관민일체 통제경제의 극상(極相)에 위치한다. 1943년 10월 도조 내각은 병기 생산과 관련된 주요 민간기업을 군수회사로 지정하고 정부가 회사의 인사나 경리에 대해 감독·명령할 수 있게 했다. 일견하면 기업의 국유화이다.

그러나 정부는 법안의 취지를 민유민영인 채 이윤 추구의 폐해를 강제하는 데에 있다고 설명했다. 기업 경영은 경영에 숙달한 민간인에게 맡기고 창의, 궁리를 발휘하게 하는 것이 효율이 좋다는 판단도 드러냈다.

수상 도조 히데키도 기업의 국유화에 반대했다. 미쓰이, 미쓰비시가 일본의 발전에 공헌해 온 역사를 존중해야 한다고 생각했기 때문이다. 급속한 국가관리안은 모든 힘과 인력을 유감없이 전력 증강에 협력시키는 데 득책이 아니라고도 지적했다. 일찍이 고도국방국가를 목표했던 도조도 전시체제의 현실에 맞춘 입장을 취했다.

게다가 군수회사법은 국가에 의한 명령의 대가로 회사에 대해 보조금 교부, 손실 보상, 이익 보증을 할 것을 명기하고 있었다. 더욱이 가격 보증도 하겠다고 답변했다. 업계에 불안을 주지 않고 희생을 치르지 않게 하기 위해서였다.

정부는 항공기나 인조석유 생산을 명령하는 대신에 회사에 보조금을 교부했다. 원재료 구입비나 인건비를 떠맡는 것이다. 제품 제조로 발생한 손실도 보상했다. 실패작의 매입도 손실 보상에 포함된다. 물론 완성품은 비싸게 매입했다. 가격 보증이다. 국가가 어떤 제품을 제조시킨다는 것은 기업이 예정하고 있던 제품의 제조를 포기하게 하는 것이었기 때문에 그 제품을 만든 경우에 얻을 수 있었을 이익을 보증해야만 했다. 이것이 이익 보증이다.

이렇게 되면 기업은 정부의 명령에 따르기만 하면 돈이 손에 들어온다. 경비 절감 등은 걱정할 필요가 없다. 보조금이 있기 때문이다. 창의, 궁리는 필요 없다. 성공해도 실패해도 돈이 지불된다. 자신들의 본업이 소홀해지는 것을 걱정하지 않아도 된다. 기회비용을 고려할 필요가 없어졌기 때문이다.

비용으로부터의 해방으로 일어난 것은 군수 생산 향상이 아니라 기업 윤리 부패이다. 후지와라 긴지로는 도조 내각의 내각고문으로서 전국 각지의 공장을 시찰할 때에 민간기업 사람들이 수지나 원가 계산 등의 경리를 무시하는 것에 놀랐다. 후지와라는 경리를 경시한 전시경제가 군수 생산을 부패시켰다고 분개했다.

관민일체 통제경제는 기업의 자발성을 이끌어 내기 위해서 값비싼 대가를 지불했다. 그 결과 기업의 자발성은 오히려 손상되었다. 경제의 붕괴는 자원의 고갈에 의해 언젠가 찾아올 것이었지만, 그에 앞서 경제활동을 뒷받침하는 윤리가 붕괴하고 있었다.

그렇다면 기업이 자발적으로 협력하는 날이 오는 것을 기다렸다면 좋았을까. 정부는 기다리지 못했고, 또 기다리지 않았다. 그리고 아래로부터, 안으로부터, 자발적으로 협력하도록 헌법 문제가 발생하지 않는 별도의 수단을 강구해서 강제했을 것이다. 이와 같이 추측하는 근거는 실제로 국민에 대해 그렇게 했기 때문이다.

제2장 행정 붕괴

아래로부터, 안으로부터, 자발적으로

행정이란 법률이 정한 권한을 행사함으로써 국민 생활에 영향을 미치는 행위이다. 고도국방국가에서의 국민동원도 행정의 일종으로 법과 권한에 의해 국민을 강제 동원하는 것이므로 위로부터, 밖으로부터, 강제적으로 라는 것을 원칙으로 했다고 할 수 있을 것이다. 위는 정부, 밖은 국민의 행동을 외부로부터 규제한다는 정도의 의미이다.

전시체제에서 실현한 국민동원은 혁신관료가 몽상조차 하지 못한 것이 었다. 아래로부터, 안으로부터의 자발적 협력에 의한 국민동원이었기 때문이다. 아래는 국민, 안은 마음을 가리킨다. 즉 애국심에 의해 국민 스스로 자신의 권리를 방기함으로써 전쟁에 협력하는 동원체제가 탄생했다. 다만 이것은 표면상의 것이다. 실제로는 사회의 압력에 의해 아래로부터, 안으로부터, 자발적으로 협력하는 것처럼 위장한 국민동원이었다.

협력을 요구하는 것은 정부이다. 그러나 정부는 강제하지는 않는다. 신민의 권리를 강제로 제한하면 헌법 문제가 발생하기 때문이다. 정부는 달성 목표를 제시하고 부·현이나 시·정·촌 혹은 대정익찬회에 실현을 요청한다. 이 조직들은 주어진 목표를 달성하기 위하여 하위 조직에 일을 할당한다. 가장 말단에서 할당의 실현을 떠맡는 것이 도나리구미(隣組)이다.

도나리구미는 근처 교제의 인간관계 속에서 모든 일을 처리한다. 여기에서는 법치국가의 원칙도, 다수결 원리도, 권리·의무의 관념도 작동하지 않는다. 도나리구미는 애국심의 치외법권이다.

도나리구미의 모임은 마음을 터놓고 온화하게 이야기하는 장이다. 멸사봉공의 다테마에, 우리 구미만 할당을 달성하지 못하는 것은 좋지 않다는 세상에 대한 체면, 식량배급과 의료표(衣料票) 배분을 도나리구미장에게 쥐게 한 약점 등이 합해져 도나리구미에 무언의 압력을 낳았다. 그 결과 애국심이라는 미명 아래 권리 방기가 강제되었다. 이것이 일찍이 일본파시즘으로 불린 사회현상의 정체였다.

더욱이 이 강제력은 법률상 존재하지 않기 때문에 외견상 국민이 자발적으로 자신의 권리를 포기하며 협력을 자청한 것이 되어 권리 침해의 염려는 없어진다. 정부는 신민의 권리를 침해하는 일 없이 전시체제에 필요한 강제를 국민에게 부과할 수 있었다.

그러나 자발적 권리 방기에 의존한 국민동원은 법치국가의 전면 부정이자 끝없는 인권 침해의 온상이 된다. 인권은 권력으로부터 인간을 지킬 수는 있지만, 자기 의지로 권리를 버린 인간을 지킬 수는 없기 때문이다.

그리하여 전시체제는 행정 붕괴와 사회 붕괴를 초래했다.

부락회와 조나이카이

대정익찬회는 부총재를 겸임하는 히라누마 내상과 새롭게 사무총장이 된 이시와타 소타로 아래에서 조직을 새롭게 했다. 발족 당초에 있었던 정책국, 기획국, 의회국은 폐지되었다.

익찬회의 목적은 히라누마에 의하면 일억일심(一億一心)의 실현이며, 전 내무차관으로 익찬회 조직국장이 된 하자마 시게루(狹間茂)에 의하면 멸사봉공에 의한 신도(臣道)의 실천이다. 개조 후의 익찬회에는 혁신관료가 기도한 국민 여론 결집이나 그에 의한 권력 창출은 어디에서도 찾을 수 없다.

익찬회는 전시체제를 유지·계속하기 위한 일상 업무를 분담하는 행정보조기관이 되었다. 구체적으로는 1940년 9월 내무성이 전국에 만들게 한 부락회(部落會)와 조나이카이(町内会)를 통괄하는 총본부로 기능했다.

익찬회 본부는 도쿄에 있고 총재는 수상이 겸임했다. 지부는 부·현마다 설치되어 지부장은 지사가 겸임했다. 더욱이 시·정·촌 지부가 있고, 그 밑에 부락회와 조나이카이가 있었다. 부락회는 농촌부, 조나이카이는 도시부에 있어서 지역 주민을 통합하는 단체이다.

부락회와 조나이카이 아래는 5~6호로 이루어진 도나리구미가 있어서 이것이 익찬회의 가장 말단 조직이었다. 성인 남성은 출정이나 취업으로 집을 비우고 있었기 때문에 지역에 거주하는 노인과 여성이 부락 회장, 조나이카이 회장, 도나리구미 조장을 맡았다.

익찬회가 정치결사라면 치안경찰법의 적용 대상이 되기 때문에 군인, 경찰관, 교사나 생도, 여성, 미성년자는 조나이카이나 도나리구미에 관계할 수 없었다. 그러나 히라누마 내상이 단행한 공사결사화에 의해 이러한 사람들이 익찬회에 참가할 수 있게 되어 지방 지부 지도자로서 활약하게 되었다.

익찬회 산하에는 문학보국회를 비롯한 각종 단체가 속해 있었는데, 그 가운데에서도 익찬장년단과 대일본부인회는 본래의 신체제운동에 공감하는 사람이 많아 개조 후에도 열심히 활동했다. 익찬회 자체의 정치력은 법률상 없어졌지만, 그들의 의욕까지 법률로 금지할 수는 없었다.

외교평론가 기요사와 기요시(淸沢洌)는 익찬장년단의 폭주 양상을 일기에 기록하고 있다. 나가노현(長野県)의 실례로 금속 회수에 대한 철저한 협력, 개를 대량포획해서 모피를 군에 헌납하고, 책이나 레코드로 영미문화를 암시하는 것을 개인 집에서 몰수하며, 골프장을 멋대로 접수하는 등이다. 익찬회가 발휘한 강제력의 정체는 법에 기초하지 않은 장년단의 행동이었다.

장년단은 혁신운동에 열광한 남성단체이지만, 부인단체의 무서움은 장년단의 비교가 되지 않는다. 예컨대 제복 대신 흰 소매 있는 앞치마를 입은 대일본국방부인회는 산월의 임산부에게도 용서 없이 방공연습에 참가할 것을 강제했다. 협력을 거부하면 비국민이라고 매도했다.

대일본국방부인회는 1942년 4월 3일 애국부인회와 대일본연합부인회와 합동해서 대일본부인회가 된다. 20세 이상의 모든 여성을 회원으로 하는 거대조직이다. 그러나 각 부인회는 감독관청이 제각각이어서 상호 대립하고 있었기 때문에 사무국장이 된 내무관료 가와니시 지쓰조(川西実三)의 발회식 연설은 고충을 감추는 것이 되었다.

가와니시는 먼저 모든 부인에 입회를 호소했다. 시간이나 돈이 없다고 거절하지 말라고 부탁했다. 이어서 가와니시는 옛 단체에서 간부였던 부인들에게 과거의 경위는 잊고 대동단결하도록 호소했다. 그러나 무관심과 반목 때문에 발족 당일에는 부·현 지부가 갖추어지지 않았다. 여기에서도 혁신관료가 마음에 그린 국민동원과 동떨어진 실태가 있다.

대일본부인회는 전시우편저금어음, 이른바 탄환어음의 구입 할당이나 의료표 헌납운동에 대한 자발적 협력을 강제하는 단체로 기능했다. 그러한 양상은 사카모토 다네(坂本たね)의『전시의 일상 : 어느 재판관부인의 일기(戦時の日常 : ある裁判官夫人の日記)』등에서 볼 수 있다.

도나리구미와 상회

전시체제의 문제가 드러나는 현장이 도나리구미와 상회(常会)이다. 도나리구미는 익찬회의 가장 말단 조직으로 행정대행 조직이다. 도나리구미 조장은 식량배급, 목탄배급, 의료표 분배, 저축 장려와 국채 구입 등에 대한 집집마다에의 금액 할당, 금속 회수 등을 실행했다.

상회는 도나리구미에서 여는 모임이다. 상회의 보급 선전에 종사한 다나카 기시로(田中喜四郎)에 의하면, 상회에서의 이야기는 권리·의무·권력과 같은 말과는 무관하다. 온화하게 서로 이야기해서 참가자 일동이 납득하는 것이 중요하기 때문에 다수결은 엄금이다. 전원일치로 정한 것이라면 전원이 지키는 것은 당연하다.

기획원 조사관 스즈키 가이치(鈴木嘉一)는 이것을 자연적인 상호감시라고 형용하고 있었다. 스즈키의 저서『도나리구미와 상회 : 상회운영의 기초지식(隣組と常会 : 常会運営の基礎知識)』은 실례를 들어 상회의 합의와 상호감시는 국민정신총동원연맹의 가두감시 활동보다 훨씬 효과가 있다고 설명하고 있다.

만약 상회에서 '모피 목도리는 하지 말자'고 합의하면 이웃 앞에 결코 모피 목도리를 걸치고 나갈 수는 없다. '참새 집 같은 머리는 하지 말자', '짙은 립스틱은 하지 말자'고 합의하면 젊은 아가씨들도 자숙하지 않을 수 없다. 삐라나 입간판이나 가두감시대 등 그 무엇보다도 뛰어난 효과가 충심(衷心)으로부터의 이해 아래 온화한 기분으로 실행되었다. 절미(節米)든 저금이든 상회에 상정해서 실행이 합의된다— 이 정도로 확실하고 보편적인 방법이 달리 있을까.

서로 마주 보는 세 집 양옆의 좁은 일상 공간에 숨 막힐 것 같은 감시사회가 온화하게 출현한다.

도나리구미의 인간관계에서 벗어날 수는 없다. 1941년 봄의 미곡과 목탄의 배급통장제, 1942년의 의료표제 도입으로 도나리구미를 매개하지 않고 의식의 생활필수품을 손에 넣는 것은 법률상 불가능하게 되었기 때문이다.

조장이 집집마다의 배급통장과 의료표를 일괄적으로 관리해서 개별 집의 사정에 따라 배급량을 임기응변으로 안배하게 되어 있었기 때문에 문자 그대로 생사여탈권을 휘두르는 것이 가능했다. 반대로 성실하고 기가약한 사람이 조장을 맡게 되면 행정과 이웃 사람들 사이에 끼어 이러지도저러지도 못한 채 고생하게 된다. 작가 오사라기 지로(大佛次郎)는 다양한부수입을 올릴 수 있기 때문에 조나이카이 회장이나 도나리구미 조장에눌러앉는 이야기가 있는 한편으로 여성 조장이 저금이나 배급 당번에 협력하지 않는 이웃 때문에 곤란해했다고 일기에 기록하고 있다. 식량을 배급할 때 조장 말을 듣지 않는 노인이 가장 큰 생선을 가지고 간다고도썼다.

사람, 물자, 돈을 강제동원하는 법률과 명령은 헌법 위반의 우려가 있기때문에 정부는 필요한 수량에 대해 계획을 세우는 데에서 멈춘다. 수량계획은 위에서 아래로, 익찬회 본부에서 지방 지부로 전달되어 지부마다 부담해야 할 수량이 산출되고 최종적으로 도나리구미가 부담해야 할 수량이 산출된다.

할당된 수량목표의 충족 실현은 도나리구미 조장의 책임이다. 본래라면 정부가 법에 기초해서 강제해야 할 일을 이웃 교제의 인간관계 속에서 처리하려는 것이기 때문에 책임 전가라고 할 수 있다. 그 실태를 사람에 대해서는 징용과 근로, 물자에 대해서는 헌납과 공출, 돈에 대해서는 저축과 국채의 셋으로 좁혀 살펴 가기로 한다.

징용과 근로

1939년 총동원체제를 실현하기 위한 국민징용령이 생겼다. 국가총동원법에 기초한 칙령이다. 그러나 모두의 예상에 반해 국민징용령은 정부가 자유롭게 국민을 징용할 수 있는 법령은 아니었다.

원래 국민징용령은 혁신관료가 노동자를 군수산업에 강제로 이동시키기 위해 입안한 것이었다. 그러나 국민의 직업 선택의 자유를 제한할 수는 없다. 메이지헌법은 직업 선택의 자유를 명기하지 않았지만, 전전 일본에서도 국민에게는 직업을 선택할 자유가 있다고 생각되고 있었다.

덧붙여 국가총동원법 제4조 심의 과정에서 정부는 의회에 국민의 자발적 협력 우선을 약속했기 때문에 동조를 근거로 한 국민징용령도 같은 제약을 받았다. 국가총동원법 시행에 따라 각지에서 결성된 근로봉사대나 여자정신대도 같은 취지에서 어디까지나 임의에 의한 것이었다. 임의이기 때문에 국가에 의한 강제력은 작동하지 않는다.

국민의 자발적 협력 원칙이라는 제약 때문에 먼저 노동자 본인의 직업 선택에 맡겨지고, 차선책으로 국민직업지도소, 후에 국민근로동원서에서 행한 직업 소개와 기타 모집 방법에 의해 노동자 충족이 이루어졌다. 징용령 발동은 이러한 방법으로 소요 인원을 획득하지 못한 경우의 최후 수단으로 여겨졌다. 즉 칙령은 만들었지만 쉽게 행사할 수 없는 상태였다.

더욱이 확인해 둘 것이 있다. 당초의 징용 대상이 국민 일반이 아니었다는 점이다. 징용령이 대상으로 한 것은 의사, 간호사, 약제사 외에는 금속 가공이나 기계공업의 기술자 등 군수산업에 관련된 기능을 갖는 자로, 동시에 등록을 마친 자에 한정되어 있었다. 징용 대상을 한정시킨 것이 징용령의 유명무실화를 초래했다. 군수산업이 호경기로 들끓는 가운데 일자리를 얻지 못한 직공은 거의 없는 것이나 마찬가지였기 때문이다.

중일전쟁 발발로 군수산업에 무기·탄약 발주가 급증해서 공급이 수요를 따라가지 못하는 사태가 되었다. 각 기업은 노동자 빼가기 전쟁을 전개해서 후생성이 1937년 10월에 직공쟁탈방지를 통달할 정도로 일손이 부족했다. 군수 예산 팽창의 은혜를 입은 각 군수기업은 숙련노동자를 높은 급여로 타사에서 빼가기를 계속했다.

국민징용령을 시행한 1939년 시점에 상황은 더욱 나빠졌다. 전선이 확대되어 징병되는 자가 늘었기 때문이다. 징병은 헌법이 정한 국민의 의무이기 때문에 칙령이 정한 징용에 우선한다. 혁신관료의 노무동원계획은 육해군의 징병에 의해 뒤집어졌다.

여기에서도 헌법의 제약

노동자의 자유의사든 육해군의 징병이든 국민동원은 메이지헌법에 막혀 있었다고 할 수 있을 것이다. 예컨대 정부는 1941년 11월 국민근로 보국협력령에 의해 시·정·촌, 학교, 직장에 국민근로보국대를 결성시켰다. 14~40세 사이의 남성과 14~25세 사이의 독신여성을 대상으로 1년에 30일 이내의 조건으로 군수공장 등에서의 작업에 협력하도록 정했다. 그러나 법령에 의무나 강제를 나타내는 문구는 없고, 오히려 협력해야 할 자를 선정하는 경우에는 당사자의 희망, 연령, 직업, 건강 상태, 가정 사정을 참작하도록 의무 지우고 있는 상태이다.

또한 1944년 8월 정부는 학도근로령을 공포하여 학도보국대에 의한 학도근로동원을 개시했다. 학도동원은 공장이 신청하고 문부장관이나 지사가 각 학교장에게 필요한 조치를 취할 것을 명하고, 각 학교장이 학도근로 대상자를 선정해서 필요한 사항을 지시하게 되어 있었기 때문에 학도에 명령하는 주체는 명시되어 있지 않았다. 더욱이 교육과 근로의 일체화를 원칙으로 했기 때문에 공장 측의 수용 태세 불비나 노무 과잉 때에는 학도를 귀환시키는 것이 가능했다. 이누즈카 마코토(犬塚信)의 『회상 도큐멘트 : 아아, 학도근로동원(回想ドキュメント : ああ、学徒勤労動員)』은 인솔교원의 판단으로 귀교한 실체험을 소개하고 있다.

근로보국이든 학도근로동원이든 동원된 본인에게 명령하는 것이 누구인지는 얼버무려졌다. 의뢰한 공장주인지, 의뢰를 받아 필요한 조치를 취한 시·정·촌장이나 학교장에게 명한 장관인지, 대상자를 선정한 시·정·촌장이나 학교장인지 알 수 없다.

그리고 시·정·촌장이나 학교장의 지시를 받아 실제 선정에 관여한 도나리구미 조장이나 담임교사의 존재에 대해서는 어떠한 법령도 명확히 언급하지 않고 있다. 실제로 그들이야말로 국가가 해야 할 강제를 인간관계에 의해 대행했다. 메이지헌법이 정한 신민의 권리를 침해하는 위험을 회피하려면 이렇게 할 수밖에 없었다.

너무 늦은 강제

한편으로 국민징용령은 1943년 7월 다섯 번째 개정을 거쳐 마침내 징용의 국가성을 명확히 하기에 이르렀다. 징용의 국가성이란 후생장관이 국가의 요청에 따라 언제든 국민을 징용해서 필요한 총동원 업무에 종사시키는 것을 의미했다. 즉 노동자의 자유의사를 최우선으로 하는 원칙에서 벗어났다.

1944년 2월에는 징용 대상자의 한정도 해제해서 국민등록제를 확대했다. 직업 능력에 관계없이 12~60세까지 징용 대상자로 등록하게 되었다. 이 개정들에 의해 징용령은 본래 목적대로의 징용령이 되었다고 할 수 있을 것이다. 또한 1944년 8월에는 여자정신근로령에 의해 14~40세까지의 일본인 여성이 군수공장에 강제동원되고, 위반자에게는 벌금이 부과되게 되었다.

그러나 이러한 동향을 혁신파의 승리라고 말할 수는 없다. 1944년 7월은 이미 절대국방권이 붕괴되어 전황은 악화 일로를 걷고 있었다. 패색이 짙어져 당면한 일 이외의 딴 일에는 전혀 신경을 쓸 수 없는 정황이 되었기 때문에 강제징용이 허용되었던 것이지, 혁신파의 주장이 받아들여졌기 때문은 아니었다. 이미 공장노동자의 반수는 여성이었다. 노인도 많고 14~15세 소년도 섞여 있었다. 이것이 1943년 2월 야마다 후타로(山田風太郎)가 일기에 쓴 생산력 확충의 현장 풍경이었다.

기요자와 기요시는 1943년 11월 일기에 단골 이발소 종업원이나 후지아이스(富士アイス) 회사원이 징용되었음을 기록하여 일반 산업이 성립하지 않게 되고 징용공의 능률도 올라가지 않는다고 예견하고 있다. 기요자와의 진단은 정확했던 것 같아, 1944년 2월 호소가와 모리사다는 공장에서 첫

째로 영미 포로, 둘째로 죄수(囚人), 셋째로 징용공이라는 말이 유행할 정도로 징용공은 가장 일하지 않는다고 일기에 썼다.

징용공이 일하지 않는 이유 중 하나로 급여가 시급인 점을 들 수 있다. 종래의 직공은 일의 질과 양을 기준으로 한 능력급이나 성과급이다. 징용공에게는 기술도 지식도 없기 때문에 노동시간을 급여산정기준으로 하지 않을 수 없었다. 근로 윤리가 없는 인간이나 하고자 하는 마음이 없는 인간에게 시급은 일하지 않는 편이 득이 되는 급여체계이다.

국민의용대

법률상 국민동원이 도나리구미에 내려오게 된 것은 1945년 6월에 대정익찬회를 해산해서 국민의용대를 결성한 뒤의 일이다. 회사마다에 결성한 직역의용대(職域義勇隊) 외에 부락회, 조나이카이를 단위로 한 시·정·촌 의용대를 만들게 되었다.

국민의용대 설치에 앞서 국민징용령은 다른 노무 관계 칙령과 함께 국민근로동원령으로 일체화되었다. 국민근로동원령은 국민 개로(皆勞)의 실현을 내세워 환자까지 동원 대상으로 했다.

오사라기 지로는 상회에서 지역 의용대장을 맡게 되어 진지 구축 작업을 거들었다. 기간은 1개월로 조카이(町会)에서 4명을 차출하는데, 지역의용대에 남은 것은 노인과 상병자(傷病者)와 오사라기같이 자유직업을 가진 사람뿐이어서 도나리구미에서 2명이나 3명 집어넣으면 괜찮은 편이었다. 소설가 다카미 준(高見順)도 각 도나리구미에서 1명 선출한다는 조장의 의뢰를 받아 도나리구미 제25조를 대표해서 출동했더니 모인 것은 6명의 노인이었다고 일기에 썼다.

오사라기는 8월에 들어 집집마다 방문하며 지역의용대 참가를 요청하게 되는데, 직역의용대에 참가하고 있다며 거절되곤 했다. 현 본부에서 직역의용대에 속한 자를 지역의용대에 빌려 주면 안 된다는 통달도 있어서 인원 부족은 심각했다.

오사라기는 1945년 8월 5일 일기에 분노를 담아 의용대는 징집이자 강제노동이지 아래에서부터 고조된 것이 아니라고 썼다. 국민의용대라고 이름을 지은 데에는 국민의 자발적 협력이라는 취지가 담겨 있다. 물론 국가에 의한 강제를 분식하고 합헌성과 필요성을 양립시키기 위한 위장이다. 도나리구미 조장에게 강제하는 일을 떠맡김으로써 국가는 합헌성을 담보하면서 국민을 강제동원할 수 있었다.

혁신관료의 구상이 실현된 것처럼 보이지만, 이것이 1945년 여름의 실상이었다. 일본의 전시체제는 여기에 이르러서도 여전히 헌법을 준수하고 아래로부터, 안으로부터, 자발적으로, 라는 원칙에 고집하고 있었음을 알 수 있다.

특공(特攻)도 지원제

전시체제의 광기를 상징하는 특별공격대의 선발도 아래로부터, 안으로부터, 자발적으로, 라는 원칙이 작동하고 있다. 여기에서도 강제는 교묘하게 회피되고 있다. 지원제였기 때문이다.

특공대에 배속되었다고 해서 특공을 명령받는 것은 아니다. 특공에의 참가는 '강하게 지원한다', '지원한다', '유보한다'고 적힌 용지에 동그라미를 쳐서 표명한다. 상사는 '강하게 지원한다'에 동그라미 친 사람만 특공을 시킨다. 이러한 방법으로 명령이 아니라 본인의 지원으로 특공을 한 것이 된다.

특공대원이 되는 데에는 육군특별간부 후보생과 해군비행예과 연습생으로 교육 훈련을 받을 필요가 있다. 육해군은 각자 생도를 모집한다. 여기에 강제는 없다. 그러나 학교마다 지원자 목표수가 할당되었다. 수치의 할당은 강제이다. 각 학교에서는 배속 장교와 교사가 목표수 달성을 위해서 기를 쓰게 된다.

애국심에 사로잡힌 소년들은 스스로 나서서 손을 들었다. 그것으로 부족한 경우에는 소행 불량한 생도를 설득해서 지원하도록 유도했다. 국가도, 육해군도, 문부성도, 교사도, 누구도 강제하지 않는다. 애국소년의 순진함과 불량소년의 양심에 찔림을 이용해서 합헌성과 필요성을 양립시켜 실현한 것이 특공이다.

헌납과 공출

메이지헌법이 소유권은 침범할 수 없다고 규정했기 때문에 정부가 국민의 재물을 멋대로 빼앗을 수는 없다. 따라서 국가총동원법에도 보상규정이 있었다. 그러나 물자가 부족한 가운데 전쟁을 계속하기 위해서는 국민의 소유물을 동원할 수밖에 없었다. 이때 정부는 소유권을 침해하지 않는 방책을 고안했다. 헌납과 공출이다. 소유권을 자발적으로 방기함으로써 헌법 문제를 빠져나가는 것이다.

본래 헌납은 금품을 절이나 신사에 내는 것을 의미한다. 전시 일본에서 헌납을 받는 것은 정부이며 육해군이었다. 정부도 육해군도 헌납을 강제한 것은 아니다. 최초의 대규모 헌납이 신문사가 발기한 항공기헌납운동이었다는 것에서도 알 수 있다.

그러나 정부는 익찬회나 대일본부인회를 통해 국민에게 헌납을 호소했다. 사카모토 다네는 도나리구미를 돌며 의료표 헌납을 부탁해서 표를 모았다. 1943년 2월 기사이다. 의료표가 없으면 의류를 입수할 수 없는 제도인데도 그 표를 헌납시키는 것이므로 사카모토의 작업이 원만하게 이루어졌다고는 생각할 수 없다.

공출은 일본 독자의 숙어로 전시체제하의 신어(新語)이다. 정부 요구에 부응하여 금품을 내놓는 것이다. 공출이라 듣고 곧바로 생각되는 것은 금속공출일 것이다.

중일전쟁 발발 직후 정부는 불용금속 공출을 호소했다. 법령에 기초하지 않기 때문에 임의의 공출이다. 1941년 금속류회수령으로 금속 공출은 마침내 근거법령을 갖추게 되었다. 철·동·황동·청동·동합금으로 된 물품이 회수 대상이다.

금속류회수령은 일반 기업이나 개인에 대해 공출을 명하는 법령이 아니다. 명령 대상은 국유시설과 이미 국가총동원 업무에 협력하고 있는 공장이다. 이 경우는 기일까지의 물건양도신청을 소유자에게 의무화했다. 그러나 이 강제에는 의미가 없다. 국가총동원 업무에 종사하고 있는 시설이기 때문에 국가 속에서 관할이 이동할 뿐이기 때문이다.

이 밖의 경우로서 상공장관이 지역을 한정해서 일반적인 이동처분 금지명령을 내려 양도신청을 일반적으로 명령하는 것이 있다. 즉 개인이나 기업의 구체적인 물건에 대해 명령하는 것은 아니다. 개인이나 기업에는 지사가 양도신청을 하도록 권고한다. 권고는 벌칙을 수반하지 않는다. 즉 강제력은 없다. 임의이다. 임의이기 때문에 소유자 본인이 회수 장소에 물품을 지참해서 소유권을 방기하는 절차를 행한다. 물론 이것은 단서가 붙은 임의였다.

정치평론가 가라시마 기치조(唐島基智三)는 금속류회수령이 기대한 것은 국민의 애국심에 의해 정부의 권장에 부응해서 자발적으로 유용한 금속이 공출되는 것이라고 해설한다. 정부의 의도를 정확히 간파하고 있다. 정부는 1942년부터 민간금속류 특별회수운동을 전개하여 애국심에 의한 공출을 국민에게 호소했다. 여기에서도 정부의 임의공출 호소는 말단 현장에서는 강제공출로 전환되었다.

가정 광맥에 잠자는 유휴금속 모집을 목적으로 내세운 회수운동의 무대는 직장과 도나리구미와 학교였다. 아버지는 직장에서, 어머니는 도나리구미에서, 아이는 학교에서, 세 곳의 요청에 부응하는 형태로 각 가정에서 금속을 공출했다.

직장은 세상 물정에 밝은 어른들의 세계이므로 그런 대로 괜찮지만, 도나리구미와 학교에서는 누가 어느 정도 공출에 응했는지 환시(環視)되었기 때문에 임의라고는 해도 거절할 수 없는 분위기가 양성된다. 전후 시라스 지로(白洲次郎)와 마사코(正子)는 가만 있었으면 몰랐을 텐데 왜 공출에 협력했는지를 딸에게 질문 받고 당시는 내지 않고 숨겨 둘 만한 분위기가 아니었다고 답했다. 시라스는 전후 요시다 시게루(吉田茂)의 오른팔로 활약하며 GHQ 요인에게 순종하지 않은 유일한 일본인이라고 불린 경골한(硬骨漢)이다. 그러한 시라스조차도 나 몰라라 할 수는 없었다.

1943년도의 운동은 특별회수를 비상회수라고 말투(語氣)를 강화해서 이루어졌다. 정부는 4월 16일에 1943년도 금속류비상특별회수 실시요강을 각의결정하여 상공성 외국(外局)으로 금속회수본부를, 각 도·부·현에 회수과 혹은 회수계를 설치했다. 정부보조기관으로 금속회수통제주식회사, 산업설비영단, 국민후생금고, 중요물자관리영단을 활용하게 되었다.

더욱이 회수운동의 전면 전개에 따라 철제 냄비와 솥을 공출하면 도기제 대체품이 지급되었고 귀금속 제품을 공출하면 상응하는 금액이 지불되었다. 소유권 존중의 체재(體裁)를 갖출 수 있기 때문이다.

4월 19일 금속회수본부장 난바 게이치(難波経一)는 NHK 라디오방송을 통해 국민에게 이해와 협력을 요청했다. 차고 구석에서 먼지를 뒤집어쓰고 있는 자동차처럼 쓰지 않고 놀리고 있는 금속을 회수하는 것뿐이라는 본부장의 주의는 회수 현장에서 아무런 의미도 없었다. 그것은 나카이 준코(中井順子)의 수기를 읽으면 알 수 있다.

몇 번째인가의 통달이 온 날, 아버지는 할머니의 오동나무 장롱에 눈을 돌렸다. ……혼수용 가재도구인 오동나무 장롱은 뛰어난 물건으로 문고리는 굵고 무거우며 전체에 미세한 조각이 새겨져, 서랍마다 중앙에 있는 장식판에도 조각이 있었다…….

아버지가 장롱 장식판 하나를 떼었는지, 나무 끝이 잘게 갈라져 애처로운 흔적이 생긴 장롱 앞에서 할머니가 소리 죽여 울고 있었다. 갑자기 어머니가 소리쳤다. '이제 그만, 이것저것 내놓았으니까.' 아버지는 '무슨 말이야, 비국민이야' 하며 큰소리쳤다. 어머니는 시어머니인 할머니와 장롱을 감싸고 버티어 섰다. 떨고 있었다.

아버지는 휴 하고 한숨 쉬며 덜컥 주저앉았다. 나는 아무 말도 못하고 서 있을 뿐이었다. 할머니도 어머니도 아버지도 모두 불쌍했다(『전쟁체험 : 아사히신문에의 편지(戦争体験 : 朝日新聞への手紙)』].

부친이 나쁜 게 아니다. 부친은 국민으로서의 책임을 다하려고 했을 뿐이다. 권력행사 책임을 부친에게 전가해서 소유권 문제를 회피한 정부 태도가 국가와 가정 사이에 일어났을 대립을 아버지와 어머니의 대립으로 전화시켜 나카이 가정을 임의와 강제의 수라장으로 바꿔 버렸다.

저축과 국채

중일전쟁 발발 직후 정부는 팽창하는 군사비를 세입만으로는 조달할 수 없게 되었다. 따라서 대장성이 시작한 것이 저축장려운동이었다. 그 현장이 된 것이 도나리구미였다. 위에서 할당된 저축 목표액 달성은 조장의 양어깨에 달려 있었다.

저축장려운동은 국민정신총동원운동의 일환으로 시작되었다. 정치상, 의미 없는 것의 대명사였던 국민정신총동원운동의 주된 목적은 질소검약의 선전을 통해 저축을 장려하는 데 있었다고 해도 과언이 아니다.

실제 국민정신총동원연맹이 보인 흥아봉공일(興亞奉公日) 실시 항목에는 여러 질소검약 사례가 열거되어 있는데, 그 마지막에는 이날 절약한 돈은 반드시 저금할 것이라고 명기하고 있다. 또한 흥아봉공일은 매월 1일로 설정되었는데, 당초 안에서는 다수 기업의 급여일인 25일을 상정하고 있었다. 여기에서도 급여소득을 소비가 아니라 저축으로 유도하는 의도가 엿보인다.

대장성은 임금 고등에 의한 물가 등귀를 전망하고 있었기 때문에 저축장려에는 인플레이션 억제책으로서의 역할도 있었다. 국민정신총동원운동은 정치적으로는 무의미했다 하더라도 경제정책으로는 의미가 있었다고 할 수 있을 것이다.

군수산업은 중일전쟁 개전 후 노동자를 붙잡기 위해 임금을 인상했다. 팽창한 군사비는 기업에 대한 무기·탄약 발주를 거쳐 노동자의 급여 상승으로 변하고 있었다. 한편에서 생활필수품 부족은 점차 심각해져 갔기 때문에 상품 공급이 구매 수요를 따라가지 못하는데도 소비자 주변에는 현금이 쌓이는 상태가 된다. 이렇게 되면 상인으로서는 보다 높은 대금을 지불하는 손님에게 상품을 판매하게 된다. 그 결과 물가가 상승하고 화폐

가치가 하락한다. 이것이 인플레이션이다.

노동자가 손에 쥔 임금을 국고에 회수하는 방책으로 가장 간단한 방법은 국채를 구입하게 하는 것이다. 대장성도 당초에는 전시국채를 직접 국민에게 구입하게 하는 방책을 검토했다. 그러나 은행을 비롯한 금융 각사는 이러한 방책에 거세게 반발했다. 급여가 국채 구입에 충당되면 예금이 감소하기 때문이다.

당시의 대장성은 현재의 재무성과는 달리 금융청 역할도 겸하고 있었기 때문에 대장성 은행국장은 업계의 지도감독자인 동시에 그 이익의 보호자이기도 했다. 대장성은 국채 구입이 아니라 저축 장려를 선택했다. 다음으로 은행 측은 우편저금 이용에도 반대했다. 민업 압박이라는 것이다. 은행측은 우편저금 이율 우대가 유지되는 한 국민은 우편저금을 선택할 것이라며 이에 대해서도 시정을 요구했다.

대장성은 은행 측에 대폭 양보했다. 그 결과 국민은 은행을 비롯한 금융기관에 예금하고, 각 금융기관은 모인 예금을 대장성이 발행하는 국채 구입비용으로 충당한다는 구조가 생겼다. 야스다신탁회사(安田信託会社) 전무이사 도자와 요시키(戸澤芳樹)는 대장성 결정에 대해 가장 무리 없는 온건한 방법이라고 찬성을 표했다. 물론 금융기관 측의 승리 선언이나 마찬가지였다.

국민에 대한 저축장려운동은 은행이 국채를 구입해서 지폐를 국고로 회수하는 운동으로써 새로운 군사 지출을 뒷받침했다. 군사비는 임금이 되어 저축장려운동의 둥근 고리(圓環)로 되돌아오는 것이기 때문에 터무니없는 규모의 자전거 조업(自轉車操業)[50]이다.

---

[50] 쓰러지지 않게 자전거 페달을 계속 밟아야 하듯이 무리를 해서라도 계속 일하여 자금을 조달하지 않으면 망하게 되는 불안정한 경영 상태를 가리킨다.

그러나 대장성은 저축장려운동을 임의의 자발적 애국운동으로 전개했다. 국가가 급여 사용처를 지도하는 것은 소유권 침해에 해당하기 때문이다. 운동 개시 당시의 가야 오키노리 대장상은 올바른 시국 인식과 자각과 책임을 갖는 대국민에 대해 저축을 강제하는 것은 치욕이라고 말하며 강제책을 쓰지 않겠다고 명언했다. 가야에 이어 대장상이 된 이시와타 소타로도 강제적·법률적인 국채 보유에 반대 입장을 표명했다.

1941년 3월에 이르러 마침내 국민저축조합법을 제정한 때에도 종래의 자주적 저축의 취지를 존중한다고 설명했다. 자주적이라는 것은 국민의 애국심을 진작해서 국민이 자발적으로 힘쓰게 한다는 의미이다. 따라서 지도·감독은 필요 최소한에 멈춘다고도 부연했다.

법률이 규정하지 않은 부분은 현장의 재량에 맡겼다. 도나리구미 조장에게 연간 목표 85억 엔에 이르는 전비 조달 책임이 부과되었다. 더욱이 전쟁이 장기화해서 저축에 더해 국채 구입도 할당되자 조장의 고민(懊惱)은 심각했다. 사카모토 다네의 일기에서 1942년 8월 23일의 기술을 인용한다.

> 밤 8시부터…… 조장, 부조장 협의회. 이번 달 채권과 국채를 합해서 조별 할당 180엔. 조나이 전체로 830엔이면, 집집마다 10엔씩 내면 곧바로 소화할 수 있겠지만, 일체 사지 않겠다고 말하는 사람들도 있어서 자연히 많이 부담하는 사람이 필요하게 되는 이유이다〔『전시의 일상(戰時の日常)』〕.

누구에게 더 많이 사게 할 것인가를 정하는 것은 조장들이다. 사카모토는 그후 2시간을 걸려 도나리구미 집집마다를 돌아 국채 구입을 설득한다. 8월 말에는 조에 할당된 금액 180엔 가운데 2호에 50엔씩 부담시켜 목표를 달성한다.

그러나 12월에 또 같은 금액의 국채 구입 할당이 부과되어 같은 달 23일에 구입비용 238엔을 모아 잔액을 특정 집에 경사(傾斜)배분해서 회수했다. 더욱이 해가 바뀌어 2월에 도나리구미 조별로 260엔의 할당이 있었고 4월에도 할당이 있어서 그때마다 사카모토는 임무를 처리하곤 했다.

사카모토 다네는 성실하고 열심히 일하는 조장이었던 것 같은데, 도나리구미 조장의 분발은 머지않아 한계를 보인다. 오사라기 지로는 1945년 5월의 일기에 저금 할당을 거절하는 집이 있다는 점을 기록하며 이미 한계에 다다랐다고 한탄하고 있다.

더구나 일본 국민이 구입한 전시국채는 패전으로 한낱 종잇조각이 되어 예·저금은 1946년 2월의 금융긴급조치령과 일본은행권 예입령—엔 신권 전환과 구 엔 예·저금 봉쇄—과 전후 인플레이션에 의해 흔적도 없이 사라져 버렸다.

혁신관료가 꿈꾼 금융통제는 전후가 되어 실현되었다고 할 수 있을 것이다. 두 개의 칙령은 천황대권에 기초한 긴급칙령이었다. 인플레이션을 막기(防遏) 위해 강권 발동을 단행했다.

원안 작성에 관여한 후쿠다 다케오(福田赳夫)를 비롯한 대장성 관료는 사회주의 이론가 오우치 효에(大内兵衛)를 선생으로 우러르고 있었다. 대장성의 금융정책이 가장 사회주의에 기운 것은 전시하에서가 아니라 전후의 일이었다. 이 역시 너무 늦은 강제의 하나이다.

제3장 사회 붕괴

돈, 연줄, 얼굴

　전시체제의 이면에 애국심과는 무관한 세계가 펼쳐지고 있었다. '별(星), 닻(碇), 얼굴, 어둠(闇), 열(列)의 세상'이라는 1943년의 말은 물자 입수의 난이도와 사회의 부패를 여실히 보여 주고 있다.

　별과 닻은 육군과 해군이다. 각각 견장에 장식된 의장(意匠)이다. 얼굴은 힘과 신용이 있어서 상대에게 무리를 말할 수 있는 것을 말한다. 어둠은 암시장이며, 열은 식량배급의 행렬이다. 위로부터 순으로 물자를 간단히 손에 넣을 수 있었다. 따라서 세상은 별에 닻에 어둠에 얼굴로, 바보만 행렬에 선다고 일컬어졌다.

　행렬에 선 바보란 암시장에서 물건을 살 돈이 없고, 육해군에 커넥션이 없으며, 물자의 융통을 받는 데 얼굴이 통하지 않는 선량한 일반 서민을 가리킨다. 청렴결백하게 법령을 준수하며 사는 사람을 바보라며 조롱하는 세상이 펼쳐지고 있었다. 바꾸어 말하면 사회 붕괴가 시작되고 있었던 것이다.

돈

저축장려운동에도 불구하고 전시 인플레이션은 멈출 줄 몰랐다. 식료품을 비롯한 물자 부족은 날마다 심각해질 뿐인데도 숙련공은 높은 급여를 받고 징용공은 시급을 받은 결과 시장에 유통되는 화폐량은 늘어만 갔기 때문이다.

1939년 10월 18일, 정부는 가격 등 통제령(價格等統制令) 등을 발표해서 한 달 전인 9월 18일 시점 수준으로 가격이나 임금을 못 박으려 했다. 9·18정지령이다. 물론 효과는 없었다. 가격은 수요와 공급에 의해 정해지기 때문이다.

기요사와 기요시는 1943년 9월 15일의 일기에 공정시세 실패와 암시세 등귀를 기록하고 있다. 공정시세와 실제 매매가격의 시세 차이는 10배로 벌어졌다. 특히 설탕가격 등귀는 급격하다고 썼다.

사람들은 식량 부족을 암시장에서 보충하려 했다. 이를 위해서는 많은 현금이 필요했다. 사람들은 먹고살기 위하여 돈이 필요해지면 악착스러워진다. 임금인상 교섭은 더욱더 악착스러워져 갔다. 옛날부터의 인정이나 친절은 소용없게 되었다. 오사라기 지로는 일기에 불쾌한 현실이라고 쓰고 있는데, 모든 일이 돈으로 해결되는 동안은 그나마 나은 편이었다. 물자가 부족해서 돈이 있어도 물건 구경도 못하는 상태가 되었기 때문이다.

연줄

　여기에서 연줄이라는 것은 주로 육해군과의 연고 관계를 가리킨다. 물자배분은 육해군이 우선이었기 때문에 그들과 친분이 있는 자는 물자의 부정 유출을 받을 수 있었다.

　2015년에 〈일본의 가장 긴 날(日本のいちばん長い日)〉을 재촬영한 영화감독 하라다 마사토(原田眞人)는 전쟁 중의 생활모습을 어머니에게 물었을 때, 할머니의 기지(才覺)로 설탕을 손에 넣은 덕분에 배고픔과는 무관했다고 들었다. 할머니가 경영한 일본요리 여관은 누마즈(沼津)의 해군 공장(工廠)이나 고텐바(御殿場)의 육군연습장 관계자가 고객이었다. 이 연줄로 밤중에 트럭이 와서 집 앞에 설탕이 가득 찬 나무통을 놓고 갔다. 설탕은 귀중품이었기 때문에 어떤 물건과도 교환할 수 있었다.

　식량배급제도가 시작되고부터 사람들은 설탕 부족으로 고뇌하고 갈망했다. 오사라기 일기에 의하면 모 현 내무부장 집에 불이 나자 목탄과 설탕의 대량 비축이 드러나 사람들의 반감을 샀다거나 야마이치증권(山一證券) 주인집에 휘발유와 설탕이 매점(買占)되어 있어서 불이 나도 사람들이 소방을 돕지 않았다는 유언비어가 인구에 회자되었다.

　연줄이 있으면 소집 면제도 가능했다. 나고야연대구 사령부에서 동원업무에 종사하고 있던 간베 다쓰오(神戸達雄)는 어느 날 고참 군속이 명부를 주며 거기에 이름이 있는 자를 소집할 때는 자기에게 연락해 달라고 했다고 회상했다. 간베 등은 해당자의 병적 명부에 붉은 부전(附箋)을 붙여 갔다. 부전이 붙여진 자는 소집을 면했는데, 직업은 회사 중역, 배급 사무에 관계한 상관, 요릿집 주인, 저명인 등등 돈벌이가 되는 일을 하고 있는 사람들로, 분노로 불타고 있었다고 간베는 회상하고 있다.

얼굴

1945년 전쟁 말기에 다카미 준은 소개지 가마쿠라(鎌倉)에서 상경해서 국민술집에서 술 마시고 있다. 국민술집은 주위의 음식점이 배급받은 술이나 안주를 추렴해서 운영하는 산업전사──노동자를 가리킨다──의 휴식처였다. 고안한 것은 대장성 관료 오히라 마사요시(大平正芳)이다. 후일의 총리이다.

국민술집에서는 먼저 줄서서 표를 받아 표에 돈을 더해 술 한 홉과 안주를 받아드는 구조였다. 표를 받는 것은 한 사람 1회일 터였지만, 얼굴이 통하면 표를 몇 번이고 손에 넣을 수 있었다. 이러한 양상을 쓴 다카미 준의 일기는 요설(饒舌)이다.

> 네코하치(猫八)가…… '국민술집위원'이라는 사람과 아는 사이로 표를 몰래 나눠 받는다. 그런데 더더욱 술 3병을 입수. 한 사람 3병씩이다. ……네코하치가 다시 2병씩 입수. ─그다음은 잘 모른다. 분명, 또 2병이라고 생각했지만. 나 혼자 '위원'과 흥정해서 2~3병 손에 넣었다. 한 병은 줄 서면 마실 수 있다. 그러나 뒤는 '얼굴'이다. ……대체 어떤 패거리들이 '얼굴'인지, 네코하치가 인사하고 있는 사람을 '저건, 어떤 사람?' 하고 물어보면 '구청사람.' 뒤에서 유유히 들어와 마시고 있는 사람이 있어 '위원'에게 물어보면 '경찰'[『패전일기(敗戰日記)』].

동물 성대묘사로 유명한 2대 에도야 네코하치(江戸屋猫八)는 라디오방송에서 인기를 떨친 얼굴이었다. 다카미 준도 얼굴이 통하는 문학자였다. 관공리나 경찰관도 얼굴이었다. 얼굴이 통하면 전시체제하에서도 융통이 통한다. 그뿐 아니라 얼굴을 유효하게 활용하면 사치를 만끽하는 것조차 가능했다.

군인천국

전시체제는 고도국방국가 대신에 군인천국을 만들어 냈다. 별과 닻 즉 육군과 해군이 물자의 권위적 배분을 했기 때문이다. 군인과 군수 관계자는 군용 증명서를 사용해서 열차표도 필요한 물자도 간단히 손에 넣을 수 있었다.

전쟁 말기가 되어서도 군대에는 식량, 조미료, 술, 과자, 옷, 속옷, 신발 등이 충분히 있었다는 것은 조선항공기계회사에서 해군 군속으로 일했던 나가마쓰 요시쓰구(永松吉次)의 목격담이다. 오사라기 지로 일기에는 육군 준위가 일본과 타이완을 잇는 수송기 기장이라는 것을 이용해서 사복을 채우는 이야기가 기록되어 있다. 고급요정을 장교 전용 클럽으로 접수한 예도 있었다. 당연히 게이샤도 독차지했다.

학교가 병사(兵舍)로 접수되었을 때, 배고픔을 견디던 군국소년—가나모리 오사오(金森長雄)나 모리타 도시히코(森田俊彦)—앞에 나타난 것은 고봉의 쌀밥과 호사스런 반찬을 먹는 장교들이었다. 혹은 교실을 혼자 차지하고는 테니스를 친 후 푹신푹신한 이불을 깐 침대에서 오수를 즐기는 해군장교였다. 군국소년들의 군인에 대한 선망은 환멸로 바뀌고 필승의 신념은 의심으로 바뀌었다.

패색이 농후해진 전쟁 말기에 출정이 저승길과 같은 의미가 되자, 징병사무를 맡은 군속 중에는 이 생사여탈권을 악용해서 사복을 채우는 자도 있었다. 간베 다쓰오는 수기에서 소집 저지와 맞바꿔 금전이나 음식을 갈

취하는 군속의 수법을 소개하고 있다. 그 군속은 소집 사실 자체를 공식 사무 서류를 사용하여 날조해서 신빙성을 높이고 있었다. 악독한 수법이라고 말할 수밖에 없다.

독직 관리

전시체제는 생산력 확충에는 실패했지만 다수의 독직(瀆職) 관리를 배출했다. 기요사와 기요시는 지인의 체험담을 일기에 썼다. 지인은 농상무성의 젊은 공무원에게 신발과 속옷을 사고 설탕으로 지불했다. 공무원은 공용이라는 것을 나타내는 증명서를 발행했다. 즉 이 공무원은 관유물인 신발과 속옷을 훔쳐 설탕과 교환하며 말 그대로 단물을 빨아먹고 있었다. 도쿠가와 무세이(德川夢声)는 갱생물자구매소 과장의 응소장행회(応召壮行会) 자리에 불려 가 사례금 대신 구매소가 보관 중인 수통, 우산, 가방 등의 유실물을 받았다.

고위관료가 아니어도 부수입을 얻을 수 있었다. 어떤 현의 근로동원과에 근무한 여성은 가끔 경찰부장 대신 공장을 시찰하는 임무를 지시받았을 때 공장 측에서 접대 공세를 받았다고 회상했다. 호화로운 요리와 술과 담배 접대를 받고, 귀로에는 고기와 탄, 비누를 선물로 받은 그 여성은 머지않아 접대를 받는 것을 당연히 여기게 되었다고 말했다. 또한 징용 사무를 돕는 민간인이 징용으로 끌고 가겠다고 위협해서는 뇌물을 교묘히 가로챈 사례도 있었다.

단순한 지방공무원(公吏)조차 타락하기 때문에 국가권력을 행사하는 경찰관에게는 더 많은 유혹이 있었음이 틀림없다. 오사라기 지로는 근처의 젊은 순사가 공정가격으로 물건을 살 수 있기 때문에 결과적으로 사치스러운 삶을 누려, 자전거 2대를 구매해서는 1대는 쌀이 부족해졌을 때의 교환용으로 타인 명의로 소유하는 부정을 저지르고 있다고 썼다.

아마다 후타로는 경단가게를 등치는 경찰관을 목격하고 있다. 경찰관은 큰 접시에 한가득 담긴 경단을 헐값으로 후려친 뒤 조리실 구석에서 가게 주인과 이야기하고는 큰 신문보따리를 안고 뒷문으로 빠져나갔다. 위법한 영업을 눈감아 주고 교묘히 대가를 받았다. 마침 그 자리에 있던 손님들은 무관심, 무반응이었다. 지극히 흔한 광경이었기 때문이다.

경찰관은 암시장 물자 단속을 하고 있었다. 압수한 식량은 공정가격으로 사들인다. 관의 논리로는 압수물에 정당한 대가를 지불했으므로 소유권을 존중하는 것이 된다. 그러나 인플레이션이 점점 높아지는 가운데 실제 매매가격과 공정가격 차이는 10배 정도로 확대되었기 때문에 터무니없는 금액이었다. 『전쟁 중의 삶의 기록(戰爭中の暮らしの記録)』에는 경찰관이 눈감아 준 인삼을 억지로 빼앗았다는 이야기가 소개되어 있었다. 압수한 식량은 정규의 배급체계로 되돌려지지만, 이 인삼은 경찰관 뱃속에 들어갔다고 추측된다.

정직한 사람이 어이없는 꼴을 당한다

돈, 연줄, 얼굴의 횡행은 정직한 사람이 어이없는 꼴을 당하는 사회를 낳았다. 아마다 후타로 일기에는 가난하기 때문에 국채 구입을 면제받은 사내 이야기가 나온다. 설득하러 온 큰아버지에 대해 사내는 "큰아버지, 그야 사면 좋겠지요. 그렇지만 한 번 사면 버릇이 되니까요"라고 답했다. 버릇이 된다는 것은 도나리구미의 요구에 끝이 없어진다는 의미이다. 구입액 배분과 대금 회수에 고심하는 조장이 있는 한편으로, 이렇게 생각하는 사람은 전시체제의 억압을 느끼지 않아도 되었다.

다수의 조장은 성실함 때문에 전시체제의 협력자로서 고심을 거듭하고, 전후에는 전쟁협력자로 지탄받아 양심의 가책에 괴로워했을 것이다. 그 한편으로 조나이의 미움을 샀던 예의 사내는 따돌림을 당했기 때문에 전시체제의 재액(災厄)을 면했다.

전시체제는 충량한 제국신민을 범죄자로 만들었다. 날마다 궁핍한 식량 사정 속에 법령을 준수해 배급제도에 따르다가는 아사할 수밖에 없다. 지극히 보통 사람들이 살기 위해 암시장 물자를 찾고, 그 결과 법을 어겼다. 사람들이 살기 위해서라면 법을 어겨도 좋다고 생각하게 되면 사회 붕괴는 바로 눈앞이다.

기요사와 기요시 일기는 1943년 후기부터 도둑 피해 기록이 두드러진다. 9번 아이언, 생강, 감, 현관에 둔 외투, 신발, 신품의 사냥모자 등을 도둑맞았다. 기요사와는 일본이 도둑천지가 되었다고 탄식하며 앞으로 더 심해질 것이라고 예상한다. 야마다 후타로는 목욕탕에서 때때로 도난 피해를 당했다. 오사라기 지로의 지인은 특공대원을 사칭한 소년에게 금품을 빼앗겼다.

도둑질을 하지 않더라도 사람들의 민도는 나빠졌다. 도쿠가와 무세이는 이렇게 쓰고 있다.

일반 중에는 3등(열차)표로 태연하게 2등에 앉아 시끄럽게 떠드는 인종도 많이 있는데, 이런 시기에는 이런 신경인 쪽이 득 보는 경우가 많다. ……자기 일은 제쳐 두고 타인을 얕보고 공격할 수 있는 인간이 득이다. 자기를 돌아보는 습관 따위는 이런 세상에는 미덕이 아니라 하나의 약점일 것이다. ……생각건대 전시 중의 개인 도덕도 역시 그 필법(筆法)으로 하는 편이 득일 것이다.

반성하는 인간, 자책의 생각이 강한 인간 등은 하나같이 열패(劣敗)자가 될 것이다〔『무세이 전쟁일기(夢声戦争日記)』〕.

국민윤리나 도덕은 퇴폐했다. 유불리가 행동기준이 되어 법망에 걸리는 것은 바보로 업신여겨졌다. 한편으로 연줄에 의해 의식(衣食)이 충족된 생활을 보내는 자가 있고, 얼굴이 통해 전시 이득으로 사치를 즐기게 되면 사회 붕괴라고 형용할 수밖에 없다.

도덕 수준 회복과 사회 갱생은 고도경제성장에 의한 생활수준 향상 및 도시화와 과소화에 의한 사회의 교반(攪拌)[51]에 의해 이루어지는 것인데, 이 문제는 다른 기회로 미룬다. 전시체제에서의 국정 붕괴를 보기 위해서 이야기를 쇼와 초기 육군으로 되돌려야 하기 때문이다.

---

[51]   휘저어 섞는다는 의미이다.

제4장 국정 붕괴

육군 중견층

혁신파 가운데 가장 고도국방국가를 갈망한 것은 육군 중견층이었다. 원래 고도국방국가의 이념은 제1차 세계대전을 거쳐 변화한 전쟁 형태에 적응하기 위해 제창된 것이기 때문이다. 군인이 높은 관심을 보이는 것은 당연한 결과였다.

여기에서는 고도국방국가의 세 요소인 국민동원, 통제경제, 국무통수일원화 가운데 아직 설명하지 않은 국무통수일원화에 대해 언급하겠다. 국무통수일원화는 이미 말한 두 요소와 마찬가지로 실패한다. 그 실패는 전시체제에서의 국정 붕괴에 직결함으로 여기에서 일괄해서 이야기하고자 한다.

장교 계급은 위로부터 장관(將官), 좌관(佐官),[52] 위관(尉官)으로 나뉜다.

---

52 우리나라의 영관(領官)급에 해당한다.

더욱이 대·중·소의 구별이 있어서 대장(大將)부터 소위(少尉)까지 9단계의 계급제도이다. 중견층이라 부르는 것은 좌관의 장교이다. 그들은 육군대학교를 졸업한 수재였다. 육군성과 참모본부 요직을 점한 것은 육군대학교 졸업생이기 때문에 중견층에는 육군장관이나 참모총장이 될 가능성이 열려 있었다.

예산이나 인사 등의 군정을 관장하는 육군성에서 장관은 대장이나 중장, 차관과 국장은 중장이나 소장, 과장은 대좌나 중좌가 맡는 직무라고 정해져 있었다. 소좌는 과원(課員)이다. 좌관은 실무를 담당하는 계급이다. 작전과 용병을 입안하는 참모본부도 마찬가지로, 참모총장, 차장, 부장까지가 장관(將官)의 직이고, 과장에 대좌와 중좌가 앉는다. 육군성에서도 참모본부에서도 중견층은 실무를 담당하는 과장직이었다.

1921년 10월 독일 바덴바덴에서 나가타 데쓰잔(永田鉄山), 오바타 도시시로(小畑敏四郎), 오카무라 야스지(岡村寧次)의 3명이 파벌 해소와 인사 쇄신, 군제 개혁과 총동원체제에 대해 논의한 것이 혁신파로서의 육군 중견층의 시작이다. 마침내 그들은 후타바카이(二葉会)나 잇세키카이(一夕会) 같은 동지 집단을 형성한다. 주된 구성원은 앞의 세 명에 더해 이시하라 간지, 이타가키 세이시로, 고모토 다이사쿠(河本大作), 스즈키 데이이치(鈴木貞一), 도조 히데키, 무토 아키라(武藤章) 등이다.

육군 중견층은 두 가지 장해로 좌절했다. 장해의 첫째는 메이지헌법 제11조에 근거를 둔 통수권 독립이다. 장해의 둘째는 파벌 대립과 세대 교대이다. 두 가지 장해는 육군 내부와 육군 중견층 내부에 격렬한 노선 대립과 파벌 항쟁을 불러일으켰다.

그 결과, 그들은 정당정치와 협력하면서 총력전체제를 목표했다. 다나카 기이치와 우가키 가즈시게를 거부한다. 통수권 독립을 극복하고 국무통수일원화를 실현하는 데에는 총리가 된 다나카나 수상 후보의 성망이 높았던 우가키와 협력하는 것이 가장 효율이 좋은 선택이었음에도 불구하고 그랬다.

육군 중견층은 관료기구 구성원으로서 통수권 독립을 지키는 입장에 있으면서 동시에 국무통수일원화를 목표하는 해결하기 어려운 과제에 직면한다.

통수권 독립

국무통수일원화는 정부와 육해군, 정치와 군사의 일체화이다. 총력전을 싸우기 위해 필요한 제도 변경이었다. 한편 통수권 독립은 육해군이 정부로부터 독립해서 천황의 통수권에만 따르는 것을 의미한다. 국무통수일원화는 육해군의 기본 이념인 통수권 독립을 근본으로부터 새롭게 하는 것을 의미한다.

육해군은 통수권 독립을 자신들의 근거로 했다. 메이지천황은 군인칙유에 의해 육해군의 대원수라는 것을 선언했다. 더욱이 메이지헌법 제11조는 천황이 육해군을 통수한다고 규정하고 있었다. 육해군은 이들을 근거로 대원수인 천황에 직속하는 특별한 존재라는 데에서 스스로의 가치를 찾고 있었다.

국무통수일원화는 자기 부정의 곤란에 직면한다. 이것이 장해의 첫째이다. 불마의 대전의 정착과 연동해서 헌법 제11조의 권위도 커지기 때문에 장해의 난도는 높아질 뿐 내려가지는 않았다.

1930년의 통수권 간범(干犯) 문제로 헌법 제12조의 병력 편성이 통수권과 관련한다는 주장이 제기되자, 통수권 관련 사항의 범위가 확대되어 정부도 의회도 육해군에 대해 말참견할 수 없는 분위기가 되었다. 정치와 군사의 일체화에 역행하는 사태가 진행되었다.

통수권 독립은 1878년 12월에 참모본부를 설치해서 작전과 용병, 즉 통수에 관한 사항을 육군성에서 분리한 데에서 시작된다. 즉 통수권 독립은 참모본부가 육군성에서 독립하는 의미였다. 육군성의 장인 육군경은 내각 구성원이었기 때문에 참모본부 설치는 결과적으로 내각으로부터의 통수권 독립을 의미했다.

참모본부 제도를 엄격히 적용했다면, 내각은 물론 육군장관조차 작전과 용병에 대해 의견을 제시할 수 없게 된다. 그러나 메이지기에 제도 운영은 항상 느긋했기 때문에 문제가 표면화하는 일은 없었다. 육군장관과 참모총장의 소관 사항 중복이나 내각과의 연계는 상식적인 판단과 유연한 해석에 의해 처리되었다. 청일전쟁과 러일전쟁에서 작전과 용병을 논의하는 대본영회의에 총리가 출석한 것이 그 증거이다.

육군과 해군

여기에서 육군을 구성하는 관아(官衙)에 대해 간단히 설명해야 할 것 같다. 이른바 육군은 군정을 관장하는 육군성과 작전을 기안하는 참모본부와 장병 교육을 담당하는 교육총감부 등 세 개의 관아로 구성되어 있다. 이것을 육군중앙이라고 말한다. 각각의 장은 순서대로 육군장관, 참모총장, 교육총감이다. 이 세 명을 육군 3장이라고 한다. 육군중앙의 세 기관과 3장은 천황에 직속하는 동격의 존재이다. 서로 명령할 수는 없다.

이 밖에 당연하지만 전투부대가 존재한다. 전쟁이 없는 통상의 상태, 즉 평화 시기에는 최대의 전투단위인 사단 아래 여단과 연대가 설치되고 더욱 작은 단위로 대대, 중대, 소대, 분대로 나뉜다.

1개 사단은 3~4개 여단, 1개 여단은 3~4개 연대라는 식으로 조직을 구성한다. 각각 1명의 장을 두어 사단장, 여단장, 연대장이라고 부른다. 다이쇼 말년부터 중일전쟁까지의 시기에 사단은 국내외 합해서 17개였다. 그 외에 식민지에 배치한 군이 있어서 조선군, 타이완군, 관동군이 이에 해당한다.

통수권 독립이 해석에서는 그 범위를 확대하면서 운용에서는 엄격함을 더해 가면, 참모총장은 육군장관과 작전과 용병에 대해 정보를 교환할 수 없게 된다. 여기에서 참모본부와 육군성의 대립이 발생한다. 또한 참모총장이 파견군 사령관에게 명령할 수 없게 된다. 사령관은 법령상 천황에 직속해 있기 때문에 참모총장의 부하가 아니기 때문이다. 이렇게 해서 통수권 독립은 육군 내부에 복수의 독립된 통수권을 만들어 냈다.

상황을 복잡하게 한 것은 해군도 존재했기 때문이다. 해군도 군정을 관장하는 해군성과 작전과 용병을 담당하는 군령부로 분리되어 있었다. 각각의 장은 해군장관과 군령부총장이다. 이 밖에 전투부대로 연합함대가 존재한다. 장은 연합함대사령관이다.

해군 내부에도 육군과 같은 대립이 정도의 차는 있지만 존재했다. 그리고 무엇보다도 육군과 해군은 전혀 별개의 조직으로 대원수인 천황에 속해 있었기 때문에 양자 사이에도 대립이 있었다. 더욱이 참모본부와 군령부가 협력해서 육군성과 해군성에 대항하는 일도 있는 등 복잡한 관계를 만들어 내고 있었다.

육군과 해군, 육군성과 참모본부, 육군중앙과 파견군, 해군성과 군령부, 해군중앙과 연합함대, 이들의 관계를 통합할 수 있는 것은 대원수인 천황 단 한 사람이었다. 그러나 대원수는 명령을 내릴 수는 없다. 실패하면 국가의 정통성에 상처가 나기 때문이다. 여기에서도 천황친정과 천황초정의 평형관계가 관련되어 있다. 여기에서도 불마의 대전을 강조하는 것이 국가 운영의 지장이 되고 있었다.

파벌과 세대

장해의 둘째도 통수권 독립에서 파생한 것이다. 메이지천황은 군인칙유에서 육해군인에 대해 여론에 현혹되지 말고 정치에 관여하지 말며 충절을 다하라고 타일렀다. 이로써 육해군은 정치의 영향을 받아서는 안 된다는 생각이 생겼다.

그러나 육군의 기초를 만든 야마가타 아리토모, 가쓰라 다로, 데라우치 마사다케(寺内正毅), 다나카 기이치는 육군의 지도자인 동시에 국정 지도자의 일원이기도 했다. 그 증거로 모두 총리가 되었다. 후계 세대인 야마나시 한조(山梨半造), 우가키 가즈시게는 양대 정당 시대에 적응해서 군축을 감행했다. 다나카 기이치는 하라 다카시와의 인연으로 후에 정우회 총재가 되었다. 우가키 가즈시게는 민정당 내각의 수상 후보였다.

중견층은 이들은 정치군인으로 육군의 순수함을 저해하는 존재라며 적대시했다. 여기에 모순이 생긴다. 육군 중견층은 군사와 정치의 일원화를 목표하고 있었기 때문에 정치군인을 선행 사례로 봐야 했다. 그러나 그들은 파벌과 세대의 논리에 얽매어 있었기 때문에 정치군인을 적대시했다.

선각자 다나카 기이치

앞에 든 정치군인 가운데 야마가타부터 다나카까지는 조슈번 출신이다.

육군 중견층은 육군대학교를 우수한 성적으로 졸업해도 자신들의 출세가 늦어지는 것은 육군에 조슈 출신자 파벌이 존재하기 때문이라고 생각했다.

또한 다나카부터 우가키까지의 후계 세대에 대해서는 군축을 공적으로 정당정치에 아부하거나 정당정치인으로 변신해서 자기 영달만 꾀한다고 비난했다. 다나카에게는 정우회 총재 취임 선물로 육군 기밀비를 반출한 혐의가 있었다. 또한 다나카가 조직 형성에 관여한 재향군인회를 정우회의 집표 기관으로 악용하려고 한 혐의도 있었다. 육군 중견층에게 다나카 기이치는 전형적인 정치군인이었다.

그러나 다나카 기이치는 고도국방국가 건설의 선각자이기도 했다. 정우회 총재로서 다나카가 몰두한 것은 국방의 국민화였기 때문이다. 다나카는 다음과 같이 연설했다.

국방을 군인이 요리하는 것이라는 좁은 생각을 근본부터 바꾸지 않으면 안된다. 국방은 국민의 국방인 이상, 오늘날의 모든 국방 조직을 국민화해 가야만 한다. 우리는 유신 이래 타성(惰性)으로 오늘날까지 간직해 온 신념을 여기에서 내던지지 않으면 안 된다〔입헌정우회 편, 『정치강좌(政治講座)』〕.

모든 국방 조직을 국민화할 때 일어나는 것은 통수권 독립의 부정이다. 다나카가 정계에 입문한 이유 중 하나가 총력전체제에 필요한 제도 개혁을 하는 것이었다. 정치 관여가 금지된 육군 안에 있으면서 정치체제를 변혁할 수는 없기 때문이다. 1927년 4월 20일에 발족한 다나카 내각이 5월에 내각 자원국을 설치해서 자원의 통제운용계획에 관한 사항을 통할(統轄)시킨 것은 다나카의 방침을 잘 보여 주는 것이다.

또한 다나카 기이치는 정치와 군사의 일체화를 산둥(山東) 출병으로 실천했다. 1927년 5월 28일, 정부는 중국 산둥성에의 출병을 성명하고 관동군에게 출동을 명령했다. 다나카는 성명을 낼 때 24일 각의 종료 후 육군장관, 해군장관과 논의하여 정세 판단에 대해 의견 일치를 봤다. 그날 오후 외무성 아시아국장, 육군성과 해군성의 군무국장이 외무성에 모여 파병에 대한 3자의 의견을 일치시켰다. 27일 각의에서 파병을 결정하고, 28일에 다나카 수상과 참모총장이 순서대로 참내(參內)하여 파병에 대해 상주(上奏)해 재가를 받았다. 즉 산둥 출병의 절차에서 수상 겸 외상 다나카와 육해군의 의견조정이 면밀하게 이루어진 것을 알 수 있다.

의견조정은 8월의 철병 때도 이루어졌다. 8월 20일 다나카 외상은 베이징 주재 공사에게 수일 내의 자주적 철병을 예고했다. 그후 27일에 이르러 다나카 수상은 각의 자리에서 철병 단행을 제안했다. 시기에 대해서는 외상과 육상에게 일임하는 것으로 이의 없이 결정되었다. 30일 다나카 수상이 참내하여 철병을 상주했다. 이어 참모총장이 철병에 관한 봉칙명령안(奉勅命令案)을 상주해 재가를 받았다. 9월 8일 철병이 완료했다.

산둥 출병과 산둥 철병은 정치와 군사가 일체화해서 이루어졌음을 알 수 있다. 수상 겸 외상 다나카는 육군장관, 해군장관, 참모총장과 보조를 맞추어 정부 정책으로 출병과 철병을 완료했다. 이것은 만주사변이나 루거우차오사건의 경우에 비해 현저한 대조를 이루고 있다.

육군 중견층은 국무통수일원화에 선수를 쓴 다나카 기이치를 추대하면, 내각과 육군의 협력 아래 고도국방국가 건설에 착수할 수 있었을 터였다. 그러나 육군 중견층은 다나카 실각의 원인을 만들고 말았다. 고모토 다이사쿠에 의한 장쭤린폭살이다. 육군 중견층으로서는 조슈벌의 다나카가 물러나 목적 중 하나를 달성한 셈이었을지도 모른다. 그러나 다나카 이후 육군 출신 수상이 탄생하는 것은 하야시 센주로 내각을 기다려야 하는 것이어서 실로 8년이란 세월을 헛되게 한 것의 의미는 적지 않았다.

군축과 정신주의

군축은 보병부대가 주요 전력인 다이쇼시대 육군에게는 병사의 삭감이자 장교의 조기퇴직이었다.

야마나시 한조는 사단을 삭감해서 육군 장병을 6만 명 감축했다. 우가키 가즈시게는 4개 사단을 삭감하고 사단을 구성하는 여단의 수도 4개에서 3개로 삭감했다. 야마나시와 우가키의 군축 결과 육군은 평시 병력의 3분의 1을 잃었다.

전력 삭감은 장교 삭감이기도 했다. 특히 우가키 군축에서는 여단 삭감에 의해 여단장이 된 소장의 4분의 1을 예비역으로 편입하게 되었다. 예비역 편입은 현역 군인을 그만두는 것이다. 즉 퇴직이다. 군의 정책에 의한 퇴직이므로 퇴직을 명받은 소장은 중장으로 진급하고 나서 예비역 편입의 사령을 받았다. 은급이 높아지기 때문이다. 현대에서 조기권장퇴직자에게 퇴직금을 증액하는 것과 같다.

시오텐 노부다카는 육군장관 우가키를 원망하지 말라고 교도(教導)받은 뒤 중장으로 승진하고 퇴직했다. 마음에 두지 않았다고는 하지만, 언론보국의 기개가 있어 그 필봉은 먼저 미노베 공격으로 향하고 중의원 의원 당선 후에는 익찬회 비판으로 향했다. 오쿠다이라 슌조도 우가키 군축의 대상으로 중장으로 예비역이 된 뒤 일본신문사 고문으로 런던군축회의 비판, 미노베헌법학 비판 논설을 썼다. 이 밖에 미노베를 공격한 일본주의자에 전 육군 중장이 산견되는 것은 우가키 군축의 부산물이다.

니시우라 스스무(西浦進)는 "우가키 군축으로 해고되었다는 감정이 역시

군 가운데 개운치 않은 응어리를 남겼다는 점은 논쟁의 여지가 없다고 생각한다'라고 회상했다. 니시우라는 연대 근무의 견습사관으로 야마나시한조와 우가키 가즈시게 군축을 견문한 인물이다. 니시우라는 군축이 잔류한 장교단에게도 원한을 남겼다고 보고 있다. 우가키 군축은 병력 삭감으로 남은 비용을 병기근대화에 전용할 계획이었다. 병기근대화는 고도국방국가의 과제 중 하나이기 때문에 우가키 역시 선각자였다고 말할 수 있을 것이다. 그러나 장교들은 우가키의 시책에 적대적이었다. 왜냐하면 우가키 시책은 장병을 병기로 바꾸어 놓는 것으로 장교의 자존심을 흠집 내는 것이었기 때문이다.

산업혁명 초기에 수공업자나 노동자가 기계파괴운동을 일으킨 적이 있다. 러다이트운동이다. 대량생산을 가능하게 한 직물기계가 그들의 일을 빼앗았기 때문이다. 일본 육군에 병기파괴운동은 일어나지 않았다. 그러나 최신병기에 대한 혐오가 정신주의의 풍조를 낳았다. 백병전지상주의이다.

이 정신주의는 육군 중견층에도 영향을 미쳤다. 무엇보다도 고도국방국가의 핵심임에도 불구하고 병기근대화를 고창하기 어렵게 되었다. 또한 군축을 요구한 정당정치에 대한 혐오로 통수권 독립을 강조하는 기운이 싹텄다. 이어서 육군 중견층이 분열했다. 혁신정책 실현을 목표한 통제파와 정신주의에 쏠린 황도파이다. 양파의 대립은 나가타 데쓰잔 암살사건과 2·26사건에 이른다.

만주사변

1931년 9월 18일에 시작된 만주사변에 대해 새삼스럽게 언급해야 할 사항은 하나밖에 없다. 육군 중견층을 대표하는 준수(俊秀) 이시하라 간지는 통수권 독립을 이용해서 만주사변을 성공시켰고, 따라서 두고두고 국무통수일원화를 불가능하게 했다는 점이다.

만주사변은 관동군의 독주에 의한 것이라는 이해가 있다. 그러나 이러한 이해로는 미나미 지로(南次郎) 육군장관과 가나야 한조(金谷範三) 참모총장이 사변 불확대 방침을 취해 관동군의 군사행동을 억제하려 했다는 사실을 이해하기 어렵다. 관동군은 육군중앙의 명령을 어떻게 따르지 않았을까. 그 답은 법령과 제도의 빠져나갈 구멍을 통했기 때문이다.

이시하라를 비롯한 관동군 참모들은 관동군 사령관은 천황에 직속하므로 참모총장의 부하가 아니라는 입장을 취했다. 이것이 첫 번째 빠져나갈 구멍이었다. 이미 확인한 바와 같이, 참모총장과 관동군 사령관은 각각 별개로 천황에 직속해서 대우도 친(親)임관 친(親)보직으로 동격이었다. 천황이 직접 임명해서 취임한 직무라는 의미이다.

관동군 사령관은 작전과 동원계획에 대해서는 참모총장의 구처(區處)를 받게 되어 있었다. 사서(史書)에 따라서는 구처에 지휘의 주석을 한 것도 있지만 사전상의 정의는 구분해서 처리한다는 것으로, 상하관계를 연상시키는 어감은 없다. 실제는 지휘와 다르지 않지만 굳이 구처라고 표기한 것은 참모총장과 관동군사령관의 상하관계를 따지지 않으려는 고심 끝의 작문이었다고 생각하는 것이 좋을 것이다.

그러나 구처라는 한마디 말은 이시하라에게 두 번째 빠져나갈 구멍을 주었다. 이시하라는 참모총장이 관동군의 작전행동을 세세하게 지도하는 것은 관동군사령관의 통수권에 대한 참모총장의 간섭이라고 반발했다. 이러한 견해가 결코 엉뚱한 의견은 아니었다. 이 의견을 직접 들은 엔도 사부로는 중앙이 자세한 것에까지 참견한 것은 유감이라고 이시하라의 의견에 찬동했기 때문이다.

한편 엔도는 참모본부 작전과 근무 경험이 길어 작전과의 능구렁이를 자칭하던 인물이다. 작전주임부원의 직무에 강한 자존심을 느끼고 있었다.

참모본부 작전주임부원 등이라는 것은 법적으로는 아무런 권한도 없이 그림자 같은 존재에 지나지 않지만, 실제로 하는 일은 국군 전반의 작전계획 입안 및 천황 통수권의 파수꾼으로서…… 가장 중요한 용병상의 통수명령을 기안하고 순서를 밟아 상주, 재가를 받은 뒤 전달해서 군대를 행동하게 하는 것이 본무로 군인으로서 이만큼 긍지 높은 일도 없다〔『중·일 15년 전쟁과 나(日中十五年戰爭と私)』〕.

이시하라 간지에의 찬동과 작전주임부원으로서의 자존심 사이에 모순이 있는 듯이 보이지만, 엔도는 천황 직속의 관동군사령관은 천황에게 관동군의 지휘명령에 대한 통수권을 위임받았다고 생각하고 있었기 때문에 모순되지 않는다.

관동군사령관의 통수권에 대한 생각은 엔도 한 사람만의 것이 아니었다. 외정(外征) 중인 장군은 군명(君命)을 따르지 않는 일도 있다는 것은 옛날부터의 진부한 잠언이다. 동서고금의 군대에 정도의 차이는 있지만 들어맞는 말이다. 긴급사태 때는 현장의 판단이 우선되는 것이 당연하기 때문이다.

가나야 참모총장은 관동군을 억제하기 위해 임시참모총장 위임명령을 발했다. 천황에게 통수권 일부를 일시적으로 위임받아 참모총장이 관동군사령관에게 명령할 수 있게 했다.

그러나 이것은 실패로 끝났다. 육해군은 천황의 군대라는 점에 긍지를 갖는 집단이었기 때문이다. 천황의 명령이기 때문에 절대복종을 맹세할 수 있었다. 임시참모총장 위임명령은 통수권을 빌린 참모총장의 명령이다. 권위의 차이는 역력하다.

참모본부도 육군성도 관동군을 멈추게 하지 못한다는 점에서 안절부절 못한 내각은 천황의 권위를 빌려 사태를 수습하려고 생각했다. 어전회의의 개최이다. 이 안에는 원로 사이온지 긴모치가 반대했다.

와카쓰키 레이지로가 중신들을 방문해 다닐 때, 나는 야! 이거 큰일 났네, 하는 느낌을 강하게 가졌다. ……어전회의를 하거나 중신회의를 해서 그 결과 뭔가가 나온다 해도 만약 그것에 아무런 효과가 없으면—혹은 그것이 실행 되지 않으면, 단지 폐하의 덕에 상처를 낼 뿐이어서 오히려 그러한 일이 없는 편이 안전하다. ……나는 아무리 측근들이 그러한 것을 암시해도, 아무리 누가 뭐라 해도 결코 상대하지 않겠다는 기분이었다〔『사이온지 긴모치와 정국(西園寺公望と政局) 2』〕.

쇼와천황은 입헌군주로 물러나 정치 현장에 개입하면 안 된다는 사이온 지의 방침은 천황초정의 이념에 기초한 것이다. 향후 중일전쟁 시기에 어전회의가 개최되는데 쇼와천황은 출석할 뿐 발언하지 않았다.

이시하라 관동군사령관은 천황에 직속한다는 천황친정의 논리를 내세워 참모총장이 천황에 대신해서 명령을 내리는 천황초정의 현실을 부정했다. 육군중앙과 내각은 이에 대항하는 논리와 태도 모두를 보일 수 없었다.

그 결과 이시하라는 만주사변을 성공시켰다. 그러나 출진군 사령관은 참모총장에 따르지 않아도 된다는 나쁜 선례를 남겼다. 루거우차오사건을 처리할 때 그 피해를 입은 것은 참모본부 작전부장이 된 이시하라 자신이 었다.

합리적정 거사

중견층은 우가키 가즈시게가 조슈벌의 다나카 기이치와 달리 오카야마현(岡山縣) 출신이었기 때문에 그를 적대시하지 않았다. 오히려 병력 삭감에 의한 병기근대화를 환영하고 우가키를 총리에 옹립하려는 기운조차 있었다. 1931년 3월의 정권탈취계획이다. 이른바 3월사건이다.

사건은 미수에 그쳤다. 우가키가 번의(翻意)했기 때문이다. 사이온지 긴모치에게 후한 대접(知遇)을 받던 우가키는 조용히 기다리면 머지않아 수상 자리가 돌아올 것이라는 계산이 있었기 때문이다. 그러나 우가키는 이 번의를 계기로 육군 전체에게 적대시된다. 중견층도 우가키를 적대시하고 머지않아 우가키 내각 성립을 방해한다.

육군성 군사과장을 맡고 있던 나가타 데쓰잔도 3월사건의 실행에 대해서는 계획 실시에 강력 반대했다. 고이소 구니아키(小磯国昭) 군무국장의 명령으로 계획서를 작성하기는 했지만, 나가타는 본래 비합법 활동을 부정하고 있었다.

나가타가 쓴 「군을 건전하고 밝게 하기 위한 의견」에는 육군이 움직이는 것은 천황의 명령이 있을 때뿐이라는 일절이 있다. 이러한 나가타의 신념은 혁신정책의 속도에도 나타난다. 부하인 무토 아키라는 나가타에게 합리적정 거사라는 별명을 붙였다. 나가카가 무슨 일이든 기존 법률의 범위 내에서 무리 없이 점진(漸進)하는 것에 고집했기 때문이다.

나가타 데쓰잔이 점진을 취지로 한 것은 국민생활에 미칠 영향을 생각했기 때문이었다. 나가타가 구상하는 고도국방국가는 경제 발전과 양립 병행하는 것이었다. 총동원 준비는 일면에서 국리민복을 추진하고, 타면에서 전시국방의 목적에 합치한다는 것이 나가타의 구상이었다.

나가타의 혁신은 적대자가 보면 너무도 지지부진해서 정·관·재계와 타협하면서 현상을 수정하는 것으로밖에 보이지 않았다. 실제로 나가타는 재계인과의 면회를 거듭하면서 통제경제 추진에 찬성하는 대장성 장관 후보자를 찾았다. 통제파는 육군 중견층 가운데 나가타의 방법에 찬성하는 사람들이기 때문에 합리적정은 정도의 차이는 있을망정 통제파에 공통된 특징이었다.

그러나 나가타의 점진주의는 수상 후보로도 거론되었던 우가키 가즈시게 육군장관이 물러나고 황도파의 아라키 사다오(荒木貞夫)가 육군장관이 된 뒤 정체한다. 사회대중당이나 혁신관료와 마찬가지로 자신들의 주장을 대변하는 정치지도자가 필요했기 때문이다.

나가타 데쓰잔의 활약이 본격화하는 것은 1934년에 군무국장으로 승진해서 예산편성 책임자가 되었을 때이다. 같은 해에 『국방의 본의와 그 강화의 제창(国防の本義と其強化の提唱)』을 간행해서 국방을 구성하는 무력, 경제, 정략, 사상의 전 요소를 종합 통제하는 조직과 정책의 필요성을 호소한 시점이 나가타 데쓰잔과 통제파, 넓게는 육군 중견층 혁신파로서의 절정기였다. 나가타 데쓰잔이 1935년에 암살되고 다음 해에 2·26사건이 일어났기 때문이다.

2·26사건과 숙군

2·26사건 이후 육군은 발언권을 늘려 정치에 개입하게 되었다는 것이 일반적인 쇼와사 이해이다. 그러나 사건의 사후 처리를 맡은 육군 중견층의 한 사람 사토 겐료의 이해는 다르다.

2 · 26사건 후, 육군은 정치에 대해 다음과 같은 세 가지 가운데에서 방침을 정해야 했다.

(1) 정치에서 일체 손을 떼고 군기를 긴축해서 군을 재건한다.
(2) 공공연히 정치 무대에 나아가 필요한 개혁을 단행한다.
(3) 혁신의 추진력적인 입장을 취한다…….

(1)의 정치에서 손을 떼는 것도, (2)의 거군적(擧軍的)으로 개혁을 맡는 것도 불가능해 (3)의 '혁신의 추진력'적 입장을 취할 수밖에 없었다. ……가장 소극적인 것이었다. 이것은 불철저이며, 정체불명의 방책이기 때문에 이 난국을 구할 만한 길일 리는 없었다〔『도조 히데키와 태평양전쟁(東条英機と太平洋戦争)』〕.

사건 이후 육군은 외부에 대해 반성하는 자세를 표명할 필요가 있었다. 청년장교의 동기를 어느 정도 미화해도 반란을 결행한 사실은 변하지 않는다. 이것은 육군이라는 조직의 불상사이다. 육군은 세상에 얼굴을 들 수 없다.

육군 중견층은 2 · 26사건 처리와 재발 방지에 분주했다. 숙군(肅軍)이다. 사건에 직접 관여한 장교는 군사재판에 넘기고 간접적으로라도 관계한 장교라면 예비역으로 편입했다. 사토가 말한 군기를 긴축해서 군을 재건한다는 것은 바로 이런 것이다.

그러나 사토에 의하면 육군은 정치에서 손을 뗄 수 없었다. 2 · 26사건의 원인은 사회 불평등과 정치 부패였기 때문이다. 이 문제를 방치하면 사건 재발을 막을 수 없다는 것이 육군의 입장이었다.

육군 중견층이 혁신을 정부에 압박한 것은 그들의 발언권이 강해졌기 때문이 아니다. 장교 감독에 자신이 없었기 때문에 원인 일소를 정부에 요구했던 것이다. 또한 육군 중견층이 직접 혁신을 추진할 수 없었던 근본적인 이유로 통수권 독립이 있다. 사토가 거군적으로 개혁을 맡는 것은 불가능하다고 말한 것이 바로 이것이다.

육군 중견층은 혁신관료나 대중사회당 등 혁신에 협력해 줄 외부 세력을 후원하는 수밖에 방도가 없었다. 사토 겐료가 말하는 혁신의 추진력적인 입장이란 스스로 추진하는 것이 아니라 추진을 돕는다는 의미이다. 육군 중견층도 다른 혁신파와 마찬가지로 대변자를 필요로 했다.

그 결과, 육군은 정부에 대해 혁신을 요구하면서 자기들은 조직만의 세계에 틀어박힌 채 큰 소리로 억지로 관료를 부채질하면서도 자기는 움직이지 않는 등 서로 다른 요소가 혼합된 행동을 하게 되었다. 머리는 원숭이, 몸은 너구리, 뱀 꼬리와 호랑이 손발을 가진 괴수, 백야(鵺)에 비유한 까닭이다.

중일전쟁과 탄약 부족

반란 사건의 재발 방지를 위해 원인이 되는 사회와 정치 문제를 해결한다―이것이 2·26사건 이후 육군 중견층이 정부에 요구한 혁신이다. 본래 혁신이란 고도국방국가를 건설하는 것이었다. 기우(氣宇)장대한 목표로부터의 후퇴는 부정할 수 없다. 그러나 혁신은 더욱 후퇴 축소된다. 중일전쟁이 발발했기 때문이다.

육군 중견층은 다가올 총력전에 대비하여 군비 충실과 경제체제 재구축을 호소해 왔다. 그러나 그 모두가 공리공론에 지나지 않았음을 깨닫게 되었다. 사변 개시 직후 탄약과 소총 부족을 겪었기 때문이다.

중일전쟁은 1937년 7월 7일 루거우차오사건으로 시작된다. 2개월 후 14개 사단을 동원하고, 임시군사비 25억 엔 지출도 정해졌다. 그러나 출정하는 병사에 지급할 탄환이 없었다. 탄환 제조가 완료될 때까지 병사를 가득 태운 수송선단이 오사카만 내에 대기하는 사태가 벌어졌다. 당시 오사카조병창의 탄환공장장이었던 나카하라 시게토시(中原茂敏)는 지금까지의 평시 준비는 도대체 뭐 하고 있었던 것인가 하고 놀라며 대노했다.

육군성에서 종전 직전까지 예산 편성에 종사한 니시우라 스스무는 소총 부족은 전쟁 형태의 변화에 기인한다는 것과 그러한 변화를 예측하지 못했던 것을 회상하고 있다. 종래의 전쟁 형태에서는 최전선의 보병만이 총을 휴대하고 있었지만, 베트남전쟁과 같이 유격전을 걸어오는 중국군에 대해 후방 부대의 포병 등에게도 총을 제공할 필요가 닥쳤기 때문이다. 니시무라는 소총 부족은 예측 밖이었다고 회상한다.

육군 중견층은 장래의 총력전에 대비하고 있었을 터였다. 탄환 소비량 증대는 예측하고 있었다. 그러나 탄약은 개전 2개월 만에 바닥이 났다. 이것이 고도국방국가를 목표해 온 육군의 현실이었다. 공리공론이라고 혹평한 이유이다.

육군 중견층은 혁신의 몽상을 떨쳐 버리고 현실에 눈뜨지 않으면 안 되었다. 사토 겐료는 국가총동원법의 필요성을 혁신과는 전혀 무관한 것으로 설명하고 있다.

육군성의 걱정은 비통한 것이었다. 이렇게 되면 길은 단 하나, 민간공장에 포탄 제조 설비를 신설 · 확장하게 하는 것 외에는 방법이 없다. 육군장관 관저나 군인회관에 민간 군수기업인들을 초대해서 육상이나 국장이 시국의 중대함을 설명하고 탄약 제조 설비 신설 · 확장의 급무를 호소했다. 그러나 탄약고가 텅 비었다고는 말하지 못해 당국의 고충이 기업인들에게 쉽게 통하지 않는다. 가령 통했다 하더라도 그들은 자기 기업 입장에서 판단할 수밖에 없다. ……거기에서 탄약뿐만 아니라 군수산업 전반에 걸친 설비의 신설·확장도 가능하고 기업주에게 손실을 입히지도 않을 특별한 궁리가 필요했다. 그것에는 '정부는 필요한 설비의 신설·확장을 기업주에게 명령할 수 있고, 그로써 손실이 생기면 정부는 이를 보상할 의무를 진다'라는 제도를 만들 수밖에 없다. 자유경제기구는 그대로 두고, 더욱이 전쟁의 대규모 수요에 부응하는 생산 확충을 하기 위해서는 어떻게 해서든 이 제도에 의할 수밖에 없다. 또한 민간기업주가 설비를 신설·확장하기 위해서는 자금 공급이 필요하다. 그래서 정부는 금융기관에 기업주에게 자금 대부를 명령하고, 만약 금융기관이 이 대부로 손해를 보게 되면 이 역시 정부가 보상 의무를 진다. 이러한 제도가 총동원체제이며, 총동원법이 노리는 바이다〔『대동아전쟁 회고록(大東亞戰爭回顧錄)』〕.

니시우라 스스무도 민간기업을 움직이는 데에는 예산이 필요했다고 말하고 있다. 군수동원 등은 허위증서에 지나지 않으며 기업은 명령해도 말을 듣지 않는다는 것이 이유이다. 통상 국가총동원법은 혁신정책 중 가장 현저한 것으로 평가되지만, 국가총동원법을 가장 필요로 했던 육군에서는 탄약 제조를 의뢰하는 대신에 보조금을 지불하는 법률로 받아들이고 있었다.

필요성과 가능성

전쟁을 계속하는 것이 육군 중견층의 행동의 준칙(格率)이 된다. 필요성과 가능성이 혁신성을 덮어 갔다. 사실 군무국장 무토 아키라는 혁신을 포기하고 있었던 것 같다.

무토 아키라는 1940년의 고노에 신체제에 대해 당시에는 기대를 품고 있었다. 기획원에 파견근무를 하고 있던 아키나가 쓰키조(秋永月三)에게 종합국책기본요강의 기초를 의뢰하여 이 문서가 토대가 되어 제2차 고노에 내각의 기본국책요강이 탄생했다. 무토도 고도국방국가 건설의 의욕을 갖고 있었음을 알 수 있는 일화이다. 그러나 형세가 불리하다고 판단되자 태도를 연화(軟化)시킨다.

예컨대 익찬회의 부·현 지부장에 민간인을 기용할 것인지, 부·현 지사를 임용하는 하자마 시게루 내무차관안으로 갈 것인지로 옥신각신했지만, 무토가 하자마안에 찬성했기 때문에 부·현 지사가 익찬회 부·현 지부장이 되었다. 이미 1국1당 구상이 막부론에 패했기 때문에 내무성에 은혜를 베풀어 두는 것이 득책이라고 생각했을 것이다.

○ 문 : 흔히 무토 씨는 나치에 매우 심취해서, 1국1당적인 것을 구상했다고 하는데, 그 점은 어떻게 생각하시나요?

○ 답 : 무토 씨가 나치에 그 정도로 심취할 만큼 순정은 아니었어요. (웃음) 더욱더 교활하게 생각하고 있었던 것처럼 저는 생각합니다〔『니시우라 스스무 씨 담화속기록(西浦進氏談話速記録) 상』〕.

기도(木戸)일기연구회 연구자와 니시우라 스스무의 문답이다. 무토는 이상주의의 혁신파가 아니라 현실주의에 투철했다. 군무국장은 육군의 예산과 인사에 대해 의회에서 답변하는 일도 있고, 군수품 조달과 관련해서 다른 성과의 상담도 맡았다. 육군장관이 정한 정책을 구체적인 사무로 구현시켜 실행에 옮기는 것이 군무국장의 직무이므로 현실주의자가 아니면 감당해 낼 수 없었다.

군무국장 이상으로 현실주의에 투철한 것이 군무국장 아래 예산 편성에 종사하던 군사과장과 군사과원이었다. 니시우라는 중일전쟁부터 태평양전쟁의 거의 전 기간에 걸쳐 군사과에서 근무했다. 담화속기록에서 간파할 수 있는 니시우라의 일솜씨는 철두철미하게 이치로 따지고 드는 것이다. 사실 육군성은 조직이 견실했던 만큼 예산 요구도 정연하게 행해졌다고 후쿠다 다케오는 회고하고 있다. 대장성 주계관(主計官)으로 육군성 예산을 담당하고 있었다. 후쿠다가 예산 절충에서 사용법이 적절치 않은 예산을 삭감하면 육군성도 따랐다. 니시우라는 대장성 주계국은 예산 절충 중의 비밀은 반드시 지켰다고 회고하고 있다. 적어도 니시우라와 후쿠다 사이에는 군도(軍刀)로 위협하는 장면 따위는 없었을 것으로 추측된다.

군사과 예산반장이나 혹은 군사과장으로 막대한 군사예산을 작성해 온 니시우라에게 전쟁이 한창일 때도 혁신을 꿈꾸는 장교는 불성실한 인간이며 경멸의 대상일 수밖에 없다.

장교 중에는…… 일종의 정치적 공기에 젖어 스스로 자기도취해 있는 것이…… 취미인 무리들이 있다. ……(정치인과) 요정에 가서 술을 마시며 천하국가를 논한다거나 하는 자, 혹은 신문기자와 자주 접촉한다거나 하는 자, 이러한 자의 이름이 자주 나온다. 마치 자기가 군을 지도한 것처럼 말하지만, 군내부에 대한 영향력은 자기가 반드시 100퍼센트 있었던 것은 아니다(『니시우라 스스무 씨 담화속기록 상』).

니시우라로서는 밖으로 나서지 않아도 자기가 하는 일이 육군에 큰 영향을 미치고 있다는 자신이 있었을 것이다. 따라서 현재의 연구자가 육군 중견층 제일의 혁신파로 주목하는 이케다 스미히사(池田純久)에 대해서도 군정의 중심에서 벗어나 있던 이케다의 계획안이 큰 영향력을 가졌다고는 생각하지 않는다고 신랄하다.

역사 연구자는 남겨진 사료를 중시하는 경향이 있다. 과장된 제목이 붙고 논리정연한 작문이 이어지고 있으면, 틀림없이 중요시되었을 것이라고 제멋대로 상상한다. 문서 작성자를 중요 인물로 간주한다. 그러나 니시우라의 말은 연구자의 상정을 부정하는 것이다.

대본영

1937년 11월 대본영이 설치되었다. 대원수인 천황에 직속하는 최고 통수기관이다. 참모총장과 참모본부의 막료들이 대본영 육군부를 구성하고, 군령부총장과 군령부 막료들이 대본영 해군부를 구성한다. 육군부와 해군부는 완전히 동격으로 서로 독립한 조직이었다. 대본영은 전시에만 설치하는 기관이지만, 이번에 법령을 고쳐 사변에도 설치할 수 있게 했다.

중일전쟁은 당시는 지나사변으로 전쟁이 아니었다. 당시 사람들은 대본영 설치로 선전포고 없이 시작된 지나사변이 사실상의 중일전면전쟁으로 이행하게 될 것이라고 해석했다. 현재의 연구자도 같은 의견이다. 육해군은 중국 측이 대본영을 설치했기 때문에 대항한 것이라고 선전했다. 한편 육군성에서는 참모본부가 육군성에 대해 우위에 서기 위해 대본영 설치의 말을 꺼낸 것이라고 억측했다.

그러나 대본영 설치를 제창한 참모본부의 본심은 다른 곳에 있었다. 참모본부 작전과에서 전쟁지도반장을 맡았던 다카시마 다쓰히코(高嶋辰彦)가

사토 겐료에게 말한 바에 의하면, 만주사변이나 2·26사건이 일부 장교의 독단으로 일어난 탓에 최전선의 장병 가운데 이번 작전명령이 천황의 명령인지 막료의 독단에 의한 것인지를 의심하는 자가 있을지도 모르는데, 이러한 의심을 완전히 불식시키기 위해 대본영을 설치하고자 한다고 말했다.

참모총장은 천황의 명을 전달하는 형식으로 출전 군대에 명령을 내린다. 봉칙명령이다. 칙(勅)을 받들어 명령한다는 것이다. 명령서에는 봉칙전선(奉勅傳宣)을 표기하는 적도 있었다. 위에서 아래로 말을 전하는 것이 전선이다.

봉칙명령이든 봉칙전선이든, 천황이 결정한 사항을 참모총장이 명령·전달한다는 취지이다. 대원수가 스스로 통수권을 행사한다는 천황친정의 표면상의 원칙을 형상화한 것이라고 할 수 있다.

다카시마의 발언은 다테마에가 통용되지 않는 사태가 발생했음을 고하고 있다. 봉칙명령의 내용은 실제로는 참모본부 막료가 기안한 것이다. 통수권 운용에서도 천황초정이다. 어지간히 세상 물정 모르는 장교가 아니라면 분별하고 있는 것이 당연한 혼네이다. 또한 그렇지 않으면 육군대학교를 졸업할 수 없다.

그러나 현장의 장교는 통수권에서의 천황초정을 그야말로 분별하고 있었기 때문에 의심암귀에 빠졌다. 당시 참모본부 작전부장을 맡은 것은 만주사변을 계획하고 실행한 이시하라 간지였기 때문이다. 이시하라는 중일전쟁에 반대했다. 세계 최종 전쟁에 대비해 중공업화에 전념해야 한다고 생각했기 때문이다. 이시하라는 육군 굴지의 수재로 이름난 전략가였기 때문에 그가 전쟁 반대의 의향이라는 것은 주지의 사실이었다. 그러한 이시하라가 작전부장을 맡고 있는 참모본부의 명령이 전쟁을 확대하는 것이었기 때문에 현장이 이해에 고심한 것도 무리는 아니었다.

국무통수일원화의 실패

사토 겐료와 고노에 후미마로는 참모본부의 대본영 설치론에 응해 각각 별개로 국무통수일원화를 실현하기 위한 호기로 이용하려고 시도했다. 별개로, 라고 단서를 붙인 이유는 사토가 말하는 일원화는 전쟁 수행과 고도 국방국가 건설을 위해서이고, 고노에의 그것은 육군을 억제해서 전쟁을 종결시키기 위한 것이기 때문이다. 정략과 전략의 일치를 위해 대본영에 수상, 외상, 장상, 상상(商相) 등 주요 각료를 포함시킨다는 사토의 생각은 육군 중견층의 그것과 같은 것이기 때문에 새삼 지적할 필요는 없다.

여기에서는 고노에의 생각을 설명한다. 1937년 9월경부터 고노에와 가자미 아키라는 날마다 확대하는 전선에 위기감을 느껴 중일전면전쟁을 회피하기 위해 육해군의 작전행동을 억제할 필요를 통감하게 되었다. 가자미는 제1차 고노에 내각의 내각서기관장이었다. 현재의 관방장관에 해당한다.

육해군은 작전 내용은 통수사항이므로 내각이 관여할 수 없고, 내각에의 정보 제공도 군기 누설의 우려가 있으므로 안 된다는 입장을 취했다. 각의에서 고노에 수상이 질문해도 육해군장관이 묵비하는 상태였다.

고노에는 통수부에 관여할 수 있도록 제도를 개편할 결심을 굳혔다. 가자미는 헌법을 개정해서 내각 아래 국무와 통수를 일원화하는 안을 제시했다. 그러나 고노에가 거절했기 때문에 단념했다. 고노에는 조각을 할 때 천황에게 헌법 준수의 요청을 받았으며 헌법 개정 등은 불가능하다고 생각했기 때문이다. 고노에와 가자미가 여러 가지로 궁리를 거듭한 끝에 고안한 것은 수상을 정식 구성원으로 한 대본영을 개설하는 것이었다. 이것은 통수권 독립을 해석개헌하는 방책이다.

9월 말, 가자미가 요나이 미쓰마사 해상(海相)과 상담하자 요나이는 찬성했다. 스기야마 하지메 육상(陸相)과 상담하자 스기야마도 찬성했다. 그러나 더 이상 진전이 없는 채 10월이 지나갔다. 가자미가 대본영 설치안 경과를 요나이 해상에게 질문하자 육군이 저항한다고 답했다. 스기야마 육상에게 따지자 해군이 반대하기 때문이라고 답한다. 고노에가 질문해도 양자의 답변은 같았다.

그럭저럭하는 동안에 육해군은 대본영령을 공시했다. 총리는 구성원에 포함되지 않은 채 육군에서는 참모총장, 참모차장, 참모본부 제1부장, 육군장관이, 해군에서는 군령부총장, 군령부차장, 군령부 제1부장, 해군장관이 각각 참석(參列)하는 것으로 되었다. 이 가운데 육상과 해상은 출석이 허용된 방청자에 지나지 않았다. 즉 종래대로의 통수기관 존속이 확정되었다.

정부와 의회는 대본영령 제정에 관계하지 않았다. 군령이기 때문이다. 군령은 육해군에 관한 독자의 법체계로서 육해군만이 제정할 수 있는 법령이다. 즉 고노에는 시간 끌기 끝에 속아서 골탕을 먹었다.

사토 겐료는 완성된 대본영을 보고 낙담했다. 사토에게는 통수의 순결성을 지킨다는 명목 아래 통수에 대한 정부의 간섭을 받고 싶지 않다며 소극적으로 자신만의 세계에 틀어박힌 태도를 취한 것으로 보였다. 총력전 시대에 국무와 통수는 일치하지 않으면 안 된다. 완전한 양자의 일치는 어느 한쪽이 다른 한쪽을 지배하는 것으로밖에는 실현할 수 없다. 이것이 사토의 단안이었다.

그러나 참모본부와 군령부는 통수권에 갇혔다. 통수권 내용은 자기들이 만든다는 자존심을 지켰다고 할 수 있다. 그 결과, 작전에 대한 고노에의 참견을 막음과 동시에 육해군이 정치를 지배하는 길도 막았다.

대본영정부연락회의

사토 겐료는 국무통수일원화의 실마리가 되도록 차선책으로 대본영정부연락회의를 제안했다. 정략과 전략의 중요 사항에 대한 정보 공유와 의사소통을 도모하기 위해서였다. 참가자는 다음과 같다. 대본영 측에서 참모총장과 참모차장, 군령부총장과 군령부차장이 출석한다. 정부에서는 수상, 외상, 장상, 육상, 해상, 기획원총재, 필요에 따라 다른 각료가 출석한다. 내각서기관장, 육해군성의 군무국장이 간사를 맡는다.

당초 가자미 아키라는 연락회의 설치를 호의로 생각했다. 종래대로의 대본영이 설치된 것은 어쩔 수 없다고 해도, 연락회의를 유효하게 활용하면 국무와 통수 일체화를 실현할 수 있다고 생각했기 때문이다. 그러나 회의의 실상을 이해하고는 자신들이 속았음을 알았다. 연락회의는 대본영과 정부가 각각의 입장을 설명하기 위한 장일 뿐 논의하는 장도, 의사결정을 하는 장도 아니었기 때문이다. 가령 무언가를 정했다 해도 결정 내용에 법적 권위는 없었다. 회의는 단순한 회담에 지나지 않았다. 정례적인 개최일이 설정된 것도 아니었다. 수시로 회담하기 위해서라는 것이 표면적인 이유였다.

연락회의는 제1차 고노에 내각에서 수차례 열린 뒤 히라누마, 아베, 요나이 등의 내각에서는 중단되었다. 원래 고노에로 인해 통수가 어지럽혀지면 안 된다는 일심으로 만든 기관이기 때문에 고노에가 없어지면 열 필요가 없었다. 가자미가 말하는 바와 같이 연락회의는 고노에 제안을 완곡하게 거절하기 위한 구실이었다. 동시에 사토 겐료의 기대도 배신당했다.

중일전쟁이 장기화함에 따라 국무통수일원화의 필요는 바라건 바라지 않건 높아졌다. 그러나 통수권 독립은 견지되었다. 여기에서도 필요성과 합헌성을 양립하는 전시체제가 만들어졌다.

외견상, 형식상 일원화는 진전했다. 제2차 고노에 내각에서 연락회의가 재개되고 정보 공유를 위한 간담회도 병행해서 열렸다. 1941년 7월부터는 연락회의를 정례 개최하기로 했다. 그러나 내실을 갖추었다고는 할 수 없다.

의사결정기관이 아니라는 원칙을 견지하면서 연락회의의 화제는 중일 전쟁에서 미·일교섭으로 옮겨 갔다. 내각은 제3차 고노에 내각을 거쳐 도조 히데키 내각으로 바뀌어 있었다.

도조 내각 탄생은 개전 강경파인 도조를 수상으로 해서 전쟁을 회피하도록 명하면 국난을 타개할 수 있을지도 모른다는 내대신 기도 고이치의 도박이었다. 도조는 군무국장 무토 아키라와 함께 화평으로 전환할 길을 모색했지만 국책 재검토는 되지 않았다. 사토 겐료는 헌법을 초월하는 것이 종전 때까지 이루어지지 않았다고 아쉬워했다.

대본영정부연락회의는 천황이 임석한 어전회의에서 기정 방침대로 대미개전을 정했다. 정확하게는 합의했다. 천황은 의견을 말하지 않았다. 헌법을 존중해서 입헌군주로서의 역할에 투철했기 때문이다.

그후 내각은 합의한 사항을 토대로 각의에서 대미개전을 결정했다. 선전포고는 내각결정사항으로 천황의 외교권에 속하기 때문이다. 대본영은 육해군에 대해 필요한 명령을 했다. 작전과 용병은 천황의 통수권에 속하기 때문이다. 천황친정의 표면적인 원칙에 따라 천황이 각각의 기관에 명령했다는 형식을 갖추기 위해서였다.

수상 겸 육상 겸 참모총장

　원래 도조라는 인물은 말하면 잘 이해하는 사람인데 압제자 같은 평판을 받게 된 것은 본인이 너무 많은 직을 겸무해서 매우 바쁜 나머지 본인의 뜻이 아래로 잘 전달되지 않았고, 더욱이 헌병을 너무 지나치게 사용했다. ……도조는 열심히 일하고 평소에 말하는 것도 사려가 주도면밀해서 꽤 좋은 면이 있었다〔『쇼와천황 독백록(昭和天皇独白録)』〕.

　쇼와천황의 도조 히데키 평가이다. 도조가 근면하고 유능한 관리였다는 것은 같은 시대를 살아 도조를 아는 사람들의 일치된 의견이다. 다수의 장관을 겸무한 것도 사실이다.

　제3차 고노에 내각 육군장관이었던 도조는 쇼와천황의 특별허가를 받아 현역 군인인 채로 수상이 되었다. 쇼와천황에게 대미교섭을 처음부터 수정하도록 지시받았기 때문에 내무장관도 겸임했다. 전쟁을 회피하는 것이 정해지면 개전을 외치는 세력이 폭동을 일으킬 가능성이 있으므로 스스로의 책임으로 치안유지에 임할 필요가 있다고 생각했기 때문이다. 그후 군수장관, 외무장관, 문부장관, 상공장관을 겸임했다.

　다만 군수장관 이하의 장관 겸임은 후임자를 얻을 때까지의 일시적인 겸임이며, 내무장관 겸임은 대미 개전 후인 1942년 2월 7일에 그만뒀다. 이른바 익찬선거는 후임 유자와 미치오(湯沢三千男) 내무장관 아래 치러진다. 도조가 정권을 담당하는 동안 줄곧 겸임한 것은 육상뿐이다.

　쇼와천황은 도조를 신뢰했지만, 참모총장 겸임은 좋게 생각하지 않았다. 헌법 위반이기 때문이다. 사토 겐료는 통수권 독립을 인사로 짓밟는 행위라고 회고하고 있다. 그러나 1944년 2월 21일 도조 히데키는 수상 겸 육상 겸 참모총장이 된다. 같은 날 도조에게 배워 해군장관 시마다 시게타로(嶋田繁太郎)도 군령부총장을 겸임했다.

참모총장을 겸임한 목적은 절대국방권(絶對國防圈)으로 정한 마리아나(Mariana), 캐롤라인(Caroline)을 포기할 것, 필리핀에서 결전을 벌여 유리한 화평조건을 이끌어 낼 것 등으로 작전계획 전체를 전환시키는 데 있었다. 그러기 위해서는 스스로 참모본부에 뛰어들어 막료의 반대론을 억제할 필요가

■■ 그림 3. 도조 히데키(일본 국립국회도서관 소장)

있다고 생각했다. 그런데 참모총장으로서의 도조는 마리아나, 캐롤라인의 방비를 강화하도록 명령했다. 부하가 된 막료들의 열성에 결심이 흔들려 버렸기 때문이었다.

도조가 참모총장 겸임으로 얻은 성과는 막부론뿐이었다. 도조는 비판을 마음에 두고 끙끙 앓았다. 도조는 참모총장 때는 견장을 달고 육군장관으로 돌아오면 견장을 뺐으며 총리로 익찬정치회에 출석할 때는 국민복으로 갈아입었다. 이래서는 도조가 세 개의 직을 겸임하고 있다기보다는 세 개의 직책으로 갈라져 있는 인상이다. 또한 도조는 신문에 게재된 사진 설명문에도 주의했다. 견장의 유무와 직책이 일치하지 않는 경우에 내각정보국 담당부장을 불러 정정시켰다.

도조가 막부 비판에 대해 신경과민으로 반응한 것은 그가 원래 헌법을 존중하는 현실주의자였기 때문이다. 도조는 이상(理想) 정치를 구체화하기 위해서는 현실에 따르는 것이 필요하다고 생각했다. 도조가 이상주의자 이시하라 간지와 뜻이 맞지 않은 것은 당연했다.

　도조 히데키의 수상비서관을 지낸 아카마쓰 사다오(赤松貞雄)는 헌법에 대한 도조의 생각에 대해 1943년 12월 26일의 발언을 전하고 있다. 육군대학교에서의 헌법 강의와 관련해서, 사위인 고가 히데마사(古賀秀正)가 현재는 너무 법령에 얽매어 있는 것이 아닌가 하고 발언한 것이 계기였다.

　도조는 급격한 이상의 실현은 혁명이 되기 쉽고, 자신은 국체에 반하는 혁명은 절대로 용인할 수 없다고 답했다. 도조가 말하는 이상이란 고도국방국가일 것이다. 급격한 변화를 피하면서 눈앞의 전쟁에 어떻게 대처할 것인가 하고 물으면, 도조의 대답은 애국심에 기초한 전시체제였다. 도조에게 비상대권 발동이나 계엄령 시행 따위는 정권 운영을 위한 선택지가 아니었다.

　일련의 발언을 종합하면, 수상으로서의 도조는 고도국방국가보다도 전시체제의 유지, 운영에 투철했던 인물이었다고 할 수 있을 것이다. 도조 입장에서 참모총장 겸임은 죽기 아니면 살기의 각오로 임한 기묘한 계책이었다.

　새삼스럽게 확인하지만, 참모총장 겸임은 1944년 2월 21일이다. 총장 사임이 7월 14일이며 내각 총사직은 18일이었다. 총장을 겸임한 기간은 5개월이 채 되지 않았다. 더욱이 절대국방권이 붕괴되기 직전의 정권 가장 말기의 시책이다. 도조 막부의 건설이나 통수권 독립의 수정과 같은 장기 전망에 따른 시책이 아니었다.

　참모총장 겸임을 국무통수일원화의 묘안으로 계승하려는 움직임도 나타나지 않았다. 고이소 구니아키 내각에서는 스기야마 하지메가 육상에, 우메즈 요시지로(梅津美治郎)가 도조 후임의 참모총장에 각각 취임해서 통수권 독립에 준거한 체제가 부활했기 때문이다.

제5장 전시체제와 불마의 대전

체제 비판의 논리

불마의 대전은 개헌도 해석개헌도 허용하지 않는 호헌의 논리이다. 더욱이 절대적인 올바름을 갖추고 있었기 때문에 전시체제하에서도 체제 비판의 논리로 기능했다.

오이시 요시오는 1941년에 출판한 『제국헌법과 국방국가의 이론(帝国憲法と国防国家の理論)』에서 고도국방국가 건설의 필요성은 인정하면서도 메이지헌법에서의 일탈은 허용하지 않았다. 오이시에 의하면, 메이지헌법은 절대부동의 근본 질서로, 근본 질서의 동요는 국가 생활 자체의 혼란으로 귀결하기 때문이다.

이노우에 다카마로도 1943년에 발표한 논문에서 하나의 관청이나 한 명의 인간이 권력을 독점하는 것은 헌법 위반이라며 도조의 장관 겸임을 비판했다. 이노우에가 처벌받지 않은 것은 국가가 공인한 정론인 불마의 대전에 의거해서 발언했기 때문이다. 일체의 비판이 금지되었다고 여겨지는 전시체제이지만, 불마의 대전에 의거한 정부 비판은 건재했다.

익찬선거 위헌론

1942년 4월 30일 도조 내각 아래 제21회 총선거가 실시되었다. 전전의 마지막 총선거는 익찬선거라 불렸다. 익찬정치체제협의회가 추천하는 후보자에게 투표하는 것이 바람직하다는 운동이 관민일체로 이루어졌기 때문이다.

중의원 의원 임기는 4년이다. 1937년 총선거에서 이미 5년이 경과했지만, 임기 만료에 따른 1941년 총선거는 전시를 이유로 연기되었다.

도조 내각으로서는 서전(緖戰) 승리의 여세를 몰아 의회에서 익찬체제를 수립할 심산이었다. 2월 도조는 수상 관저에 대정익찬회, 상공회의소, 일본은행, 의회대표자를 초청하여 익찬의회 확립과 추천(推薦)선거제도 실시에 대해 협력을 요청했다.

이에 부응하여 이루어진 것이 익찬정치체제협의회이다. 전 육군대장 아베 노부유키가 회장이 되어 정·관·재계와 육해군 출신자를 포함한 33명의 위원이 466명의 추천후보를 뽑아 4월 6일에 공표했다. 협의회의 목표는 중의원 466의석을 추천후보로 굳히는 데 있었다.

그러나 추천제도는 안팎에서 비판을 받아 소기의 목적을 달성하지 못했다. 육군성 군무국장 무토 아키라와 내무성은 신인후보를 다수 옹립해서 의회 구성을 쇄신하려고 획책했는데, 마에다 요네조와 오아사 다다오(大麻唯男)의 저항으로 현직 의원의 반수 이상을 추천하게 되었다. 즉 정당정치인이었던 현직 의원이 추천되었다.

마에다와 오아사는 익찬의원동맹 간부로 협의회 위원으로서 추천제도에 협력한 인물이다. 원래 마에다는 정우회, 오아사는 민정당 의원이었다. 두 사람의 행동은 정부에 협력하면서 구 정당정치인의 이익을 조금이라도 지키려는 것이었다.

선거 결과, 협의회가 추천한 신인후보 당선자는 169명, 같이 추천받은 전직 당선자는 200명을 헤아렸다. 비(非)추천후보를 포함해도 신인 당선자는 199명으로 현직과 전직의 267명에 미치지 못했다. 익찬선거는 안에서부터 알맹이가 빠져 버렸다.

한편 협의회 밖에서는 오자키 유키오가 익찬선거를 비판했다. 오자키는 도조에 항의 편지를 보냈다. 오자키는 메이지헌법이 메이지천황에 의한 흠정헌법이라는 점, 메이지천황이 입헌정치 유지에 노력해 온 점을 회고한 뒤, 익찬정치체제협의회에 의한 추천제도는 민선의원의 취지를 일탈한 비입헌적 작태(動作)라고 비판했다.

오자키는 비추천후보로 선거전에 임했다. '헌법을 위해서라면 의회를 베개 삼아 적과 싸우다 죽어도 좋으리'라는 광가(狂歌)를 입후보 인사장에 곁들여 헌법 옹호의 결의와 결사의 각오를 명확히 했다. 내무성을 적으로 돌린 선거전이 가혹한 일이 될 것은 쉽게 예상되었기 때문이다.

예상한 대로 오자키 유키오는 선거연설에서 불경한 말을 했다는 용의로 도쿄 검사국에 출두를 명받았다. 오자키는 불경죄로 기소되어 스가모(巢鴨) 구치소에 들어갔다. 입소는 불과 하루였지만, 선거구에서는 기소된 오자키에게 투표하면 무효표가 된다는 유언비어가 난무했다.

선거간섭의 일반적인 형태는 선거 기간 중 야당 후보자를 선거 위반 혐의로 구류하는 것이지 기소까지 하는 것은 드문 일이었다. 죄상이 불경죄라면 더욱더 그러했다. 오자키는 무사히 당선되었지만, 도쿄지방재판소

공판 결과 징역 8월에 집행유예 2년의 판결이 내려졌다.

　오자키는 곧바로 상고했다. 그 결과 1944년 6월 현재의 최고재판소에 해당하는 대심원에서 무죄판결을 거뒀다. 7월 도조 내각이 총사직했다. 더욱이 이 밖에도 몇 건의 사례에서 익찬선거의 무효판결이 내려져 익찬선거가 사법권에서도 비판받았다고 할 수 있을 것이다. 메이지헌법이 삼권분립을 보증했기 때문에 도조의 지배가 사법권에는 미치지 못했다.

　그런데 오자키 유키오의 구치소 입소가 하루로 끝난 배경에는 마에다 요네조와 오아사 다다오의 주선이 있었다. 오자키의 투옥 소식을 접한 마에다는 오아사와 함께 맹렬히 반대했다. 오아사는 국무장관으로 입각해 있었기 때문에 도조 히데키의 설득을 맡고, 마에다는 사법장관에게 오자키의 즉시석방을 강하게 요청했다.

　항의한 효과가 있어서 오자키가 구류된 다음 날 이른 아침 오아사 다다오에게 수상 관저에서 전화가 왔다. 도조에게서였다. 도조는 하룻밤 잠들지 못한 것처럼 눈이 빨개져 있었다고 오아사는 회상한다. 그리고 도조는 오아사에게 오자키 석방을 알렸다. 오아사가 마에다 요네조에게 도조의 말을 전하자, 마에다는 오아사에게 사의를 표하고 "나는 이제 저 세상으로 가더라도 가면을 쓰지 않고 메이지천황을 뵐 수 있게 되었다"고 말하며 양손으로 얼굴을 감싸며 흐느껴 울었다. 마에다는 국가총동원법안 심의 이래 혁신정책에 협력해 왔다. 고노에 신체제에도 찬성하고, 대정익찬회의 의회국장도 지냈다. 이때는 익찬의원동맹 간부였으며 이후는 익찬정치회 정무국장이 된다.

　그러나 마에다를 시국에 영합한 절조 없는 의회인으로 인식하는 것은 불공평한 견해이다. 의회제도를 지키지 못하면 메이지천황을 대할 낯이 없다는 일심이 마에다의 행동을 뒷받침하고 있었다. 더욱이 오아사 다다오도 도조 내각이 나카노 세이고(中野正剛)를 정치 검속하려고 했을 때, 헌법정치의 상식에 어긋나는 것이라고 반대했다. 그도 역시 의회인으로서의 일선을 지키려고 했다.

전형법(戰刑法) 위헌론

1943년 2월 도조 내각은 전시형사특별법을 개정하는 법안을 제국의회에 제출했다. 전시 혼란을 틈탄 범죄에 대해 엄벌을 가할 것, 재판 신속화, 즉 간략화하는 것을 골자로 한 법률이다.

이 법안 심의에 종사한 중의원 위원회에서는 비판이 속출해서 위원 다수가 사임했다. 익찬정치회의 의원회에서는 정부원안 통과를 목표하는 간부와 반대하는 소수파가 대립했다. 의원들은 한때는 반대로 기울었지만, 결국 익찬정치회 간부에게 와해되어 정부원안에 찬성했다. 그러나 법안에 단호히 반대한 의원의 존재까지 지워 버릴 수는 없다.

미타무라 다케오(三田村武夫)는 메이지헌법에 기초해서 법안 반대 이유를 주장했다. 특정 내각과 그 정책을 비판한 자에게 형벌을 부과하는 것은 그 내각을 불가침의 존재로 만드는 것이며, 따라서 내각을 막부로 만드는 것이라고 주장했다. 여기에서도 도조는 막부론으로 비판받았다. 도조는 의회 답변에서 남용하는 폐해에 빠지지 않도록 하겠다며 반대파에게 배려를 보이지 않을 수 없었다.

전시긴급조치권

1945년 6월 전전의 마지막 제국의회가 된 제87회 임시제국의회에서도 헌법 문제가 발생했다. 스즈키 간타로(鈴木貫太郎) 내각이 제출한 전시긴급 조치법에 위헌 혐의가 있었기 때문이다.

전시긴급조치법은 본토결전에 대비해서 총리에게 권력을 집중하는 취지의 법률이다. 스즈키 수상과 내각서기관장 사코미즈 히사쓰네는 의회에 법안을 제출해서 위임을 받는 것이 헌법 정신에 맞는다는 견해를 갖고 있었다.

본 법안을 의회에 상정할 때 요나이 해상 등은 반대 목소리를 냈다. 비판을 받고 시일을 허비할 뿐이라는 것이 이유이다. 요나이의 예상은 적중해서 의회는 험악해졌다. 요나이는 분개했지만, 내각은 회기를 연장해서 심의하는 길을 선택했다.

어디까지나 의회 존중의 입장을 무너뜨리지 않았다. 한편 의회에서는 헌법 제31조의 비상대권을 발동하면 이러한 법률은 불필요하다. '이러한 광범한 위임입법은 위헌이다'라며 국가총동원법안을 심의한 때와 같은 비판이 반복되었다.

위헌론의 급선봉이 된 것은 호국동지회였다. 익찬정치회를 탈퇴한 의원이 결성한 작은 회파(會派)이다. 기시 노부스케를 지도자로 해서 그 아래에 나카타니 다케요, 아카기 무네노리, 나카하라 긴지(中原謹司), 하시모토 긴고로(橋本欣五郎), 후나다 나카(船田中), 미야케 쇼이치(三宅正一) 등 다채로운 사람들이 모였다. 나카타니는 호국동지회에 대해 전시하에 의회정치를 지킨 것은 자신들이었다고 자찬하고 있다.

나카타니는 미노베를 비판한 일본주의자의 한 명이었다. 하시모토 긴고로는 육군 주도의 국가개조를 목표한 10월사건의 수모자였다. 후나다 나카는 원래 정우회 소속 의원으로 선거 분석 전문가로 알려진 정당정치인이다. 전후에는 자민당 의원으로 중의원 의장을 지냈다. 미야케 쇼이치는 농민운동 출신으로 전후에는 일본사회당 의원으로 중의원 부의장을 지냈다. 우에서 좌까지 다양한 사상의 소유자들이 모인 호국동지회가 의회정치 옹호를 맡고 있었다.

의용병역법

의용병역법은 주로 정부 내부에서 형식주의와 배타적 기질을 발휘한 사례이다.

본토결전에 대비해서 국민의용대를 결성하여 전 국민을 전투부대에 편성한다는 안이 굳어진 것은 고이소 내각기의 일이었다. 의용대 총사령은 총리, 본부장은 도(都)장관과 부·현 지사, 부본부장은 민간인을 기용하는 안이었다. 스즈키 내각의 당초의 안도 이를 답습한 것이었다.

익찬정치회를 일신한 대일본정치회에서 정부원안에 조건을 달았다. 국민운동으로서의 성격을 갖추도록 총사령은 대일본정치회 총재 미나미 지로가 바람직하다는 것이었다. 스즈키 수상은 미나미의 요청을 받아들였다.

이 수정에는 아래로부터, 안으로부터, 자발적으로가 원칙인 전시체제의 특질과 본토결전의 지휘권을 해군 출신인 스즈키가 아니라 육군 출신의 미나미가 가져야 한다는 육해군의 배타적 기질이 뒤얽혀 있었다.

미나미의 제안에 육군성이 이의를 제기했다. 전 육군대장이라고는 해도 민간인이 된 미나미가 총사령으로 전투부대를 지휘하는 것은 통수권 간범이라는 것이다. 내무성도 미나미의 총사령 취임에 이의를 제기했다. 본부장을 맡은 내무관료가 민간인의 명령을 받는 사태는 참을 수 없었기 때문이다.

스즈키는 육군성과 내무성의 주장을 수용하여 총사령은 두지 않고 내각에 중앙사무국을 설치해서 수상 직할로 하는 안을 냈다. 내무성은 중앙사무국은 내무성에 설치해야 한다고 반대했다. 내무관료인 부·현 지사에게 명령하는 것은 내무성이어야 한다는 것이다. 그러자 육군성이 반대했다. 전투부대인 국민의용대를 내무관료가 지휘하는 것은 헌법 위반이라는 것이다.

결국 국민의용대를 모체로 국민의용전투대를 만드는 것이 되었다. 전자는 내무성 관할로 의용봉공의 성심을 다하는 국민조직이고, 후자는 의용병역법과 국민의용전투대통솔령에 기초한 전투부대가 되었다. 당연히 육해군 소관의 조직이다.

6월 23일 정부는 의용병역법을 공포했다. 큰 소리로 말할 수는 없지만, 도쿠가와 무세이는 유사시에는 참모총장 지휘하에 들어간다는 말을 듣고 직역의용대 대원이 되었다. 오사라기 지로는 지역의용대 일원으로 진지 구축 작업에 종사했다. 모두 대원은 노인뿐이었다. 그러나 각 성의 의견을 조정하고 법률상의 정합성도 갖춘 의용병역법은 전혀 무의미했다. 종전공작이 시작되고 있었기 때문이다.

제6장 대일본제국헌법의 파탄

최고전쟁지도회의

고이소 구니아키 내각은 1944년 8월 대본영 정부연락회의를 최고전쟁지도회의로 개칭했다. 정규 구성원은 내각에서 수상, 외상, 육상, 해상의 4명, 통수기관에서 참모총장과 군령부총장의 2명, 합해서 6명이다. 전쟁지도의 근본 방침을 책정하고 국무와 통수의 일원화를 도모하는 것을 목적으로 내세웠다. 내각서기관장, 육군성과 해군성의 군무국장이 간사로 사무를 담당하게 되었다.

마침내 국무통수일원화가 실현된 것처럼 보이지만, 사실 최고전쟁지도회의는 관제상 조직이 아니라는 비고(備考)대로 법제상 근거가 없는 합의의 장에 지나지 않는 것이었다. 더욱이 대본영과 정부의 정보 교환은 최고전쟁지도회의와는 별개로 종래의 대본영 정부연락회의와 똑같은 구성으로 이루어졌다. 주 1회, 토요일 오전 중 1시간 반 정도 개최라는 점도 같았다.

최고전쟁지도회의의 실효성에 의문부호가 붙는 것은 당연한 일로, 1945년 3월 고이소 수상은 천황의 허가를 받아 대본영의 통수회의에 참석하게 되었다. 1937년에 고노에가 생각한 것이 8년의 세월을 허비한 끝에 실현된 순간이다. 기요사와 기요시는 청일전쟁과 러일전쟁 때에 처음으로 했던 것을 이제 와서 하고 있다고 기가 막혀 하면서 일기에 쓰고 있다.

기요사와의 평가를 알았다면 고이소는 분개했을 것이다. 고이소 입장에서는 대본영령을 갱신하지 않고 일을 신속하게 추진하기 위해 이례적으로 즉단즉결로 실현시켰기 때문이다. 다만 총리에게 발언권이 있었는지 없었는지는 의문이다. 대본영 통수회의에서는 육해군장관에게조차 발언이 인정되지 않았기 때문이다.

명령이 아니라 간담이다

1945년 6월 22일 쇼와천황은 최고전쟁지도회의를 구성하는 6명을 황거로 불러 종전을 검토하도록 요청했다. 이미 고이소 내각에서 스즈키 간타로 내각으로 바뀌어 있었다. 오키나와 함락은 눈앞에 다가오고 있었다.

이야기를 시작할 때, 쇼와천황은 이것은 명령이 아니라 어디까지나 간담(懇談)이라고 전제했다. 내각서기관장 사코미즈 히사쓰네는 헌법과 내각의 입장을 고려한 발언이라고 추측했다. 사코미즈의 추측은 옳았다. 왜냐하면 쇼와천황이 종전 검토를 명령한 것이라면 천황친정의 실현으로 내각의 보필을 부정하는 것이기 때문이다. 간담이라면 천황에게 시사를 받은 내각과 통수기관이 자발적으로 협의해서 결과를 천황에게 상주하는 천황초정의 수순을 밟을 수 있다.

이미 최고전쟁지도회의는 기능 부전에 빠져 있었다. 1945년 4월에 스즈키 내각이 들어서 5월 11일에 신내각 아래 제1회 회의를 연 후에는 5월 12일과 14일 회의는 간사 4명을 제외한 회담의 형태를 취했다. 간사가 동석해 있으면, 6명은 과감한 발언을 할 수 없기 때문이었다.

5월 14일의 회의 결과, 대소(對蘇)교섭 방침이 정해졌다. 사실상의 종전 공작의 시작이다. 최고전쟁지도회의 구성원은 부하 앞에서 종전에 대해 발언할 수 없었다. 패배주의자로 규탄되면 암살될 위험이 있었기 때문이다.

구성원의 진용은 스즈키 간타로 수상, 도고 시게노리(東鄉茂德) 외상, 아나미 고레치카(阿南惟幾) 육상, 요나이 미쓰마사 해상, 우메즈 요시지로 참모총장, 도요다 소에무(豊田副武) 군령부총장이었다. 이 가운데 육상과 해상 및 양 총장의 4명은 공식석상에서는 철저 항전을 주장할 수밖에 없는 입장이었다. 기능 부전이란 이 점을 가리킨다.

쇼와천황의 간담은 최고전쟁지도회의 구성원에 의한 종전공작을 추인하고, 더욱더 일보 전진토록 재촉한 것이었다.

쇼와천황은 두 번 성단을 내렸다

7월 26일 미·영·중 3국은 대일 포츠담선언을 발표하여 일본에 항복을 권고했다. 28일, 스즈키 수상이 포츠담선언을 묵살한다는 담화를 발표했다. 8월 6일 미국은 히로시마에 원자폭탄을 투하했다. 8일 소련이 선전포고했다. 9일 일본과 소련은 전투 상태에 들어갔다.

스즈키 간타로의 회상에 의하면, 스즈키가 종전을 결의한 것은 소련의 참전이었다. 포츠담선언을 수락하여 종전하고, 이를 위한 절차를 시작하도록 사코미즈에게 명했다. 사코미즈는 최고전쟁지도회의를 열고 뒤이어 각의를 소집하기 위한 준비를 갖추었다.

8월 9일 오전 10시 반에 시작된 최고전쟁지도회의에서는 총론으로 포츠담선언 수락을 정했지만, 부대조건에 대한 결론이 나지 않았다. 스즈키 수상은 회의 결과를 쇼와천황에게 상주하면서 결론을 짓지 못하는 경우 천황이 성단을 내려 주기 바란다고 말했다. 쇼와천황은 내락(內諾)했다.

오후 2시 반에 각의가 시작되어 오후 9시를 넘어도 포츠담선언 수락조건에 대한 결론이 나지 않았다. 이사이 나가사키에의 원자폭탄 투하의 급보를 접했음에도 불구하고, 스즈키 수상은 각의를 중단했다.

10일 오전 0시, 쇼와천황이 친임(親任)한 최고전쟁지도회의가 시작되었다. 장소는 황거 지하방공호의 1실이었다. 특별히 히라누마 기이치로 추밀원 의장이 출석했다. 의견은 3대 3으로 나뉘었다. 수락 찬성은 외상, 해상, 추밀원 의장이다. 반대는 육상, 양 총장이다. 스즈키 수상은 성단을 청했다.

쇼와천황은 외무장관의 의견에 동의한다고 발언했다. 이렇게 해서 포츠담선언 수락이 정해졌다. 첫 번째 성단이다. 오전 3시 재개된 각의에서 포츠담선언 수락의 각의결정이 이루어졌다.

일본에 의한 포츠담선언 수락 통고에 대해 연합국이 회답한 것은 12일 저녁이었다. 13일 오전 9시 최고전쟁지도회의에서 연합국 측의 회답에 대해 협의했다. 육상과 양 총장은 회답문에서 국체호지가 불분명하다며 다시 조회할 것을 주장했다. 의견은 3대 3인 채 교착되었다. 오후 3시 수상 관저에서 각의가 열렸다. 아나미 육상이 조회론을 주장하고 도고 외상은 조회 필요가 없다고 응전해서 각료도 도고 의견으로 기울었지만 결론은 나지 않았다. 스즈키 수상은 각의의 마무리 발언에서 다시금 성단을 요청할 생각을 표명했다. 어전회의의 예고이다.

8월 14일 오전 쇼와천황은 각의를 위해 수상 관저에 모인 각료들에게 참내(參內)를 명했다. 참모총장과 군령부총장, 히라누마 추밀원 의장, 최고 전쟁지도회의 간사들도 명을 받고 참내했다.

어전회의를 쇼와천황의 호출로 황거에서 열도록 스즈키 수상에게 진언한 것은 사코미즈였다. 임석을 주청하는 서류를 갖출 때, 양 총장이 서명을 거부하지 않을지 걱정했기 때문이다. 그래서 천황에게 임석을 바라는 것이 아니라 천황이 회의를 소집하는 안을 생각해 낸 것이다.

어전회의에서는 아나미 육상, 우메즈 참모총장, 도요다 군령부총장이 반대의견을 피력했다. 마지막으로 쇼와천황이 발언했다. 포츠담선언을 수락할 의사를 다시 한 번 분명히 밝히고 내각에 종전조서를 준비하도록 요청했다. 두 번째 성단이다. 어전회의는 정오에 끝나고 오후 1시부터는 수상 관저에서 각의가 시작되어 종전의 각의결정에 전 각료가 서명했다.

종전조서에 대해 문안을 기초해 각료가 검토한 후, 오후 8시 반에는 완성된 조서가 쇼와천황에게 전달되었다. 조서는 어명과 어새(御璽)를 받은 후 내각으로 다시 돌아와 전 각료가 부서(副書)했다. 8월 14일 오후 11시, 관보 호외로 종전조서가 공포되었다. 15일 정오, 국민은 옥음방송을 통해 종전을 알게 되었다.

전쟁책임론

아나미 육상은 14일 오후의 각의에서 추밀원 본회의 개최를 요구했다. 포츠담선언 수락은 조약의 체결과 같은 것이기 때문이라는 것이다. 사코미즈는 두 차례의 어전회의에 히라누마 의장이 출석했으므로 본회의를 생략할 수 있다고 주장했다.

스즈키 수상은 법제국장관에게 법률상의 문제를 검토하도록 명했다.

법제국장관은 무라세 나오카이이다. 4번째의 법제국장관이다. 정치의 세계와는 인연이 먼 법제 관료의 전형으로 인정받은 사람이다. 걱정이 된 사코미즈 히사쓰네는 무라세의 뒤를 좇아 추밀원 개최는 필요 없다고 답하도록 강하게 촉구했다. 무라세는 신중히 검토하겠다고만 답했다.

법제국에서 검토를 마친 후 돌아온 무라세 나오카이는 신중히 검토했으나 추밀원에 부의할 필요는 없다고만 발언했다. 사코미즈는 무라세가 일본의 운명을 결정하는 순간에 위대한 정치성을 발휘했다고 찬탄했다.

종전 과정에서 가장 위대한 정치성을 발휘한 것은 쇼와천황일 것이다. 성단은 일본의 운명을 결정했기 때문이다. 그러나 그 정치성 때문에 성단은 전쟁 책임 문제를 야기했다.

나카타니 다케요는 아카기 무네노리에게 직접 들은 이야기로 이바라기(茨城)의 농민 중에는 옥음방송을 들은 뒤 라디오를 발로 차버린 사람이 있었다고 썼다. 옥음방송은 전쟁으로 친족을 잃은 사람들에게 말로 표현할 수 없는 감정을 분출시키는 계기가 되었다. 머지않아 그러한 감정은 천황에게는 개전을 저지하지 않은 책임이 있는 것 아니냐는 의문으로 결실된다. 전쟁을 끝낼 정도의 강한 권력을 가지고 있다면, 개전을 막을 수도 있었을 것이라고 생각하는 것이 자연스럽기 때문이다.

1946년 2월 쇼와천황은 후지타 히사노리(藤田尚德) 시종장에게 전쟁 책임에 대해 이야기하고 있다. 후지타는 쇼와천황은 개전을 저지할 수 없었는데 헌법을 존중해서 입헌군주로서 자중했기 때문이라고 말했다. 그러나 천황을 위해 헌신해 온 충량한 국민은 쇼와천황의 설명을 납득할 수 없었지 않았을까.

쇼와천황의 설명은 논리를 뒤집으면, 성단을 내릴 때의 쇼와천황은 메이지헌법을 존중하지 않았고, 따라서 입헌군주가 아니었던 것이 된다. 여기에서 성단을 이용한 스즈키 내각의 책임을 규탄하는 논의가 생겼다.

　예컨대 나카타니 다케요는 각의가 통일되지 않은 채 포츠담선언을 수락한 것을 성단, 즉 천황의 전단(專斷)으로 결정하는 방식은 메이지천황이 규정한 책임내각제를 파괴하고 국무장관 보필의 책임제도를 전적으로 유린(蹂躪)한 것으로, 항복은 헌법을 위반한 절차로 결정된 것이라고 말했다. 나카타니는 종전이 평화의 도래와 전후의 번영을 가져왔다고 하더라도 스즈키 내각의 위헌성은 변명의 여지가 없다고 단언한다. 나카타니는 성단을 천황의 전단, 천황의 독단전행이라고 말해 천황친정의 실현을 헌법 위반이라고 비판했다.

　종전을 자신들의 책임으로 결정할 수 없었던 최고전쟁지도회의나 각의, 바꾸어 말하면 천황초정을 뒷받침하는 구조의 기능 부전은 분명했다. 성단, 즉 천황친정에 의하지 않고는 육해군을 따르게 하는 것은 불가능했을 것이다. 천황친정과 천황초정의 평형 관계는 완전히 균형을 잃었다(失調)고밖에 볼 수 없다. 즉 메이지헌법은 기능 부전에 빠져 있었다. 성단으로 종전을 성공시키기는 했지만 쇼와천황의 전쟁책임론을 야기해 버렸다. 여기에서 메이지헌법은 파탄했다고 해도 좋을 것이다. 천황이 책임을 추궁당하는 사태를 회피하기 위한 메이지헌법이었기 때문이다.

제4부

전후 일본의 헌법관

제1장 일본국헌법

점령통치

전후 일본의 헌법관은 일본국헌법 아래 혁신호헌, 보수개헌, 해석개헌의 3극으로 이루어진다. 먼저 논의의 전제가 되는 일본국헌법에 대해 그 내력을 확인해 둘 필요가 있다. 헌법 제정에 관한 역사 인식의 차이(相違)가 헌법관의 차이로 직결하기 때문이다.

여기에서 확인해 두어야 할 사실은 두 가지이다. 하나는 일본이 점령당한 상태여서 일본정부는 맥아더 원수에 종속해 있었다는 점이다. 다른 하나는 일본국헌법이 메이지헌법 제73조의 절차에 따른 헌법 개정으로 탄생했다는 점이다. 즉 신헌법 제정이 아니라 일본국헌법 공포이다.

먼저 첫 번째 점이다. 1945년 8월 스즈키 간타로 내각은 연합국이 제시한 포츠담선언을 수락하고 일본은 패배했다. 포츠담선언에는 장래의 정치체제에 대해 일본 국민의 자유의사에 맡긴다고 되어 있었다.

그러나 일본인의 자유의사가 존중되는 것은 장래의 정치체제 선택에 대해서이지, 점령통치의 일상에서는 다른 원리가 작동했다. 미국의 초기 대일정책에는 천황과 일본정부는 최고사령관에게 종속된다고 명기하고 있었기 때문이다.

일본정부는 GHQ, 정식으로는 연합국군최고사령관 총사령부의 맥아더 원수의 지시에 따르게 되었다. GHQ가 방침을 교시하고 일본정부가 실제 작업을 맡았기 때문에 간접통치라고 한다. 농지개혁이나 재벌 해체 등의 전후 개혁은 이러한 간접통치 아래 실현된 것이다.

주의해야 할 것은 GHQ와 일본정부 관계가 일방적인 지배와 복종 관계가 아니었다는 점이다. 전후 개혁은 GHQ의 지령에 의한 것이지만, 다수의 시책은 전중부터 일본 관료들이 검토해 온 것이었다. 관료에게 GHQ의 지령은 나루터의 배였다.

더욱이 일본 측이 자기주장을 실현할 때 GHQ의 내홍을 이용한 면도 있었다. 미야자와 기이치(宮澤喜一)는 대장성 관료가 뉴 딜러(New Dealer)의 경제정책에 반감을 품어 조지프 도지(Joseph Morrell Dodge)의 긴축재정 방침에 동조함으로써 자신들의 의견을 실현하려고 획책했다고 말했다. 간접통치에는 미·일 협동의 측면이 있었다. 헌법 개정도 협동의 한 사례이다.

헌법 개정

헌법 개정 작업은 패전 직후인 1945년 10월에 시작된다. 고노에 후미마로가 내대신부에서 헌법초안 기초작업에 착수했다. 작업을 도운 것은 사사키 소이치이다. 같은 때에 시데하라 기주로 내각에서도 헌법문제조사위원회의 초안 작성이 시작되었다. 위원회의 마쓰모토 조지(松本烝治)는 메이지헌법의 민주적 수정을 기조로 한 마쓰모토 4원칙에 기초해서 미야자와 도시요시 등의 도움을 받으며 작업했다.

모든 작업이 GHQ의 내락을 받은 것이었지만 고노에가 전범으로 지정되어 체포 전에 자결했기 때문에 내대신부의 헌법 기초작업은 좌절(頓挫)했다. 마쓰모토위원회도 대외비 초안이 신문에 유출되어 메이지헌법의 부분 수정에 그치는 내용이라는 비난을 받았다. 그후 GHQ가 마쓰모토위원회가 작성한 안을 거절함으로써 활동 정지에 빠지게 되었다.

새해가 밝아 1946년 2월 맥아더는 민정국에 헌법초안 작성을 지시하여 완성된 영문 초안을 시데하라 내각에 제시했다. 맥아더초안이다. 민정국에서는 초안을 작성할 때 다카노 이와사부로(高野岩三郎)의 헌법연구회가 발표한 헌법초안 요강 등 일본 측이 작성한 헌법사안을 참조했다. 요강은 일본헌정사 연구자 스즈키 야스조가 중심이 되어 쓴 것이다.

맥아더는 시데하라에게 맥아더초안에 준거한 헌법초안을 작성하도록 지시했다. 3월 시데하라 내각은 헌법 개정초안 요강을 작성해서 공표했다. 맥아더초안의 골자인 주권재민, 상징천황제, 전쟁방기를 수용한 것이다.

4월 10일 제22회 총선거가 실시되었다. 최초의 남녀보통선거이다. 선거 결과 제1당이 된 하토야마 이치로가 이끄는 자유당은 시데하라 내각 퇴진을 요구했다. 시데하라는 4월 17일 헌법 개정초안을 공표하면서 현 내각에서의 헌법 개정에 의욕을 보였지만, 22일에 총사직했다. 더구나 헌법 개정초안에는 맥아더초안에 없었던 양원제가 일본정부의 희망으로 포함되었다.

하토야마 자유당 내각 성립 직전에 하토야마가 공직에서 추방되었기 때문에 요시다 시게루가 자유당 총재에 취임하여 5월 22일에 내각을 조직했다. 이후 요시다 내각 아래에서 헌법 개정 작업이 진행되었다.

헌법 개정은 메이지헌법 제73조에 따라 진행되었다. 쇼와천황의 개정 칙령에 의해 작업이 시작되었다. 천황은 정부가 작성한 초안을 추밀원에 자순(諮詢)[53]한다. 쇼와천황의 간청으로 시미즈 도루가 추밀원 의장에 취임해 있었다. 또한 미노베 다쓰키치가 추밀원 고문으로 회의에 참석(列席)했다. 미노베는 헌법 개정에 반대했다. 메이지헌법의 운용을 바로잡으면 민주주의를 회복할 수 있다고 생각했기 때문이다. 헌법개정안은 미노베 혼자의 일관된 반대에도 불구하고 기타 추밀고문의 찬성으로 추밀원을 통과했다. 6월 8일이다.

헌법개정안 심의는 제90임시제국의회에서 이루어졌다. 6월 20일부터 귀족원과 남녀보통선거를 거친 중의원에서 심의가 이루어졌다. 이사이 중의원에서 제9조 2항에 '전항의 목적을 달성하기 위해'라는 문언이 추가되었다. 아시다수정이다. 제안자 아시다 히토시(芦田均)는 이 수정으로 자위대 보유에 함축을 갖게 했다. 10월 7일 귀족원과 중의원에서 만장일치 찬성으로 헌법개정안이 가결 성립했다. 10월 29일 추밀원이 헌법개정안을 가결했다.

11월 3일 귀족원 본회의장에서 쇼와천황이 일본국헌법을 공포했다. 칙어에 대해 요시다 시게루 수상과 귀족원, 중의원 양 의장이 봉답(奉答)했다. 메이지절을 일본국헌법 공포일로 선택한 것은 인간선언으로 불린 1946년 연두조서에서 쇼와천황이 일본의 민주주의는 5개조 서약문으로 시작된다고 말한 취지와 합치한다.

일본국헌법에는 천황의 상유가 첨부되었다. 일본국헌법 상유는 다음과 같다.

---

53 윗사람이 아랫사람에게 의견을 물어 의논하는 것을 가리킨다.

짐은 일본 국민의 총의에 기초해서 신일본 건설의 기초가 정해지게 된 것을 매우 기쁘게 생각하며 추밀고문의 자순 및 제국헌법 제73조에 의해 제국의회의 의결을 거친 제국헌법 개정을 재가하고, 이에 이를 공포하노라.

해가 바뀌어 1947년 5월 3일 일본국헌법이 시행되었다. 공포일로부터 6개월 후에 시행한다고 규정한 헌법 제100조의 규정에 따른 결과이다. 같은 날 유서를 쓴 시미즈 도루는 9월에 아타미(熱海)에서 입수자살을 했다. 초(楚)나라 굴원(屈原)에게 배운 것이다. 시미즈에게는 점령하의 일본이 진(秦)나라가 하라는 대로 하게 된 초나라에 겹쳐 보였기 때문이다.

55년체제

전후 일본의 헌법관이 전개되는 무대장치인 55년체제에 대해 말하고자 한다. 1955년에 자유당과 민주당이 보수합동으로 자유민주당을 결성했다. 혁신진영에서는 우파사회당과 좌파사회당이 합병해서 일본사회당을 결성했다. 자민당과 사회당으로 정계를 양분한 상태를 55년체제라고 부른다.
자민당과 사회당의 세력 비율은 2대 1이었다. 이 때문에 55년체제를 1.5당제라고 말하기도 한다. 또한 자민당이 미야자와 기이치 내각이 퇴진하는 1993년 8월까지의 38년간 일관해서 정권여당이었던 점에서 1당우위제라고 말하기도 한다.
자민당은 장기안정정권 아래 관료, 재계와의 사이에 견고한 협력 관계를 쌓아 갔다. 정·관·재에 의한 철의 3각형이다. 행정지도와 포괄규제로 업계를 보호함으로써 산업을 육성하는 데 노력했다. 보수정당이면서도 고도경제성장을 배경으로 실질적으로는 사회민주주의 정책을 실행해 갔다.

누진과세와 상속세를 바탕으로 소득재분배를 추진해서 빈부 격차를 고르게 한 것은 그 일례이다.

자민당은 일본사회당의 등장에 대항하기 위해 요시다 시게루 내각의 정권여당이었던 자유당과 반요시다정치와 헌법 개정을 내건 하토야마 이치로가 이끄는 민주당이 합동한 정당이다. 그때 자유당은 민주당의 헌법 개정론을 수용했다. 따라서 당원도 외부인도 자민당의 기본방침(黨是)은 헌법 개정이라고 생각한다. 그러나 개헌정당으로서의 자민당을 재검토할 때 두 가지 사실을 깨닫게 된다.

첫째, 당의 방침 가운데 헌법 개정의 우선순위가 낮다는 점이다. 일반적으로 정당이 실현하고자 하는 사회상이나 정책체계가 정당의 창당선언이나 강령에 제시되는데, 그러한 중요 문서에 헌법 개정은 포함되어 있지 않다. 헌법 개정에 언급하고 있는 것은 보다 등급이 낮은 문서에서다. 자민당의 헌법 개정 방침은 구 민주당 출신자를 배려해서 포함시킨 것으로, 구 자유당 출신자는 헌법 유지를 목표하고 있었다. 자유당 출신 미야자와 기이치가 헌법 개정을 타협의 꼬리뼈(尾骶骨)라고 형용한 것은 이러한 사정이 있기 때문이다. 즉 자민당을 순전한 개헌정당이라고 보는 것은 잘못이라고 할 수 있다.

둘째, 자민당은 헌법 개정을 발의하기 위해 필요한 의석 수를 확보한 적이 없다. 일본국헌법은 대일본제국헌법과 마찬가지로 경성헌법이다. 헌법 개정 발의에는 중의원과 참의원 총의원의 3분의 2 이상의 의석이 필요하다. 자민당은 창당 시점의 최다의석을 갖고도 3분의 2에는 도달하지 못했고, 이후 한 번도 3분의 2 이상의 의석을 획득한 적이 없다. 만약 자민당이 순전한 개헌정당이었다고 해도 헌법 개정은 불가능했다고 할 수 있다.

자민당의 개헌 가능 의석 수 획득을 저지해 온 것은 사회당이다. 55년체제에서 일관되게 야당이었다. 사회주의와 평화주의와 헌법 옹호를 내세웠다. 그 정책은 때로는 극단적인 이상주의를 추구하는 적도 있었지만, 선거 전술은 현실주의 그 자체였다. 사회당은 중선거구제의 특성을 활용해서 개헌 발의를 저지하는 데 필요한 의석수 확보를 방위선으로 하는 선거전을 전개했다.

중선거구제에서는 3~5명의 당선자가 나온다. 득표율로 보면, 20~30퍼센트 정도 얻으면 당선할 수 있다. 사회당은 3분의 1 이상의 의석 수를 확보하면, 개헌 발의를 저지할 수 있기 때문에 3인구에서는 후보자를 1명으로 하는 등 입후보자수를 좁혀 사회당 지지자의 표가 분산되지 않도록 했다.

사회당은 일본노동조합총평의회, 약칭해서 총평의 조직표를 견실하게 모아 의석을 확보해 갔다. 3분의 1을 쟁취하는 데에 특화해서 한 번도 의석의 과반수를 넘는 후보자를 내지 않았다. 사회당이 만년야당이었던 것은 선거전술의 필연이었다.

사회당이 정권 획득을 포기했기 때문에 자민당은 부전승으로 언제나 과반수를 점하는 제1당이었다. 55년체제하에서 자민당의 선거 패배는 과반수를 유지하면서도 선거전보다 의석이 줄어든 것을 의미했다. 따라서 패배는 비유에 지나지 않고, 정확하게는 승리한 정도의 대소를 문제 삼고 있었다. 사치스러운 승패 기준이다.

정권 획득 경쟁에서는 상승(常勝), 불패를 자랑한 자민당이지만, 헌법개정 의석획득 경쟁에서는 사회당 앞에 고배를 맛볼 뿐이었다. 따라서 정권 여당으로 군림하면서 헌법 개정만은 손댈 수 없었다. 즉 55년체제는 자민당의 장기안정정권을 실현한 동시에 헌법 개정을 불가능하게 하는 기능을 했다고 할 수 있다.

제2장 혁신 호헌

혁신진영의 호헌론

일본국헌법 성립 후 곧바로 호헌론이 형성되었다. 주된 담당자는 혁신 진영의 일본사회당과 일본공산당이며 양당의 지지자나 동조자이다. 따라서 혁신 호헌이라는 이름이 붙었다.

사회주의국가는 일본국헌법도 포함한 현상의 국가체제를 부정하지 않고는 건설할 수 없겠지만, 획득 의석에서 열등한 양당은 차선책으로 일본국헌법 옹호에서 이익을 찾았다. 세계사의 발전단계법칙은 국민주권과 민주주의를 보증하는 일본국헌법 아래에서 시민계급을 육성해 가면 사회주의혁명의 준비가 갖추어진다고 가르치고 있었기 때문이다. 결국 일본을 사회주의국가로 혁신하는 것을 목표하면서도 호헌을 내세워 민주주의 현상을 유지하는 것을 당면 수단으로 했다. 자민당에 의해 메이지헌법이 부활하는 것보다는 낫다는 판단에 따른 것이다. 이렇게 해서 형용모순이라고 할 만한 혁신 호헌이 탄생한다.

혁신 호헌은 세 개의 의상(意想)으로 이루어진다. 8월혁명 국민주권론, 민정헌법사관(民定憲法史觀), 평화와 인권의 헌법학이다. 1945년 8월의 혁명에 의해 주권자가 된 일본 국민은 스스로의 손으로 평화와 인권을 주지로 하는 일본국헌법을 만들어 냈고, 따라서 일본 국민은 일본국헌법의 이상을 실현하기 위해 노력하는 한편으로, 정부는 헌법을 지켜 한 글자 한 문장도 고쳐서는 안 된다는 것이 혁신 호헌의 주장이다.

8월 혁명론이나 민정헌법사관은 일본국헌법 공포의 사실 경과와 합치되지 않는다. 맥아더초안이나 메이지헌법 제73조에 의한 개정절차가 빠져 있기 때문이다. 이토 히로부미의 존재를 말소한 전전의 흠정헌법사관과 마찬가지로 정치적으로 올바른 역사 인식이자 정치 신화이다. 평화와 인권의 헌법학도 일본국헌법에 대한 원리주의적 태도를 배양한 점에서 국체헌법학과 같은 역할을 발휘했다. 즉 혁신 호헌은 목적이나 주장의 차이에도 불구하고 불마의 대전과 같은 역할을 했다.

8월혁명 국민주권론

일본국헌법은 전문과 제1조에서 국민주권을 명기하고 있다. 정부가 작성한 신헌법 표어는 "우리가 다스리는 우리의 일본"이라고 강조하고, 문부성이 작성한 교과서 『민주주의』에서도 "우리 국민은 주권자"라고 쓰고 있다. 국민주권은 일본국헌법 특질 가운데 하나이다.

그러나 일본 국민이 주권자가 된 것은 일본국헌법이 제정된 결과이다. 주권자인 일본 국민이 일본국헌법을 제정한 것이 아니다. 단순한 사실이지만, 이제부터 소개하는 8월혁명에 대해 이해를 깊게 해가면 잊기 쉬운 사실이므로 확인해 두자.

거듭 확인해 두어야 할 것은 일본국헌법에 의한 국민주권 실현의 근원을 캐면 맥아더 원수의 지시에 의한 것이지 조금도 일본 국민의 자유로운 의사에 의한 것이 아니었다는 점이다.

이 엄연한 사실에 대해 다케우치 요시미(竹內好)는 우리는 고귀한 독립의 마음을 8월 15일의 시점에 이미 잃어버린 것이 아닐까, 라고 강한 말로 자기비판했다. 다케우치는 8월 15일을 일본민족과 다케우치 자신의 굴욕적 사건으로 파악한다. 지금부터 소개하는 미야자와 도시요시의 8월혁명론은 다케우치의 말 앞에서는 퇴색해 보인다.

천황 주권의 메이지헌법에서 국민주권의 일본국헌법으로의 변화는 헌법학자에게 성가신 문제를 일으켰다. 헌법학에서는 헌법 개정의 한도에 대해 두 가지 입장이 있었기 때문이다. 무한계설과 유한계설이다. 전자의 설명은 불필요하다고 생각되므로 후자만 설명한다.

유한계설에 의하면, 헌법 개정은 구헌법의 본질을 변경하지 않는 정도에서 그쳐야 한다. 본질을 변경하면, 구헌법과 신헌법은 별도의 원리에 기초한 국가를 형성하는 것이 되므로 이 경우에는 헌법 개정이 아니라 혁명이 되기 때문이다.

헌법 개정에 대한 이론적 연구는 전전 헌법학에서는 거의 이루어지지 않았지만, 학자의 다수는 유한계설에 서 있었다고 생각된다. 미노베 다쓰키치를 제외한 헌법학자의 다수가 천황이 주권자인 것을 국체의 본질로 간주하고 있었기 때문이다. 국체는 일본국가의 불변의 본질이므로 변경할 수 없다. 따라서 만약 메이지헌법이 개정된다고 해도 천황 주권을 변경하는 개정은 할 수 없다. 유한계설이 다수였다고 추정하는 이유이다.

천황 주권의 메이지헌법을 개정해서 국민주권의 일본국헌법을 만드는 것은 국가의 본질을 변경하는 개정으로, 유한계설에서는 인정할 수 없다. 그러나 패전 후 헌법학자의 다수는 일본국헌법을 환영했다. 여기에서 모순이 생기게 되었다.

이 모순을 해결한 것이 미야자와 도시요시의 8월 혁명론이었다. 1946년 3월 시데하라 내각이 헌법 개정초안 요강을 공표한 직후에 발표한 학설이다. 포츠담선언 수락으로 천황 주권에서 국민 주권으로의 혁명이 일어났다는 학설이다. 미야자와는 국민주권을 혁명의 소산이라고 함으로써 일본국헌법을 긍정했다. 미야자와는 미노베 다쓰키치의 후계자이며 도쿄제국대학 헌법학 교수이다. 미야자와는 이 학설로 일본국헌법의 권위로 전신했다.

미야자와의 설명에는 두 가지의 의문이 따라다닌다. 하나는 혁명이라는 사실이 있었느냐이다. 다른 하나는 메이지헌법 제73조에 의한 헌법 개정 절차를 어떻게 설명하느냐이다.

미야자와는 전자의 의문에 대해 혁명은 이론상의 작업가설로써 현실의 사실관계를 설명한 것이 아니라고 답했다. 헌법학의 개정 유한학설과 일본국헌법과의 모순을 정합하기 위한 논의이므로 당연한 회답이다. 그러나 이 회답도 충분한 것은 아니다. 왜냐하면 8월혁명론을 필요로 한 암묵의 전제, 즉 맥아더에 대해 침묵하고 있기 때문이다. 천황 주권에서 국민 주권으로의 변화를 가져온 것은 8월혁명이 아니라 맥아더이다.

하지만 GHQ는 헌법 개정을 일본 국민의 자유로운 의사에 의한 것이라고 연출할 필요가 있었기 때문에 헌법 개정에 대한 GHQ나 맥아더의 관여에 대해 언론통제를 했다. 즉 맥아더초안에 대한 공언은 GHQ에 의해 금지되어 있었다.

이상의 경위를 가미하면 미야자와 등 헌법학자가 직면했던 문제에 전단(前段)으로서 다음의 물음을 부가하지 않을 수 없다. 맥아더의 강권 발동에 의한 일본국헌법의 탄생을 맥아더를 언급하지 않고 설명하려면 어떻게 해야 좋은가 하는 물음이다. 이 물음에 훌륭하게 답변한 미야자와의 8월혁명론은 존재하지 않는 혁명을 존재한다고 말했을 뿐만 아니라 존재한 맥아더의 관여를 존재하지 않았던 것으로 처리한 논의였다.

8월혁명론은 이중의 의미에서 사실에 반했기 때문에 본래라면 헌법학 내부의 작업가설로 남겨 두었어야 했다. 그러나 미야자와는 귀족원 의원으로서 헌법 개정 질의에 나서 메이지헌법 제73조에 의한 개정절차와 일본국헌법 전문의 일본 국민을 주어로 한 헌법 제정 경위 기술과의 부정합에 대해 정부를 집요하게 추궁했다. 이때 미야자와는 8월혁명을 거치고 있으므로 메이지헌법 제73조에 기초한 현재의 절차는 단순한 형식에 지나지 않는다고 단정했다.

미야자와는 8월혁명을 전제로 함으로써 헌법 제73조에 의한 헌법 개정을 민정헌법의 제정으로 치환했다. 미야자와의 8월혁명론은 민정헌법사관의 기초가 되었다.

민정헌법사관

일본국헌법은 주권자인 일본 국민이 스스로의 의사로 제정한 신헌법이라고 생각하는 것이 민정헌법사관이다. 민정헌법사관은 전후 일본의 올바른 역사 인식이다. 흠정헌법사관에 대신한 새로운 정치 신화이다.

문부성의 『새로운 헌법 이야기(あたらしい憲法のはなし)』에는 흠정헌법사관이 민정헌법사관으로 대신된 것을 간결하게 나타내고 있다.

지금까지의 헌법은 1889년에······ 메이지천황이 만들어 국민에게 주신 것이다. 그러나 이번의 새로운 헌법은 일본 국민이 스스로 만든 것으로 일본 국민 전체의 의견으로 자유롭게 만들어진 것이다.

미야자와 도시요시의 제자 아시베 노부요시(芦部信喜)는 민정헌법사관을 헌법제정권력론을 활용해서 보강했다. 아시베는 일본국헌법은 국민 자신이 스스로의 헌법 제정 권력에 기초해서 새로이 제정한 것이라고 명쾌하게 주장한다.

그러나 『새로운 헌법 이야기』의 간결함과 아시베의 명쾌함은 역사 사실의 몇 가지를 사상(捨象)한 것에 의한 것이다. 마치 맥아더도 GHQ의 언론 통제도 없었던 것처럼 말이다. 쇼와천황도 귀족원도 단순한 형식상의 문제로 희석된다. 그리고 남녀보통선거로 선출된 중의원에서의 심의만을 끄집어내 민정헌법을 주장한다. 헌법학자 하세가와 마사야스(長谷川正安)의 표현을 빌리면, 사실을 취사선택한 결과 민정헌법사관은 마치 일본의 민주 세력이 헌법을 만든 것 같은 즐거운 착각을 만들어 냈다.

취사나 착각은 과실이 아니라 고의에 의한 것이다. 예컨대 오우치 효에는 신헌법 제정을 역사상 유례가 없는 무혈혁명이라고 칭찬했다. 대변혁을 수반하는 헌법 제정이 평화리에 실현되었기 때문이다. 그러나 전후를 대표하는 사회주의자 오우치는 전전의 학교교육이 키운 수재이기도 했기 때문에 교과서에서 역사상 유례가 없는 평화리의 헌법 수수(授受)를 찬미한 흠정헌법사관을 배웠다. 오우치의 언설은 만방무비의 왕관을 일본국헌법의 머리 위에 옮겨 놓을 의도에서 출발한 것이다.

민정헌법사관은 역사 인식으로서 객관적인 올바름을 갖추지 못했다. 예컨대 아시베의 헌법제정권력론은 주권자인 국민이 헌법 제정 권력을 가져야 한다는 선견에 의해 민정헌법의 결론이 미리 정해져 있다. 아시베의 결론은 사실이 아니라 희망에 입각하고 있다. 이러한 논의 방식은 학문의 기준에 따른 것이라고 할 수 없다.

독립 회복 후 보수개헌에서 GHQ에서 강제된 헌법을 파기하고 독립국 일본의 헌법을 제정해야 한다는 강요된 헌법론이 제기되었을 때도 혁신 호헌은 논점을 비켜 감으로써 민정헌법사관을 정당화했다. 즉 일본정부는 GHQ에게 일본국헌법을 강요받았다. 민주주의헌법을 바라지 않았기 때문이다. 그러나 일본 국민은 민주주의헌법을 고대하고 있었다. 일본국헌법을 기꺼이 받아들였기 때문에 강제가 아니라는 것이다. 실례를 열거해 두자.

역사학자 이에나가 사부로(家永三郎)는 일본국헌법을 자유민권운동 이래의 민주화 요구를 실현한 것으로 규정한다. 그 증거로 GHQ가 스즈키 야스조가 작성한 메이지헌법 개정초안을 참고한 사실을 든다.

평론가 가토 슈이치(加藤周一)는 초안 심의 중의 『마이니치신문(每日新聞)』 여론조사에 의하면 국민은 상징천황제와 전쟁 방기에 찬성하고 있었기 때문에 일본국헌법을 긍정했다고 추론할 수 있다고 주장했다.

헌법학자 고바야시 나오키(小林直樹)는 일본국헌법을 자유와 행복을 추구하는 오랜 인류사의 한 장면으로 위치 지우지 않으면 올바른 역사적인 이해는 할 수 없다고 단언한다. 즉 GHQ의 관여 따위와 같은 상세한 사실과 현상(事象)에 얽매여서는 일의 본질을 잘못 본다는 것이다.

법철학자 쓰네토 교(恒藤恭)는 헌법을 귀한 선물이라고 부르면서 국민은 진지한 마음으로 신헌법을 받아들였다고 말했다. 작가로 정치운동가인 오다 마코토(小田實)도 심리로 논리를 압도하는 문장을 남겼다. 『세카이(世界)』 1981년 5월호 「헌법의 소생을 바라며(憲法のよみがえりを求めて)」이다.

내가 지금 여기서 언급해 두고 싶은 것은 헌법이 그 성립 과정의 논의를 넘어 전부터 언급해 온 그때 우리 마음의 움직임에 그대로 결합되어 간 것이었다는 점뿐이다. 그 결합이 어느 정도 강했는지는 그때 우리의 다수가 무리 없이 새로운 헌법을 수용한 데에서 명확할 것이다. 실제로, 우리는 새로운 헌법을 마치 우리 자신이 쓴 것처럼 수용해서 우리 것으로 했다. '강제'되었다면, 그것은 희망했던 것을 강제된 것이다.

더욱이 오다는 다른 기회에서는 초안을 기초한 것은 미국인이 아니라 평화를 희구하는 인간이었다고 이해해야 한다고도 말해 말은 하기 나름이라고 감탄하게 된다.

머지않아 강제의 사실에 그후의 역사를 대치해서 민정헌법사관을 지키려는 논의도 등장한다. 하자(瑕疵)의 치유론이다. 헌법 제정절차(手順)에는 하자가 있었지만 일본 국민은 헌법을 지금에 이르기까지 준수하고 있다. 이것은 추인이다. 이 추인으로 하자는 치유한 것이므로 일본국헌법은 민정헌법이라는 논의다.

같은 논법으로 자위대도 정당화할 수 있다는 점은 차치하고 침묵을 찬성으로 간주하는 논법은 재판소 안에서만 통용하는 생각이 아닐까. 더욱이 2010년 5월에 헌법개정국민투표법이 시행되기까지 주권자인 일본 국민은 헌법에 대한 찬부를 표명하는 제도조차 갖지 못했다.

평화헌법의 결함

일본국헌법은 평화헌법이라고 불린다. 헌법 전문에서 항구평화를 염원하고, 평화를 사랑하는 국민의 공정과 신의에 신뢰해 우리의 안전과 생존을 유지하고자 하는 결의를 밝힌 뒤 제9조에서 전쟁 방기를 명기하고 있기 때문이다. 더욱이 제2항에서 전력 보유를 금하고 교전권을 부정하고 있다.

제9조를 순수하게 읽으면, 일본은 일체의 군사력을 방기했다고 해석할 수밖에 없다. 일본 국민은 무방비가 된다. 그때 무사하게 있으리라는 확증은 없다. 평화를 사랑하는 국민들의 공정과 신의가 상실되면 일본과 일본 국민은 침략 위험에 노출되기 때문에 헌법 제9조를 실현하기 위해서는 국가의 존망과 국민의 생명을 걸어야만 한다.

정상적인 책임 관념을 가진 위정자라면 평화에 대한 신념이 아무리 강해도 이러한 걸기에 나서는 일은 주저하지 않을 수 없다. 실패의 대가가 너무 크기 때문이다. 즉 일본국헌법도 메이지헌법처럼 헌법 조문대로 실행할 수는 없다.

경찰예비대

1950년 한국전쟁 발발에 따라 미국은 일본에 재무장을 요청했다. 주일 미군을 한반도에 파견함으로써 저하된 방위력을 보완하는 것이 당면한 목표였다. 8월 10일 제3차 요시다 시게루 내각은 경찰예비대를 조직했다. 정부는 경찰력을 보충해서 치안 유지를 맡는다고 설명했다.

한국전쟁 발발과 경찰예비대 창설에 직면하여 1951년 1월 21일 일본사회당 위원장 스즈키 모사부로(鈴木茂三郎)는 청년제군은 단호히 총을 들어서는 안 된다. 결코 배낭을 짊어져서는 안 된다고 호소하며 요시다 내각을 비판했다. 스즈키에 동조한 일본교직원조합은 "제자를 다시 전쟁터로 보내지 말라", "청년들이여 또 다시 총을 들지 말라" 등을 표어로 재군비 반대 여론을 환기했다.

경찰예비대는 설립 목적, 훈련 내용, 장비의 모든 면에서 외정(外征)을 상정하지 않았기 때문에 경찰예비대를 전쟁터에 보내는 것은 불가능했다. 그러나 스즈키 등의 주장은 이성이 아니라 전쟁을 기피하는 국민감정에 와 닿았다. 이후 혁신 호헌은 평화를 염원하고 희구하는 국민감정에의 호소를 상투 수단으로 했다.

강화와 안보

샌프란시스코강화회의에 즈음해서 사회당의 스즈키 모사부로 위원장은 비무장중립과 전면강화를 주창하며 정부가 추진하는 재무장과 편면강화를 비판했다. 편면강화는 동측 제국 즉 소련이나 동구제국 등 사회주의국가와의 강화를 포기하고, 서측 제국 즉 미국이나 서구제국 등의 자유주의국가와의 강화를 우선하는 것을 가리킨다.

전 세계와의 강화로 일본은 냉전 양 진영의 어디에도 속하지 않고 비무장중립을 실현하려고 하는 것이 비무장중립·전면강화론이다. 동서냉전의 현실을 무시한 공상론(空想論)이었기 때문에 사회당은 스즈키의 좌파사회당과 아사누마 이네지로가 이끄는 우파사회당으로 분열했다.

요시다 수상은 사회당의 비판에 아랑곳하지 않고 강화회의에 출석하여 1951년 9월 8일 미국을 비롯한 연합국 48개국과의 강화조약에 서명했다. 다음 해 4월 28일 일본은 독립을 회복했다. GHQ에 의한 점령통치는 종료했다.

강화조약 조인과 동시에 일본은 미국과 미·일안전보장조약을 체결했다. 강화조약과 같은 날에 발효한 안보조약에 의해 미군은 일본 본토에 계속해서 주둔하게 되었다. 주일미군의 법적 지위에 대해서는 미·일행정협정에 정해져 있었지만 많은 특권을 인정한 것이었다. 주일미군 주둔은 극

동지역 평화와 안전을 유지하는 데 있으며 일본의 방위는 방위력 점증을 기다려 미·일공동으로 하는 것으로 되었다.

안보조약 체결로 경찰예비대는 1952년 보안대로 개조되었다가 1954년 자위대로 재편되었다. 자위대는 방위청 아래 직접, 간접의 침략으로부터 일본을 방위하기 위해 육상자위대, 해상자위대, 항공자위대를 갖추어 조직되었다.

1954년 12월 하토야마 이치로 내각이 성립하고 같은 달 22일에 헌법 제9조에 관한 정부통일견해가 발표되었다. 헌법 제9조 아래에서도 일본은 자위권을 보유하고 있다는 점, 자위대는 합헌이라는 점이 견해의 골자였다.

통치행위론

하토야마 수상이 연두기자회견에서 헌법 개정과 재군비에 강한 결의를 표명한 결과 1955년 2월 총선거에서는 좌우사회당이 약진했다. 10월 13일 좌우사회당은 합동해서 일본사회당을 결성하여 개헌 저지에 필요한 의석 수를 확보했다. 15일 보수합동이 이루어져 자유민주당이 탄생했다.

또한 같은 해 일본공산당은 제6회 전국협의회, 이른바 6전협에서 무장투쟁노선을 방기했다. 공산당은 제90의회에서 제국헌법 개정초안에 반대하고, 그중 한 명인 노사카 산조(野坂参三)는 헌법 제9조에도 반대를 표명했다. 그후 농촌으로부터 혁명을 일으키기 위해 산촌공작대의 화염병투쟁을 전개하고 있었지만, 6전협에서 의회주의로 전환했다.

사회당과 공산당 양당은 혁명노선에 미련을 가지면서도 의회주의 정당으로 변화하기 시작했다. 이로써 혁신 호헌의 담당자가 되었다. 그러나

1959년과 1960년에 연이어 발생한 두 사건을 통해 그들의 호헌론은 평화와 인권의 이상론으로 승화하여 현실에서 유리해 간다. 그 양상을 사회당을 중심으로 확인해 보자.

첫째 사건은 스나카와사건(砂川事件) 최고재판소 판결이다. 이 판결이 채용한 통치행위론에 의해 스즈키 모사부로가 추진해 온 미군 주둔과 자위대 위헌을 묻는 재판투쟁은 무의미해졌다.

1959년 3월의 도쿄지방재판소 판결로 미군 주둔은 헌법 제9조에 위반한다는 판결을 쟁취하는 데에는 성공했지만, 같은 해 12월 최고재판소는 지방재판소의 판결을 파기하고 미군 주둔은 합헌이라는 점, 헌법 제9조는 자위대를 부정하지 않는다는 점, 미·일안보조약은 고도의 정치성을 갖는 조약으로 사법 판단이 적절하지 않다는 점을 골자로 한 판결을 내렸다. 최후의 논점을 통치행위론이라고 한다. 미군 주둔이나 자위대 시비는 정부나 국회가 판단할 문제로 재판소는 관여하지 않는다는 것이다.

사법으로부터의 원호(援護)를 기대할 수 없게 되자, 국회 안의 정책 논쟁에서 수가 열세인 사회당과 공산당 양당에게 승산은 없었다.

60년안보

둘째 사건은 사회당위원장 아사누마 이네지로 척살(刺殺)이다.

안보조약을 대등한 내용의 그것으로 개정하는 작업이 기시 노부스케 내각에서 추진되어 1950년 5월 19일 정부와 자민당은 중의원에서 안보조약 비준안을 강행 채결했다. 6월 19일의 조약 자연성립을 저지하기 위해 군중이 국회를 에워쌌다. 그러나 조약은 자연성립하고 기시는 퇴진했다. 이상이 60년안보의 개략이다.

여기에서 주목하고 싶은 것은 아사누마가 비무장중립론이라는 실현 불가능한 이상론으로 운동을 지도한 것이다. 아사누마는 본래 무슨 일이든 현실주의의 입장에서 생각한 인물이다. 우파사회당 지도자로서의 아사누마가 편면강화, 대등한 미·일안보, 유엔에 의한 집단안전보장을 요구한 것도 현실주의로부터였다. 스즈키 모사부로에 의하면, 아사누마는 이론가라기보다는 실제가로 정책보다 당내 조정에 뛰어난 인물이었다. 별명으로 자자거사(ㅜァ ㅜァ 居士)라는 계명(戒名)이 헌상된 이유이다.

그런데 1958년 총선거 패배를 계기로 당세 확장 방법을 둘러싸고 좌파와 총평이 추진하는 사회주의순화노선과 우파 니시오 스에히로(西尾末広)가 제창한 국민정당화노선의 대립이 발생했다. 원래 좌파 우위의 사회당은 총평의 이상주의에 동조하지 않을 수 없었다.

아사누마는 1959년 3월의 방중에서 미국제국주의는 중·일 공동의 적이라고 발언하여 중소 양국에 다가가려는 자세를 보였다. 같은 달, 안보개정 저지국민회의를 결성하여 평화헌법 준수와 자주독립 중립외교의 입장을 명확히 했다. 그리고 같은 해 가을 니시오 일파를 제명했다. 일련의 좌경화를 서기장으로서 추진한 아사누마의 변모에 스즈키 모사부로도 세상도 놀랐다.

1960년 10월 12일 아사누마 이네지로는 헌법 개정과 재군비에 반대한 사회당의 공적을 자찬한 뒤 단상에서 척살되었다. 안보조약 폐기와 비무장중립은 아사누마의 유언이 되어 사회당의 현실 유리를 촉진했다.

비무장중립론

1980년에 출판된 이시바시 마사시의 『비무장중립론(非武裝中立論)』은 주위가 바다로 둘러싸인 일본은 스스로가 분쟁의 원인을 만들지 않는 한 타국의 침략을 받을 염려는 없다는 전제에 선 철저한 비무장중립론이라고 간주되고 있다. 그 덕분에 사회당 출판물로는 다수의 독자를 획득한 이례적인 서적이 되었다.

그러나 본래는 자위대를 위헌합법의 존재로 간주해서 시간을 들여 축소폐지를 실현한다는 이시바시 구상의 일부에 지나지 않는다. 그러나 이시바시의 위헌합법론은 사회당 내부의 비판으로 매장되어 사회당 기관지국의 요청으로 알기 쉬운 제명(題名)을 붙인 『비무장중립론』만이 사회당의 주장으로 남았다.

법정투쟁이 통치행위론으로 무의미해지고 아사누마의 죽음으로 사회당 내의 현실주의가 후퇴하자, 헌법 제9조를 둘러싼 문제를 정책 차원에서 생각하는 것이 어렵게 되었다. 이시바시 마사시의 말을 빌리면, 60년안보에서 절정기를 맞은 사회당은 퇴조기에 들었다. 1970년대에는 다당화의 영향을 받아 의석이 줄어들어 갔다.

마루야마 마사오(丸山眞男)는 정부에는 헌법 준수의 의무가 있고, 따라서 헌법 제9조를 실현할 의무가 있다고 주장했지만, 자민당 정부에 그럴 마음이 없는 것은 명확하기 때문에 사회당을 비롯한 혁신 세력이 정부를 밀어붙여 움직이게 할 수밖에 없다. 그러나 수적으로 열세인 그들에게 그럴 힘은 없다. 더욱이 안보 폐기, 비무장중립에 고집하게 된 사회당은 구체적인 제언을 가질 수 없었다. 사회당은 다음과 같이 말할 수밖에 없다. 도이 다카코(土井たか子)의 말이다.

철저히 평화주의의 헌법을 현실 정치에 살리고자 생각한다면, 역시 비무장중립밖에 없다. 헌법을 성실히 실시하는 것이라면, 국가의 체제로서는 비무장

중립밖에 있을 수 없다〔『도이 다카코 헌법강의(土井たか子憲法講義)』〕.

평화와 인권의 헌법학

혁신 호헌은 평화를 인권 문제로 다시 파악함으로써 안전보장을 국가의 자위권 문제로 처리하는 자민당정권에 대항한다. 여기에서 평화와 인권의 헌법학이 탄생한다.

먼저 헌법 이론 분야에서 변화가 나타났다. 쇼와 40년대(1965~1974)의 에니와(惠庭) 소송, 나가누마(長沼) 소송에서 헌법 제9조와 자위대의 관계가 직접적 쟁점이 되었을 때, 호시노 야스사부로(星野安三郎)가 전개한 것이 평화적 생존권의 논리였다.

헌법 제9조 문제를 비전(非戰), 비무장, 평화주의의 관점에서 추상적으로 논하는 것이 아니라 국민의 생활, 기본적 인권에 맞추어 통일적으로 파악함으로써 평화적 생존권의 논리는 평화의 문제를 국가론에서 인권론으로 전환시키는 계기가 되었다.

히구치 요이치(樋口陽一)는 헌법 제13조의 행복추구권을 근거로 하여 자위대 위헌론을 전개했고, 다카야나기 신이치(高柳信一)는 일본국헌법을 인권으로서의 평화를 보장하는 헌법으로 파악할 것을 제창했다. 또한 정치학자 마쓰시타 게이이치(松下圭一)가 헌법을 국가통치의 기본법이 아닌 시민 자치의 기본법으로 다시 정위(定位)한 것도 같은 동향으로 추가할 수 있을 것이다.

정치의 세계에서는 헌법을 삶 속에 살리자고 호소한 혁신 수장들을 들 수 있다.

예컨대 교토부지사 니나가와 도라조(蜷川虎三)는 혁신 수장의 선구자인

데 1950년 취임 후 최초의 시책이 부(府) 청사 정면에 헌법을 삶 속에 살리자고 크게 쓴 현수막을 내건 일이었다. 이어서 직원에게 포켓판 헌법을 배부했다. 일본국헌법뿐만 아니라 지사 취임사나 의회 답변의 일부를 수록한 니나가와어록이기도 했다.

1967년 4월 도쿄도지사에 당선된 미노베 료키치(美濃部亮吉)가 내건 정책은 헌법을 도쿄에 실현하자였다. 직원에 대한 취임사에서도 헌법을 칭송하며 민주주의는 도민의 행복을 보증하는 것이라고 인사했다.

니나가와 부정(府政)은 1968년까지의 28년에 이르고 미노베 도정은 12년간 지속되었다. 평론가 사타카 마코토(佐高信)의 표현을 빌리면, 헌법은 이 사이에 일본인들의 생활, 삶 자체라고 생각하는 사고방식이 확산되어 갔다.

헌법과 삶을 결합하는 경향은 사회당에서도 현저했다. 그 상징이 도이 다카코에서 후쿠시마 미즈호(福島瑞穂)로의 세대교대이다. 도이는 도시샤대학(同志社大学)에서 헌법학 강의를 담당한 학자 출신 정치인이다. 후쿠시마는 여성의 권리 향상과 가족 문제를 전문으로 하는 변호사였다.

금기

혁신 호헌은 정치의 세계에서 패배를 거듭해 갈 때마다 사상과 행동을 평화와 인권의 헌법학으로 순화시켜 갔다. 정책론이라면 다수결에서 지면 침묵해야 한다. 그러나 인권론이라면 소수파라도 주장을 계속할 수 있기 때문이다. 기본적인 인권의 존중을 주장하는 일본국헌법이 존속하는 한, 인권으로서의 평화를 외치는 혁신 호헌의 행동을 누구도 멈추게 할 수는 없다.

다카야나기 신이치에 의하면 혁신 호헌은 평화와 인권을 외치는 가운데 자신들은 선으로 간주하고 외부를 악으로 비난하는 태도를 키워 갔다. 이 논리에 따르면, 방위력 증강과 함께 악은 증대하고 혁신 호헌은 더욱더 강하게 선을 자임하게 한다. 그러나 대화의 거절은 독선에 빠질 위험을 낳았다.

1977년 사회학자 히다카 로쿠로(日高六郎)는 헌법 시행 30주년 기념 해에 잡지 『세카이』 편집부의 요청에 응해 호헌파는 호교파(護敎派)가 되어서는 안 된다고 제언하는 문장을 기고했다. 히다카는 헌법을 금과옥조, 금기시 하면 안 된다고 주장했다. 왜냐하면

> 헌법은 원래 양심과 믿음(信敎)의 자유를 보장하는 것에 '지나지 않을' 뿐인데, 사람들은 그릇되게 그러한 도덕적 혹은 종교적 가치의 근거를 일본국헌법이 주었다고 착각할지도 모르기 때문이다.

그러나 호헌파는 개헌파에 이용당하는 것을 경계한 나머지 헌법 논의를 금기로 했기 때문에 히다카는 "호헌파는 헌법이나 교육기본법을 눈에 띄지 않는 어진영봉안소에서 해방해야 하는 것 아닌가" 하고 제안했다.

히다카의 제언도 덧없이 혁신 호헌은 일본국헌법을 불마의 대전으로 다뤘다. 최근에는 헌법 제9조를 세계유산이나 노벨평화상으로 추천하려는 움직임도 있다. 어떤 사람은 헌법 제9조는 평화를 바라는 인류의 무의식을 반영하고 있다고 말하고, 어떤 사람은 미래에 대한 희망이 감추어져 있다고 주장한다. 또 어떤 사람은 헌법을 예술작품으로 감상하자고 제언한다. 헌법주의라는 신조어를 만들어 낸 헌법학자도 있다. 그리하여 전전에도 전후에도 일본의 호헌론은 헌법을 통치의 도구로서 객관적으로 보는 자세를 잃었다.

LOVE헌법

보수개헌은 혁신 호헌을 헌법교(憲法敎)라고 야유한 적이 있지만, 사실의 한 측면을 인식한 것이기도 하다. 혁신 호헌에서 헌법은 인생을 걸고 지켜야 하는 것이 되었기 때문이다. 호헌파의 열의는 사랑이라고 부를 수밖에 없는 것이다. 아이치9조회(あいち九条の会) 대표총무로 변호사인 노마 미키코(野間美喜子)는 초등학교에서 헌법을 처음 대했을 때를 쓴 뒤 평화헌법은 연인이 되었다고 말했다. 도이 다카코의 저서에『We LOVE 헌법』, 후쿠시마 미즈호의 저서에『헌법 너무 좋아 선언(憲法大好き宣言)』이 있는 것과 부합한다.

오사카교직원조합은 밭 한가운데 설치한 간판에서 헌법에 대한 사랑을 표현했다. 오사카에서 교토로 향하는 전차를 타면 다카쓰키역(高槻駅) 부근에서 JR선과 한큐선에서 이 간판을 볼 수 있었다. 양면 간판으로 JR 측은 'LOVE 헌법', 한큐 측은 '헌법 일본과 세계의 보물'이라고 쓰여 있었다. 2017년 현재는 새로운 간판으로 변경되어 JR 측은 '지켜 살리자 평화헌법', 한큐 측은 '지키자 헌법9조'라고 되어 있다.

호헌파 교사는 헌법에 대한 사랑을 제자에게도 전했다. 각지의 초·중등학교에서 헌법 전문이나 제9조의 암송이 이루어졌다. 암송 다음은 베껴 쓰기이다. 경필(硬筆) 습자 글씨본으로 헌법 전문과 제9조를 채용한 서적도 있다. 캐치 프레이즈에는 "덧쓰기로 뇌도 평화도 활성화"라고 쓰여 있다. 헌법 제9조의 서사(書写)는 사구(写九)로 발전했다. 효고현(兵庫県) 고베시(神戸市)에는 평화사구를 권장하는 모임(平和写九をすすめる会)이 있었다. 사구는 사경(写経)에서 이름을 딴 것이다.

헌법에 대한 사랑은 헌법 관련 물품을 낳았다. 이 점에서 혁신 호헌은 전전 호헌파와 현저한 차이를 보여 준다. 헌법 관련 물품의 효시는 니나가와 도라조 교토부지사가 작성한 포켓판 헌법이다. 현재는 헌법수첩 등의 명칭으로 각 지방의 노동조합이 조합원에게 배포하고 있다.

헌법 관련 상품을 전문으로 제조·판매하는 업자도 존재한다. 당초에는 헌법수첩과 엽서, 수건을 취급하는 정도였지만, 제2차 아베 신조 내각 성립 후 가방, 부채 외에 노보리(幟)[54]나 서명 수집 도구 일습이 더해져서 구색이 충실하게 갖추어져 갔다.

원호(元号)가 바뀌고 세기가 바뀌어도 헌법에 대한 사랑은 위축되지 않는다. 2004년 6월 9조의 모임(九条の会)이 발족했다. 이노우에 히사시(井上ひさし)부터 미키 무쓰코(三木睦子)까지 9명의 발기인을 갖추고 표어에는 "헌법 제9조 지금이야말로 적기"를 내세웠다. 당초의 발기인 중 6명은 이미 사망했지만 9조의 모임은 2017년 현재도 활동하고 있다.

마지막으로 전쟁을 시키지 않는 홋카이도위원회(戦争をさせない北海道委員会)가 작성한 2017년 5월 3일의 헌법집회 선전문을 소개하며 이 절을 마친다.

NO CONSTITUTION, NO PEACE. 헌법 없이 평화 없다.

NO CONSTITUTION, NO LIBERTY. 헌법 없이 자유 없다.

NO CONSTITUTION, NO RIGHTS. 헌법 없이 인권 없다.

NO CONSTITUTION, NO LIFE. 헌법이 없으면 삶은 지킬 수 없다.

---

54 좁고 긴 천의 한 끝을 장대에 매달아 세우는 것을 가리킨다.

제3장 보수개헌

보수파의 개헌론

보수개헌은 강요된 헌법론, 천황원수화, 재군비의 3요소로 성립한다. 보수개헌이란 일본국헌법은 맥아더초안이 강요되어 생긴 헌법이므로 독립 후 이를 폐지하고 자주헌법을 제정하지 않으면 안 된다고 주장하기 때문에 일본국헌법을 부정하는 생각(意想)이다. 오이시 요시오에 의하면, 자주헌법의 기준은 천황을 국민통합의 중심으로 하는 군민일체의 일본 본래의 모습으로 고치는 것이다. 그러기 위해 신도가 아시즈 우즈히코(葦津珍彦)에 의하면, 군민일치의 정신에 기초해 통치권 총람자로서의 천황의 지위를 복원하지 않으면 안 된다. 천황원수화이다. 또한 자주헌법을 제정할 때는 전후 개혁이라는 이름으로 이루어진 일본무력화의 상징인 군비 철폐를 철폐한다. 재군비이다. 혼자 힘(獨力)으로 일본을 방위하는 군대 재건을 목표하는 것이 재군비이다. 보수개헌이란 대략 이상과 같은 생각이다.

보수개헌의 담당자는 자유민주당 보수파이다. 여기에서도 형용모순을 확인할 수 있다. 보수는 본래 과거와 현재를 긍정하여 존속시키려고 하는 입장이다. 보수파는 현행 헌법의 변경을 주장하기 때문에 입장과 주장이 어긋난다. 다만 혁신 호헌의 뒤틀림 정도와 마찬가지로 보수개헌에도 도리가 있다. 보수개헌이 지키려 하는 것은 전전의 일본이지 일본국헌법이 제시하는 일본이 아니었기 때문이다. 보수개헌의 논객으로 3명의 정치인을 들 수 있다. 하토야마 이치로와 기시 노부스케와 나카소네 야스히로(中曾根康弘)이다.

보수개헌의 선봉은 하토야마 이치로이다. 자유당 총재로서 1946년의 제22회 총선거에 임해 제1당이 되었다. 그러나 정권을 목전에 두고 공직을 추방당했기 때문에 요시다 시게루에게 당과 정권을 맡겨야만 했다.

하토야마와 요시다 사이에는 하토야마가 복귀하면 당과 정권을 반환한다는 합의가 있었지만, 정치의 세계에서 그러한 약속은 아무런 의미도 없었다. 요시다는 자유당 총재로 군림하고 총리로서 장기 정권을 구축했다. 하토야마의 개헌론은 요시다에 대한 개인적 원한이 담겨 있다. 1952년 9월 정계에 복귀한 하토야마는 헌법 개정과 일·소교섭을 내세워 요시다 내각 비판을 개시했다.

하토야마는 미소 양국은 임전 태세에 있으며 상정되는 전쟁터는 일본이라고 생각했다. 따라서 하토야마는 소련과의 국교 정상화를 서두르는 동시에 헌법을 개정해서 군대를 가질 필요가 있다고 생각했다. 재군비를 위한 헌법 개정은 보수개헌 주장의 기둥으로 계승되고 있다.

보수개헌의 차봉(次鋒)은 기시 노부스케이다. 1953년 12월 요시다 시게루의 요청으로 자유당의 헌법조사회회장에 취임했다. 요시다에게 잘 연구해 주기 바란다는 의뢰를 받은 기시는 요시다의 본심은 헌법 개정이었다고 추측했다. 요시다의 헌법론은 그렇게 간단한 것이 아니다. 단 측근 중의 측근이었던 이케다 하야토(池田勇人)조차 요시다의 본심은 헌법 개정, 재군비에 있다고 생각하고 있었을 정도이기 때문에 기시가 오해한 것은 부득이했다.

요시다와 달리 기시는 순정(純情)이다. 1954년의 연두소감으로 대략 다음과 같은 논설을 발표했다. 기시는 조국 재건의 대업을 이루어 민족적 자신과 독립의 기백을 되찾기 위해서는 우리의 자유의사로 만들어진 헌법을 갖지 않으면 안 되며, 군비를 재건해서 조국을 우리 손으로 방위하는 것은 독립국으로서의 의무이자 권리라고 주장했다.

보수개헌의 후방 부대로 나카소네 야스히로가 있다. 일본국헌법은 점령 헌법, 맥아더헌법이기 때문에 독립을 회복한 지금이야말로 자주헌법을 제정해야 한다고 주장했다. 나카소네는 여론 환기를 위해 헌법 개정의 노래를 작사하고 있다. 아케모토 교세이(明本京静)가 곡을 붙여 일본콜롬비아에서 1956년에 발매되었다.

강요된 헌법론

보수개헌의 3요소 가운데 여기에서 설명하는 것은 강요된 헌법론에 한한다. 천황원수화와 재군비는 다음에 서술할 해석개헌에서 설명하는 것이 적절하기 때문이다.

강요된 헌법론은 자주헌법 제정론이 수반된다. 강요된 헌법론은 헌법 제정에 관한 역사인식론이며, 자주헌법론은 현상을 시정하는 것에 관한 정론이기 때문이다.

강요된 헌법론에서는 일본국헌법 공포의 역사 가운데 점령하의 헌법 개정과 맥아더초안을 중시한다. 일본정부는 GHQ의 개헌 요구를 거부할 수 없었다. 맥아더초안에 따를 수밖에 없었다. 일본정부와 일본 국민은 헌법을 개정할지, 말지를 자신들이 결정할 수도 없었고, 헌법초안을 자신들의 생각에 기초해서 기초할 자유도 없었다. 강요된 헌법론자는 이러한 경과를 갖는 일본국헌법은 일본 국민이 스스로의 의사로 만든 것이 아니라 점령군에 의해 강요된 것이라고 생각한다.

자주헌법 제정론에 의하면, 일본국헌법을 파기하고 일단 메이지헌법을 부활시켜, 다시금 메이지헌법 제73조에 준해서 새로운 헌법초안을 심의하는 것이 된다. 자주헌법은 일본 국민의, 일본 국민에 의한, 일본 국민을 위한 헌법이어야 한다. 또한 자유와 평화와 민주주의를 포함하는 것도 당연한 것으로 간주된다. 즉 보수개헌은 전전 회귀를 요구하는 단순한 복고주의가 아니다.

불편한 사실

강요된 헌법론과 자주헌법 제정론은 국민의 자존심을 되찾기 위한 논의였지만, 국민의 지지를 얻지 못했다. 또한 자민당 내에서도 다수의견이 되지는 못했다. 이론과 현실의 양쪽에서 약점을 안고 있었기 때문이다.

이론으로 볼 때 강요된 헌법론에는 약점이 있었다. 헌법 개정 역사의 일부분을 강조하는 한편으로 자신들의 입론에 불편한 부분은 버리고(捨象) 있기 때문이다. 강요된 헌법론에서는 맥아더초안이 강제된 후의 일련의 절차를 모두 무시하고 있다. 쇼와천황의 칙령도, 제국의회에서의 심의도, 그리고 후에 개헌론으로 전신한 보수파 중의원 의원이 찬성한 사실까지도 무시하고 있다. 특히 마지막에 든 사실은 개헌론자에게는 부끄러운 과거로서 지워 없애고 싶은 일일 것이다.

강요된 헌법론에 더욱 형편이 좋지 않은 것은 일본국헌법 공포와 쇼와천황의 관계이다. 일본국헌법에는 천황의 어명(御名)과 어새가 찍힌 상유가 첨부되어 있다. 형식상으로는 천황과 국민에 의한 국약헌법(国約憲法)이다. 1946년 11월 3일 헌법공포식이 쇼와천황 친임하에 귀족원에서 행해졌다. 천황은 칙어를 내리고 수상인 요시다 시게루와 귀족원과 중의원 양 의장이 봉답했다. 그후 천황은 황거 앞 광장에서 일본국헌법 공포기념 도민축하대회에 참가해 도쿄도민과 함께 축하했다. 1947년 5월 3일에는 정부주최 헌법시행 기념식전에 임석하여 황거 앞 광장에 모여든 국민과 함께 축하했다.

일본국헌법을 무효로 하려면 쇼와천황의 행위를 설명할 수 없게 된다. 천황원수화를 요구하는 보수개헌에서 해결 불가능한 난문이다.

자민당 내 소수파

현실 정치 세력으로 볼 때 강요된 헌법론과 자주헌법 제정론은 자민당 내 지지를 얻을 수도 없었다. 보수개헌의 하토야마와 기시와 나카소네는 자민당 일원이었지만, 자민당이 보수개헌 자체는 아니었다. 자민당에게 자주헌법 제정론은 당내 소수 의견 중 하나에 지나지 않았다.

헌법 개정을 내세워 내각을 조직한 하토야마는 일·소 국교 회복을 이룩하고는 퇴진했다. 하토야마 내각은 1956년에 헌법조사회를 내각에 설치하는 법률을 공포·시행했을 뿐, 헌법 개정에는 손도 대지 못했다.

기시 노부스케는 정권공약으로 자주헌법 제정을 내세워 1957년에 헌법조사회의 제1회 총회를 여는 데까지 이르렀지만, 사회당 참가자가 없어 충분한 성과를 얻을 수 없었다. 그후 기시는 안보반대운동 때문에 부득이하게 퇴진한 후 두 번 다시 정권에 복귀하지 못했다. 나카소네 야스히로도 파벌투쟁에서 살아남기 위해 태도를 수차례 뒤집어 풍향계라는 비웃음을 받았다.

기시를 계승한 이케다 하야토는 헌법 문제를 뒤로 미루고 경제정책에 전념(專心)했다. 소득배증계획은 그 좋은 사례이다. 자민당정권이 존속하기 위해 필요한 취사선택이었다. 자민당정권에서 헌법 문제는 귀문(鬼門)⁵⁵이 되었다. 이케다 하야토 이후, 자신이 재임하는 동안에는 헌법 개정을 하지 않겠다고 인사하는 것이 수상 취임의 관례가 되어 갔다. 기시는 사토 에이사쿠(佐藤栄作)도 스즈키 젠코(鈴木善幸)도 그와 같이 인사한 데 대해 몹시 불쾌하게 말하고 있다.

> 지금의 헌법이 어떻게 해서 이루어졌는지, 그 내용이 어떠한 것인지, 국민은 관심이 없다기보다는 잘 모른단 말이요. ……제정절차에도 문제가 있고, 내용에도 잘못이 있다. 그것은 점령 정책을 행하기 위한 무엇(방편)이었다. 총리가 그러한 사정을 국민에게 충분히 이해시키는 역할을 하지 않으면 안 되는 거죠〔『기시 노부스케 증언록(岸信介証言録)』〕.

총리에서 사직한 기시는 자주헌법제정 의원연맹을 조직해서 회장에 취임하는 것이 고작이었다. 그러나 의원연맹의 계발 활동은 열매를 맺지 못했다. 국민을 무지하다고 내려다보는 정치인이 국민의 지지를 얻을 리가 만무하기 때문이다.

---

55 꺼리고 피해야 하는 것을 가리킨다.

보수개헌 세력이 쇠퇴하는 한편으로 경제정책 최우선의 다나카 가쿠에이(田中角栄)가 대두했다. 다나카파는 공공사업을 소속 의원의 선거구에 집중 투하함으로써 집표력과 집금력을 높여 당내 최대 파벌로 성장했다. 다나카의 『일본열도개조론(日本列島改造論)』은 호시 도루(星亨)와 하라 다카시가 만들어 낸 정치 수법을 집대성한 저작이었다.

다나카가 주장하는 일본열도 개조는 지금까지의 평화를 유지하면서 국민을 위한 복지를 중심에 두고 사회자본 정비와 사회보장 수준의 향상을 목표로 한다는 것이다. 이때 『일본열도개조론』은 평화에 대해 많은 말을 하지는 않는다. 외교와 안전보장은 유권자의 일상생활에 직결되지 않기 때문에 정치인에 대한 요청이 생기기 어려우므로 득표에도 정치헌금에도 이어지지 않는 화제이다. 다나카파가 헌법 개정에 무관심했던 것은 당연하다. 결과적으로 다나카파의 확대로 자민당의 대세는 개헌에서 무관심해졌다.

보수개헌은 다나카파에 상대할 수 없었을 뿐만 아니라 다나카파 후원으로 정권에 오르는 상태였다. 나카소네 야스히로는 다나카파 후원으로 총리가 되었다. 조각 당시 다나카소네(田中曾根) 내각이라 불릴 정도로 인사와 정책에서 다나카파의 지배를 받았다.

그 결과 나카소네는 수상 재임 중에 헌법개정론을 봉인했다. 관방장관 고토다 마사하루(後藤田正晴)가 전쟁 피해자 세대가 생존하는 동안에는 개헌도 재군비도 국제적인 이해를 얻을 수 없을 것이라는 입장에서 나카소네에 대해 자제를 요구했기 때문이다. 고토다는 다나카파 일원이었다.

나카소네는 자주헌법제정론도 방기했다. 기시 노부스케가 자주헌법제정 의원연맹 후임 회장으로 타진이 있었을 때에 거절했다. 일본국헌법에 수상공선제를 포함시키기 위한 개헌론으로 의견을 바꿨기 때문이다. 이 결과, 보수개헌은 자주헌법제정론과 개헌론으로 나뉘어 버려 그렇지 않아도 작은 세력을 세분해 버렸다.

나카소네가 입장을 바꾼 배경에는 정권 운영의 사정뿐만 아니라 평화와 자유를 소중히 생각하는 시민사회의 형성에 관한 관찰이 있었다. 나카소네는 해군장교가 된 이래 줄곧 다스리는 측에 있었기 때문에 시민사회의 형성을 몰랐으며, 그 때문에 개헌론이 왜 국민의 찬동을 얻지 못하는지 몰랐다고 말했다. 그러나 국민의 지지를 얻지 못했던 원인은 다스리는 측을 자임한 나카소네의 거만함에 있었던 것은 아닐까.

나카소네의 헌법개정론은 헌법개정론을 금기로 하지 않는다는 선까지 후퇴했다. 그러나 정치의 세계에서도, 언론·출판의 세계에서도 헌법개정론은 금기가 되어 헌법을 개정하는 것이 나쁜 일인 것 같은 관념이 정착했다.

이상과 같이 보수개헌은 국민에게서도 자민당 내에서도 지지를 얻지 못했다. 자민당정권은 국내외의 정세 변화에 대해 해석개헌으로 대응하는 길을 택했다.

제4장 해석개헌

요시다노선과 보수 본류

전후 일본의 헌법관에 대해 말하는 가운데 무엇보다 중시해야 하는 것이 해석개헌이다. 전후체제가 해석개헌의 논리에 의해 운영되어 왔기 때문이다. 혁신 호헌도, 보수개헌도 그들의 주장이 실현된 적은 없다. 해석개헌만이 현실의 국정 운영에서 실행되고 있는 유일한 헌법관이다. 그러나 해석개헌은 완수해 온 역할에 대한 적절한 평가를 부여받지 못한 채 혁신 호헌과 보수개헌의 양쪽과 국민에게서 비난을 받는다.

해석개헌이란 조문의 자구를 변경하지 않고 조문 해석의 변경으로 헌법 개정과 같은 결과를 얻는 사고방식이다. 해석개헌에서는 헌법 제정 경위에 관심을 보이지 않는다. 미·일 합작의 신헌법을 국가·국민의 이익과 행복(利福) 향상의 수단으로 활용해 가는 것을 중시한다. 상징천황제의 틀을 지키면서 사실을 축적함으로써 천황을 사실상의 국가원수로 해간다.

미·일안보체제를 이용하면
서 국력이 허용하는 범위에서
자위대를 증강해 간다. 헌법
제9조에 반하는 일이지만 해
석을 변경함으로써 상황에
대응해 간다.

해석개헌을 구성하는 요소
는 당용헌법론(當用憲法論), 사
실상의 천황원수화, 미·일
안보체제하의 방위력 점증의
셋으로 나눌 수 있다. 모두
요시다 시게루의 말로 바꾸
어 설명해 보자.

그림 4. 요시다 시게루(일본 국립국회도서관 소장)

먼저 당용헌법론이란 제
정 당시의 사정에 고집하는
것은 타당하지 않으며 신헌법을 존중하고 잘 운용해서 좋은 결과를 얻는
것이 중요하다는 사고방식이다. 민정헌법사관이나 강요된 헌법론에는 관
심이 없다. 그러나 요시다는 헌법 제정의 실태를 잘 알고 있었다. 그러면
서 운용에만 관심을 갖는 것이다. 당용헌법론은 당분간 사용해서 좋은 결
과를 얻으면 그것으로 족하다는 식으로 헌법을 도구로 인식하는 사고방식
이다.

요시다는 사실상의 천황원수화에 대해 신헌법 아래에서도 천황은 국민
의 마음속(心情)에 일본의 원수이며 황실과 국민을 결합하는 제도나 관행
을 수립할 여지는 충분히 있다고 말했다. 요시다와 그 후계자들은 사실을

축적함으로써 천황원수화를 실현해 간다.

미·일안보체제하의 방위력 점증에 대해서는 국내적으로는 국민 부담 문제, 대외적으로는 현재의 국제 정세, 특히 해외의 대일 감정 등을 고려해서 조급하게 제9조를 개정할 수는 없다는 견해를 보였다.

요시다의 말을 액면 그대로 받아들일 수는 없다. 요시다 시게루가 경찰예비대, 보안대, 자위대를 만들었기 때문이다. 요시다의 진의는 주일미군의 비호를 받으면서 경제력에 알맞은 진도로 방위력을 점증하는 데 있었다. 제9조는 미국의 과대한 방위력 강화 요구를 차단하는 구실로 삼기 위해 개정하지 않는다.

해석개헌에 의한 전후체제 운영을 요시다노선이라고 한다. 요시다노선의 담당자가 된 자민당 정치인의 계보를 보수본류라고 한다. 요시다의 부하로 일한 정치인과 관료는 머지않아 자민당 내의 파벌로 고치카이(宏池会)를 형성했다. 이케다 하야토, 오히라 마사요시, 스즈키 젠코, 미야자와 기이치 같은 역대 수상을 배출한 데에서 명문으로 인정받았다.

다만 고치카이만이 해석개헌의 아성이었다면, 보수개헌이 나올 차례는 훨씬 많았을 것이다. 보수 본류의 일각인 사토 에이사쿠의 파벌에서 탄생해서 당내 최대 파벌로 성장한 다나카파는 이익으로 직결되지 않는 헌법개정에 흥미를 보이지 않았다. 다른 파벌에 속하는 의원도 의석 유지의 형편에서 실익이 따르는 정책을 우선했다. 그 결과 당내 여론의 저울이 해석개헌으로 기울었다. 개헌을 주장하는 총리조차도 정권 유지를 우선할 수밖에 없기 때문에 해석개헌을 선택한다. 결과적으로 역대 자민당정권은 해석개헌의 입장에서 정권 운영에 힘쓰게 되었다. 자민당은 해석개헌정당으로 기능했다.

당용헌법론

　당용헌법은 원래는 후쿠다 쓰네아리(福田恆存)가 고안한 말이다. 개헌론자였던 후쿠다는 일본국헌법이 국민에게 정착하는 날은 올 리가 만무하다고 단언했다. 개헌파와 호헌파 모두 일본국헌법을 당면한 필요에 직면해서 당분간 사용하는 것에 지나지 않는다고 생각했기 때문이다. 여기에서 후쿠다는 당용한자를 풍자적으로 비유해서 일본국헌법을 당용헌법이라고 불렀다.

　후쿠다의 예언은 틀렸다. 당용한자가 상용한자로 개칭되어 국민에 정착해 버린 것처럼 일본국헌법은 당분간 사용하는 상태를 70년의 정상상태(常態)로 존속했다. 이미 정착했다고 해도 지장이 없을 세월이다.

　당용헌법이 정상상태화한 이유는 해석개헌파가 헌법 제정의 사정을 도외시하고 당분간 사용하는 것을 주의(主義)로 했기 때문이다. 미야자와 기이치의 『신호헌선언(新·護憲宣言)』은 당용헌법론의 입장을 정당화하는 몇 안 되는 사례이다.

　헌법이란 것은 최고재판소 판결이 있거나 이러저러한 국민감정이 있거나 하면서 탄력적으로 읽거나 생각하거나 해도 되는 것이라고 생각한다. ……나는 일본인이란 원래 현실적이고 실제적인 국민이라고 생각한다. 따라서 지금의 헌법도 여러 복잡한 부분을 포함하면서도 그 아래 50년 가까이 그럭저럭 좋은 사회가 발전했다. ……최고재판소가 훌륭한 법의 파수꾼으로서 훌륭한 판례를 쌓아 올림으로써 지금의 헌법이 비교적 상식적으로 운용되어 온 것은 대단히 고마운 일이다. ……이처럼 잘 운용되고 있는 헌법을 어째서 바꾸지 않으면 안 되는지 이해할 수 없다.

결과적으로 국정 운영이 원활하게 진행되면 그것으로 족하다는 실용주의는 호헌과 개헌 양쪽에서 원리·원칙을 경시한 방식이라는 비난을 받는다.

예컨대 제9조에 대해 호헌파는 평화주의의 숭고한 이상을 위해 비무장 중립을 호소하고, 개헌파는 국민의 안전을 지키는 사명감에서 재무장을 주장한다. 그러나 고치카이의 귀공자로 불린 가토 고이치(加藤紘一)가 제9조에 대해 논하는 판단기준은 손득(損得)이다.

제9조 개정은 손실이 많아 지금은 헌법을 지키는 편이 정세 안정에 도움이 된다는 것이 가토의 의견이다. 가토는 손득 계산에서 제9조의 존치를 말하는 것이지 호헌과는 다르다. 무엇보다 제9조는 자위권을 인정하고 있으므로 자위대는 합헌이라는 것이 가토의 입장이다. 그러나 가토의 자위대 긍정은 개헌파의 재군비론과도 다르다. 가토는 제9조의 제약이 일본의 이점(利點)이 된다고 생각하기 때문이다.

방위력 점증

자민당정권은 헌법 제9조의 운용에서 해석개헌을 다용했다. 자위대가 헌법 제9조가 보유를 금지하는 육해공 및 기타의 전력에 해당하는 것은 분명했다. 국제법상 자위대는 군대였고 자위관은 군인이었기 때문이다. 그럼에도 정부와 자민당은 자위대는 헌법 제9조에 반하지 않는다는 해석개헌으로 극복했다.

당초 요시다 시게루는 헌법 제9조에 대해 어떠한 명의(名義)의 교전권도 방기하는 것으로 자위대의 발동으로서의 전쟁도 앞장서 방기하는 것이라고 설명했다. 1946년 6월의 중의원 본회의에서의 답변이다.

그러나 미국 요청으로 자위대를 창설하게 되자 요시다의 설명은 변천했다. 헌법 제9조 제2항의 전력부정조항은 군국주의국가, 침략국으로서의 일본의 오명을 씻고 하루라도 빨리 국제사회에 복귀하는 정치적 목적에서 나온 것으로, 만약 조문을 엄격하고 딱딱하게 해석해서 자위권을 부정하면 정치적 불안정의 원인이 된다는 것이다.

요시다가 미국과 교환한 방위력 점증 약속은 국내용 설명에서는 자위력의 최소한도를 끌어올리는 근거가 되었다. 그러나 동시에 그후의 미국과의 교섭에서는 헌법 제9조를 국력 이상의 재군비 요구를 거절하는 구실로 이용했다. 요시다는 헌법 제9조의 문면을 유지하면서 국력이 허용하는 범위에서 자위대를 증강시키는 현실주의를 채용했다.

자민당정권의 방위정책은 요시다노선을 답습한 것이었다. 보수개헌의 논객인 나카소네 야스히로조차도 총리로서 책임 있는 입장이 되자, 해석개헌에 의한 자위대의 확대를 선택했다. 해석 변경에 저항하는 법제국장을 농락한 무용담을 회고하고 있지만, 일찍이 헌법 개정의 급선봉이었던 나카소네의 모습은 여기에 없다.

2015년에 집단적 자위권 행사를 일부 용인하는 안전보장 관련 법안이 가결 성립한 것은 기억에 새로운 일인데, 헌법 개정을 자신의 사명이라고 공언하는 아베 신조 수상 역시 해석개헌을 선택했다.

개헌을 제의할 수 있는 의석수를 확보하지 못한 이상, 해석개헌밖에 선택할 수 없다. 수상 개인의 개헌 의욕이 아무리 강고할지라도 움직일 수 없는 전제이다. 개헌 의욕이 없는 수상이라면 더더욱 그렇다. 이리하여 역대 자민당정권은 해석개헌으로 방위력 점증을 실현해 왔다.

미 · 일동맹

일찍이 미 · 일 양국 간의 군사 관계는 미 · 일안전보장체제, 줄여서 안보체제로 불렀다. 군사에 관한 국민의 혐오감을 고려한 표현이다. 스즈키 젠코 내각에서 안보체제를 동맹이라고 말한 것이 문제가 되어 정부가 철회한 적이 있을 정도이다.

그런데 고이즈미 준이치로(小泉純一郎) 내각부터 미 · 일동맹이라고 부르게 되어 2017년 현재는 정착했다. 정부와 자민당은 공용하고 있다. 신문 각지도 정부 방침에 보조를 맞추고 있는 것처럼 보인다. 미 · 일동맹이라는 말은 신중하지 못하다는 언론도 눈에 띈다. 안보체제에서 미 · 일동맹으로의 변천은 사실의 축적에 의해 감각이 마비되어 간 실례이다.

천황원수화

천황원수화도 마찬가지로 시간을 들여 사실을 축적함으로써 헌법의 조장(條章)을 한 글자, 한 문장도 변경하지 않고 목적을 달성한 사례이다.

일반적으로 전후의 천황은 형식적인 국사 행위만을 하는 상징으로서 정치와는 무관계한 존재라고 이해되고 있다. 확실히 일본국헌법의 조문을 순수하게 읽으면, 국가원수로서 통치권의 총람자로서의 강대한 천황대권을 갖고 있었던 전전의 천황과 국민주권 아래에 있는 전후의 상징천황은 동떨어진 존재인 것처럼 보인다.

그러나 천황원수화는 헌법초안 심의 시점부터 시작되고 있었다. 요시다 내각의 헌법 담당 국무장관이었던 가나모리 도쿠지로는 천황은 일본 국민의 마음의 중심, 국민경애의 중심이라고 제90회 귀족원 본회의에서 답변했다. 이른바 동경(憧憬)의 중심으로서의 천황론이다.

가나모리의 견해는 문부성의 『새로운 헌법 이야기』에서도 답습되었다.

천황폐하는 하나로 통합된 일본 국민의 상징이십니다. 이것은 우리 일본 국민 전체의 중심으로 계시는 분이라는 것입니다. 그래서 천황폐하는 일본 국민 전체를 대표하십니다. 이러한 지위에 천황폐하를 둔 것은 일본 국민 전체의 생각입니다. ……우리는 천황폐하를 우리의 한가운데 확고히 두어 나라를 다스려 가시는 데 고생이 없도록 해야만 합니다.

천황이 상징인 이유는 천황이 국민의 중심이라는 데에서 요구된 것임을 알 수 있다. 가나모리가 국민의 중심으로서의 천황을 강조한 배경에는 단순한 조문의 설명을 넘은 문제가 있었다. 국체 변경 문제이다.

천황 주권에서 국민 주권으로 바뀌었기 때문에 일본의 국체는 변경된 것이 아니냐는 질문이 의원들에게서 나왔다. 헌법학상의 국체는 주권의 소재를 가리키는 것으로서 일본의 국체는 천황 주권의 동의어였기 때문이다.

헌법학자였던 가나모리 자신은 전전에 발간한 저서에서 국체의 본질을 사실 천황 주권에서 구하고 있었다. 가나모리는 미노베 다쓰키치의 학통에 속했지만 국체의 정의에서는 헌법학의 대세에 따라 호즈미설을 취하고 있었다. 이 점에서는 정부도 마찬가지로 포츠담선언을 수락할 때 일본정부가 유일하게 고집한 것이 국체호지, 즉 천황 주권의 유지존속이었다.

중심과 상징

천황 주권이 국민 주권으로 변천함으로써 국체 변경은 명백했다. 내각은 국체호지에 실패하면 퇴진할 수밖에 없다. 정부로서는 국체의 변혁을 부인하지 않을 수 없다. 가나모리 도쿠지로는 한 계책을 생각해 냈다. 그 내용은 다음과 같은 것이다.

국체론에는 두 가지 용법이 있다. 헌법학에서는 천황 주권을 가리켜 국체라고 하지만, 세상 일반에서는 천황과 국민이 만든 공동체의 양태를 국체라고 한다. 자신은 국체는 국가의 본질이므로 국체의 변혁은 국가의 붕괴를 의미하는 것이라고 생각해 왔지만, 이번의 패전으로 천황 주권이 국민주권으로 바뀌어도 일본 국가는 붕괴하지 않고 존재한다. 그렇다면 천황 주권을 국체로 간주해 온 자신의 학설은 잘못으로, 세상 통속의 국체론이야말로 올바른 정의라고 인정하지 않으면 안 된다. 가나모리는 이때 천황과 국민의 공동체로서의 국체는 패전에도 불구하고 일관해서 존속하기 때문에 국체 변혁은 일어나지 않았다고 볼 수 있다고 생각했다.

즉 가나모리는 자신의 국체론의 정의를 변경함으로써 국체의 불변을 주장했다. 여기에서 주목해야 할 것은 가나모리가 새롭게 채용한 세상 일반의 국체론은 쇼와 전중기 일본주의자의 국체론과 같은 것이었다는 점이다. 두 가지만 예를 들겠다.

미노베 다쓰키치를 비판한 나카타니 다케요는 천황은 일본 국민의 단결의 중심이며 국민생활의 핵심이라고 주장했다. 국체명징 문제와 관련해서 재향군인회가 공표한 국체론에서도 천황은 국민생활의 중심, 국가생명 발전의 중추라고 지적하고 있다.

모두 천황을 국민의 중심으로 자리매김하고 있다. 가나모리의 국체론과 같은 취지인 것은 명백하다. 즉 가나모리의 상징천황제 설명은 전전의 국체론에 기초한 것이었다. 『새로운 헌법 이야기』는 낡은 국체 이야기에 의거하고 있었다. 상징천황제가 국체론에 기원을 갖게 되면 단절론의 전제가 흔들린다. 상징천황은 국가원수가 아니라는 논의의 일각이 무너진다.

국사 행위

일반적으로 천황의 국사 행위는 의례적·형식적인 것으로 정치적 의미는 없다고 이해되고 있다. 전후 헌법학 권위가 된 미야자와 도시요시는 1953년의 『주리스트(ジュリスト)』 제41호에 기고한 「상식 강화 천황(常識講話天皇)」에서 국사에 관한 행위(acts in matters of state)는 의례적 행위의 의미인가라고 미국인 법률가에게 물었더니 "음…… 그렇게도 해석할 수 있나?"라는 회답밖에 얻지 못했는데도 천황의 행위는 모두 의례적인 것이며 결정의 자유를 조금도 포함하지 않는다는 것은 분명하다고 억지로 결론지었다.

미야자와는 국사 행위를 굳이 과소평가했다. 일본국헌법의 국사 행위와 메이지헌법의 천황대권은 많은 항목이 중복되기 때문에 국사 행위를 논거로 천황대권의 존속을 주장하는 것이 가능했기 때문이다. 더욱이 천황대권의 경우도 제55조에서 국무장관의 보필과 부서를 요하는 취지의 제한이 부과되어 있었던 점, 천황친정을 실행할 리 없이 실제로는 천황초정이었다는 점을 가미하면 국사 행위와 천황대권의 거리가 좁혀진다.

실제로 헌법 공포 후 얼마 지나지 않은 1948년에 미야자와는 천황이 국사행위에 대해 대권을 갖는다고 말하며 내각이 행하는 메이지헌법하의 보필과 신헌법의 조언과 승인은 같은 의미라고 설명했다. 이 시점의 미야자와가 국사 행위와 천황대권의 근사(近似)를 자각한 증거이다.

그러나 그후 미야자와를 비롯한 헌법학자는 천황대권을 해석할 때 운용실태는 무시하고 조문에만 근거해서 입론했다. 그 결과 천황대권은 천황이 국가원수라는 것과 천황 주권이 절대라는 것을 나타내는 증거가 되었다. 한편 국사행위에 대해서는 의례적·형식적인 것으로 정치적인 실질을 수반하지 않는다는 점을 강조해서 천황이 상징이지 국가원수가 아닌 증거라고 했다.

2017년 현재 일본 국내에서 천황을 국가원수로 간주하는 설은 소수파에 멈추어 있다. 그러나 공포 후 70여 년의 일상 업무의 축적으로 천황은 대외적으로는 국가원수로 간주되고 있다. 국사행위로서 외국의 대사 및 공사를 천황이 접수하고 있기 때문이다.

통상적으로 외교관의 착임 때는 먼저 상대국 국가원수에게 자국 국가원수의 국서를 봉정하고 외교관으로서 활동하는 승인을 요청한다. 일본국헌법 아래에서도 쇼와천황은 공사(公使) 접수를 계속했다. 요시다 시게루 수상의 강경론에 의한 것이었다고 한다. 이후 세계 각국의 대사와 공사가 착임의 승인을 요청하러 황거를 방문했다. 공사 접수 사실을 축적함으로써 천황은 외교상 국가원수로 인지되었다. 자위대나 자위관의 경우와 마찬가지로 국내에서의 법적 위치는 모호한 채 대외적으로는 목적을 달성하고 있다.

이상 재군비와 천황의 원수화에 대해 보수개헌이 바라는 것과 같은 결과가 해석개헌과 사실의 축적을 통해 달성되었음을 확인했다. 그 결과 전후 일본의 헌법사는 표면상으로는 호헌의 역사이지만, 실제로는 해석개헌의 역사가 되었다. 자민당정권이 비용과 효과를 저울질하는(秤量) 한 해석개헌의 역사는 앞으로도 계속될 것이다.

에필로그   근대 일본의 헌법관

강한 호헌, 약한 개헌

근대 일본의 헌법관에 대해 전전부터 전후까지 논의해 온 본서도 이제 종막이다. 지금까지의 논의를 정리해 보자. 근대 일본 헌법관의 특징은 다음의 세 가지이다.

첫째, 이상주의의 호헌론이 정론으로 강한 권위와 정통성을 가지면서 현실의 헌법 운용에서는 실현 가능성이 낮았다는 점이다. 쇼와 전전기의 불마의 대전론은 지극히 강고한 호헌론으로 기능했지만, 헌법 해석조차 부정했기 때문에 천황친정과 천황초정의 평형을 파괴하여 결과적으로 메이지헌법의 쇠망을 초래했다. 전후의 혁신 호헌은 평화와 인권과 민주주의의 수호자로서 도덕적인 우위에 서 있었지만, 현실 정치에서는 국회의 3분의 1 의석을 묵수하는 세력밖에 없었다. 그 결과 헌법 개정 저지에는 성공했지만, 공상적인 외교방위론을 전개했기 때문에 중망(衆望)을 잃어

갔다.

특징의 둘째는 현실주의 입장에서 주창된 개헌론이 호헌론에 대항할 수 있는 논진을 형성하지 못하고 그 때문에 헌법 개정도 실현할 수 없었다는 점이다. 쇼와 전전기의 고도국방국가론은 고노에 신체제의 실패에서 볼 수 있듯이 불마의 대전론 앞에 항상 좌절되어 왔다. 전후의 보수개헌론은 재군비에 대해 혁신호헌론의 평화주의를 타파하지 못했다. 전전의 혁신파도 전후의 개헌론자도 국가 운영상의 필요에 부응한 개혁을 실행하려는 현실주의자들이었지만, 헌법 개정의 절차를 밟기 전에 패퇴했다. 개헌론은 정론이 되지 못했다.

해석개헌의 역할

특징의 셋째는 현실의 헌법 운용을 담당한 것은 호헌과 개헌의 양 진영에서 어정쩡한 수단으로 경멸되는 해석개헌이었다는 점이다.

불마의 대전론을 거꾸로 쥔 정당정치의 실현은 전전에서의 해석개헌이다. 전후에서의 사실상의 천황원수화와 방위력 점증의 실현도 해석개헌이다. 현재의 일본근대사 연구에서는 전자는 좋은 해석개헌으로 허용되고 후자는 나쁜 해석개헌으로 거절된다.

전전 일본에서는 정당정치를 나쁜 해석개헌으로 거절한 결과 헌법체제의 파탄을 불렀다. 실현 불가능한 이상론을 내세움으로써 국가 운영을 기능 부전에 빠뜨렸다. 전후 일본은 헌법 시행 시기의 대부분을 해석개헌으로 운영했음에도 불구하고 언론 정황은 해석개헌의 유용성을 인정하지 않는다.

헌법과 일본인

근대 일본에서는 강한 호헌론 아래 헌법을 개정하지 않는 경직된 바깥쪽의 정치문화와 해석개헌으로 정황 변화에 유연하게 대응하는 안쪽의 정치문화를 동시에 형성해 왔다.

그 결과 일본인에게 헌법은 믿으면서 등지고, 존중하면서 소홀히 하는 것이 되었다. 특히 전후 일본을 한 인간으로 비교하면, 이상과 현실에 타협하지 못하고 자기부정의 감정에 시달리는 상태이다. 건강한 정신 상태라고는 할 수 없다. 그뿐만 아니라 불행하다.

이 불모의 정치 풍경을 타개하는 데에는 군비 철폐를 실현해서 현실을 헌법에 맞추어 개변하거나, 자위대를 인정해서 헌법 개정을 실행하거나, 혹은 해석개헌으로 국정을 운영해 온 현실을 추인하는 것이다.

어떤 것을 선택할지는 현재 및 장래의 일본 국민이 판단할 문제이다. 그 때 명심해야 할 것은 헌법은 국가가 실현해야 할 이상을 나타낸 중요한 문서라는 시점과 헌법은 보다 좋은 국가 운영을 실현하기 위한 도구라는 시점의 평형을 유지하는 것이다.

저자 후기

〈역사문화 라이브러리〉의 한 권으로 메이지의 헌법관에 대해 쓰도록 권유를 받고 응낙 인사로 혼고(本郷)의 요시카와코분칸(吉川弘文館)을 방문한 것이 2012년 11월 12일이었다. 마침 아카사카(赤坂)의 유명 호텔이 새로운 공법으로 해체되고 3년 후 그곳에 새로운 호텔이 건축될 것이라고 보도되어 그때쯤이면 완성하려고 생각했다. 같은 해 12월 26일 제2차 아베 신조 내각이 탄생해서 내일에라도 헌법 개정이 도마 위에 오를 것이라는 말을 들은 것도 후에 집필 동기에 더해졌다.

불마의 대전의 사상사에 대해 복안(腹案)이 있었고 자료도 모았기 때문에 이것을 토대로 하면 상응하는 형태를 이룰 것이라고 낙관하고 있었다. 그러나 집필 작업의 일조로 생각해 개강한 강의는 생각의 부족을 드러낸 참담한 것으로 학생들의 지적 호기심에 의한 뇌(腦) 보정으로 겨우 성립하는 상태였다. 덧붙여 그들과의 질의응답을 통해 개헌론의 취약함과 해석 개헌의 중요성을 깨닫게 되어 논의는 메이지를 넘어 전후로 넓어져 이번에는 부풀어 오른 구상의 정리로 지체하게 되었다.

2~3년 이내에 250매의 원고를 쓴다는 약속은 헌법 개정과 마찬가지로 천연(遷延)했다. 위기감을 격화시키는 사람이 있는 한편으로 아베 씨가 국

정선거에 4연승하고도 헌법 개정에 이르지 못한 일본 정치의 정황에 나는 흥미를 가졌다. 본서가 헌법관의 역사를 통해 일본의 정치문화를 논하는 것이 된 것은 그 때문이다. 만일을 위해 말하지만 본서는 호헌, 개헌, 해석 개헌의 어느 쪽에도 조력하지 않는다. 나의 작은 바람은 본서가 헌법에 대해 현재와 장래의 일본 국민이 판단할 때 일조가 되는 것이다. 사회에 도움이 되는 학문을 하라는 요청에 내 나름대로 대답한 것이다.

앞으로 무엇을 연구할지는 아직 정하지 않았다. 정치범과 국가 관계의 변천을 통해 메이지국가의 특질을 이면에서부터 명확히 해보고 싶다고 막연히 구상하고 있는 정도이다. 정리하면 반시대적 고찰이 될지도 모르지만, 일본이란 무엇인가 하는 문제에 헌법이라는 바깥쪽에서 씨름한 본서와 쌍을 이루는 것이 될 것이다.

본서가 형태를 갖추게 된 데에 가장 먼저 사의를 표해야 하는 것은 강의를 들어준 홋카이도대학 문학부 학생들이다. 또한 홋카이도교육대학 아사히가와(旭川)교, 후지(藤)여자대학, 야마나시(山梨)대학 학생들에게도 감사드린다. 동료들에 대한 감사의 마음은 말로 다할 수 없다.

최초로 본서의 편집을 떠맡아 준 오카니와 유카(岡庭由佳) 씨에게 감사드린다. 오카니와 씨의 조언이 없었다면 본서의 문장은 장황하고 산만했을 것이다. 그리고 2년에 쓰겠다는 약속을 5년으로 늘려 버려 미안함을 전한다. 제작을 담당한 도미오카 아키코(冨岡明子) 씨에게도 감사드린다. 본래 규격에서 벗어난 원고를 〈역사문화 라이브러리〉 형태로 끝내 단기간 내에 간행 작업을 진행해 줘서 고맙다.

2017년 5월 3일 일본국헌법 시행 70년 기념일에
가와구치 아키히로(川口曉弘)

역자 후기

본서는 가와구치 아키히로(川口曉弘)의 『두 개의 헌법과 일본인(ふたつの憲法と日本人 : 戦前・戦後の憲法観)』(吉川弘文館, 2017)을 완역한 것이다. 2010년대를 맞아 '개헌'이라는 이슈가 일본정치의 주요 쟁점이 된 가운데 헌법을 둘러싼 일본인의 인식을 조명하는 것은 시의적절한 주제라고 생각되었다. 그뿐만 아니라, 헌법 문제는 문제의 성격상 결국은 일본 국내 정치의 맥락에서 파악되어야 할 것이지만, 개헌 논의에 잠재되어 있는 논리와 근거가 향후 일본의 국가 진로, 나아가 그 당연한 결과로서의 한국을 비롯한 주변 국가들과의 관계에도 적지 않은 파장을 야기할 수 있다는 점에서 동아시아적인 맥락에서도 이해될 만한 부분이 있다고 생각했다. 대학에서 일본정치를 강의하는 사람으로서 일본의 개헌 문제가 학생들의 주된 관심사 중 하나라는 점은 분명한데, 이를 체계적・분석적으로 공부하는 데 도움이 되는 문헌이 생각만큼 많지 않다는 점에 아쉬움을 느껴 왔다. 본서는 그러한 아쉬움을 해결해 줄 수 있는 내용 구성으로 되어 있어 일독하자마자 번역 작업에 착수했다. 본서는 헌법을 중심으로 하면서 근현대 일본정치사와 정치문화를 쉬운 용어와 간결한 문장으로 잘 정리했다는 점에서

대학 강의에서 유용한 교재로 활용될 수 있을 것이다. 본서를 번역한 첫 번째 이유이다.

본서는 일본의 헌법, 즉 메이지헌법과 일본국헌법이 왜 그렇게 오랜 기간 동안 '한 글자 한 문장도 고치지 않고 발포일 기준으로 각각 58년(메이지헌법), 71년(일본국헌법, 본서 출판연도) 동안 지속되었는지를 들여다본 것으로 두 개의 헌법에 대해 각각 헌법을 둘러싼 개헌, 호헌, 해석개헌 등의 논리와 그것을 중심으로 한 일본정치 과정을 상술하고 있다. 특히 메이지헌법이 천황친정을 이념으로 하면서도 천황의 실패가 곧바로 메이지국가의 실패로 연결된다는 점에서 이를 회피하기 위해 실제로는 천황초정으로 운영된 논리와 그로 인한 정치 세계의 실상을 알기 쉬운 필체로 잘 정리해서 전달하고 있다. 흠정헌법사관, 메이지대제론, 국체헌법학 등을 메이지헌법을 '불마의 대전'으로 떠받치는 논리로 제시하면서 각각의 논리가 고도국방국가 시기, 전시체제 시기에 구체적으로 어떻게 작동했는지를 분석하고 있다. 결국 메이지헌법체제에서는 헌법 자체가 천황이 흠정한 것이라는 점, 국체를 구현하고 있다는 점 등에서 개헌을 논의하는 것조차 불경스러운 것으로 여기면서도 실제로는 헌법을 해석하는 형태로 운영해 왔다.

이와는 대조적으로 일본국헌법에서는 개헌 이슈가 더 이상 금기시되지 않는다. 오히려 장기집권정당인 자민당의 당시(黨是)가 개헌일 정도로 항상적으로 개헌이 언급되면서도 정치의 세계에서는 호헌 세력의 저항 속에 자민당이 헌법 개정을 발의하기 위해 필요한 의석수를 확보한 적이 없는 상황 속에서 해석개헌이라는 간단한 지름길을 택해 왔다. 그러나 아베 정부는 '개헌의 아베'를 목표로 장기적으로 치밀한 전략을 전개해서 마침내 의회 내 다수파를 형성해 가고 있으며 결과적으로 개헌 이슈가 가시권 안으로까지 들어온 것으로 보이기도 한다. 개헌은 저자도 언급하고 있는 바와 같이, 결국은 '일본 국민'이 판단할 문제이다. 일본 국민이 헌법에 대한 판단에서 취할 수 있는 선택지는 '군비 철폐를 실현해서 현실을 헌법에 맞추어 개변'하거나, '자위대를 인정해서 헌법 개정을 실행'하거나, 혹은 '해석개헌으로 국정을 운영해 온 현실을 추인'하는 것이다.

'일본 국민'이 위에서 언급한 세 가지 가운데 어떤 것을 선택해 갈지는 사실 그들뿐만 아니라 제3자인 우리에게도 흥미로운 관심사가 아닐 수 없다. 그러나 우리의 관심은 호헌이나 해석개헌보다는 사실 개헌에 집중될 수밖에 없다. 제국일본의 침탈을 당했던 나라 사람의 입장에서 볼 때, '헌법은 국가이상을 담고 있는 문서'이며, 더욱이 '전쟁 가능한 나라'를 새로운 국가이상으로 헌법에 도입하려는 의지가 개헌을 추진하는 동력으로 작용하고 있는 현실을 고려하면, 현재의 일본국헌법이 담고 있는 일본의 국가이상의 변화는 당연히 그동안 은폐·억압되었던 제국의 기억이 포스트제국 시기를 맞아 분출하는 것으로 인식되기 때문이다. 그동안에도 한일 관계가 항상 우호적이었던 것은 아니지만, 우연히도 본서는 한일 관계가 더욱더 악화일로를 걷고 있는 시기에 출판되었다. 한일 관계를 긴장을 해소하고 화해를 촉진하기 위해서는 서로의 서로에 대한 앎의 축적이 필요할 것이다. 그런 의미에서 본서는 대학 강의실에서의 교재에 멈추지 않고 사회 일반의 일본에 대한 지적 호기심을 충족시켜 줄 교양서로서의 가치가 충분히 있다고 판단했다. 본서를 번역한 두 번째 이유이다. 모쪼록 본 번역서가 우리나라에서의 일본에 대한 앎의 축적에 일조할 수 있다면 그보다 더 큰 기쁨은 없을 것이다.

한편 역자는 본서를 번역하면서 읽는 이의 편의를 위해 원문에 몇 가지 손질을 가했다. 첫째, 원문에서는 일본식 연호를 사용하고 있으나 이를 모두 서기 연도로 고쳤다. 둘째, 원문은 경어체로 되어 있으나 평문으로 고쳤다. 셋째, 필요하다고 생각되는 곳에 옮긴이 주를 첨가했다.

본서의 번역을 위해 아낌없는 지원을 해주신 한림대학교 일본학연구소의 서정완 소장님께 깊은 감사를 드리고자 한다. 역자는 이미 12년 이상을 동 연구소가 수행해 온 한국연구재단의 중점연구소 지원사업과 인문한국플러스 지원사업에 공동연구원으로 참여해 왔다. 공동연구원으로서의 역할은 미미했지만 연구소에서 받은 지원은 차고 넘쳤다. 일본 연구자로서 동 연구소의 발전을 거듭 기원한다. 끝으로 본서를 출간하는 도서출판 소화 편집부에도 깊은 감사를 드린다.

2020년 5월
송석원

찾아보기

기타

인명

ㄱ

한림일본학신총서 발간에 즈음하여

　　1994년에 문을 연 한림대학교 일본학연구소는 당시 불모지와도 같았던 국내 일본학계에 기초적인 문헌을 공급해서 국내 일본학의 기초를 확고히 해야겠다는 목표를 설정하였다. 일본인 연구자가 일본어로 집필한 중요 입문서 또는 개론서를 한글로 번역해서 국내 일본학 연구자와 학습자에게 필독 양서로 제공한다는 취지였는데, 이는 일본 연구자가 일본과 일본인을 어떻게 바라보고 있는지부터 알자는 판단에서였다. 그리고 총 100권을 채우게 될 '한림신서 일본학총서'의 첫 권이 1995년 5월 간행되었다.

　　그러나 21세기라는 새로운 세기에 부는 바람은 우리에게 새로운 도약과 변화를 요구하고 있다. 젊은 에너지가 만들어 낸 '한류'라는 바람이 세차게 일고 지금도 진화하고 있으며, 통화위기를 극복한 한국 경제가 세계 무대에서 약진을 계속하는 동안 일본 경제는 '잃어버린 20년'이라는 장기 불황에서 헤어나지 못하고 있다. 이러한 와중에 관동대지진이 일어난 지 88년 그리고 한일병합 101년 만인 2011년 3월 11일에 도호쿠(東北)대지진과 쓰나미에 의한 후쿠시마원자력발전소의 멜트다운에 의한 대량의 방사능 누출이라는 초유의 사태를 맞이하였다. 이 재앙은 일본의 사회, 경제, 정치에만 타격을 가한 것이 아니라 일본인 스스로가 그들의 가치관, 윤리관, 규범에 대해서 그리고 미래에 대해서 재고할 것을 요구하고 있다. 한일 양국을 둘러싼 환경이, 한일 양국이 서로를 바라보는 시선이 지난 18년 동안 매우 빠르게 변했고 지금도 진행되고 있다. 이는 한국의 일본학과 일본의 한국학에 대한 거리와 시점을 바꾸고 재설정할 것을 요구하고 있는 것이며, 이러한 변화에 대응하고 한국의 일본학을 더욱 발전시키기 위해서 본 일본학연구소에서는 '한림일본학신총서'를 새로이 내놓는다. 기존의 '한림신서 일본학총서'의 유산을 승계하면서 보다 다양한 시점에서 보다 깊이 있는 일본학을 우리가 향유할 수 있을 때, 미래 지향적인 한일 관계는 물론이고 '동아시아'를 엮는 유산과 기억 그리고 미래를 가질 수 있게 된다고 믿기 때문이다.

2012년 3월
한림대학교 일본학연구소

한림일본학신총서 7

두 개의 헌법과 일본인
전전·전후의 헌법관

초판 1쇄   2020년 5월 25일

지 은 이   가와구치 아키히로
옮 긴 이   송석원
펴 낸 이   한림대학교 일본학연구소
펴 낸 곳   도서출판 소화
등록번호   제13-412호
주   소   서울시 영등포구 버드나루로 69
전   화   02-2677-5890
팩   스   02-2636-6393
홈페이지   www.sowha.com
전자우편   sowha@sowha.com

ISBN   978-89-8410-500-3 94080
           978-89-8410-438-9 (세트)

값 25,000원

이 저서는 2017년도 정부(교육부)의 재원으로 한국연구재단의 지원을
받아 한림대학교 일본학연구소가 수행하는 인문한국플러스지원사업의
일환으로 이루어진 연구이다(2017S1A6A3A01079517).

한림대학교 일본학연구소는 이 책을 간행함에 있어 한림대학교 일본학
연구소 발전기금을 사용하였다.